AF288935

MINA SAIDZE
FairTech

MINA SAIDZE

FairTech

DIGITALISIERUNG NEU DENKEN FÜR EINE GERECHTE GESELLSCHAFT

QUADRIGA

Die Bastei Lübbe AG verfolgt eine nachhaltige Buchproduktion.
Wir verwenden Papiere aus nachhaltiger Forstwirtschaft und verzichten
darauf, Bücher einzeln in Folie zu verpacken. Wir stellen unsere Bücher in
Deutschland und Europa (EU) her und arbeiten mit den Druckereien
kontinuierlich an einer positiven Ökobilanz.

Originalausgabe

Copyright © 2023 by
Bastei Lübbe AG, Schanzenstraße 6–20, 51063 Köln

Vervielfältigungen dieses Werkes für das
Text- und Data-Mining bleiben vorbehalten.

Textredaktion: Angela Kuepper, München, Ulrike Strerath-Bolz
Umschlaggestaltung: Manuela Städele-Monverde
Umschlagmotiv: © Julia Steinigeweg/Agentur Focus
Satz: two-up, Düsseldorf
Gesetzt aus der Minion
Druck und Verarbeitung: GGP Media GmbH, Pößneck

Printed in Germany
ISBN 978-3-86995-135-5

1   3   5   4   2

Sie finden uns im Internet unter quadriga-verlag.de
Bitte beachten Sie auch: lesejury.de

Für meine Familie

Inhalt

I often tell my students not to be misled by the name
›artificial intelligence‹ – there is nothing artificial
about it. AI is made by humans, intended to behave by
humans, and, ultimately, to impact humans' lives and
human society.

FEI-FEI LI

Success in creating AI would be the biggest event in
human history. Unfortunately, it might also be the last,
unless we learn how to avoid the risks.

STEPHEN HAWKING

Vorwort | Warum das Ganze?

Dass ich heute dieses Buch schreibe, verdanke ich dem Mut meiner Eltern. Anfang der 1990er-Jahre fassten sie den Entschluss, vor dem Krieg in Afghanistan zu fliehen und einen neuen Heimathafen in Hamburg anzusteuern. Damals suchten sie in der Bundesrepublik Deutschland eine Zukunft, in der jeder seinen Traum verfolgen kann. Heute leben meine Geschwister und ich den deutschen Traum meiner Eltern: Selbstverwirklichung, Freiheit und Gerechtigkeit.

Dennoch fühlte ich mich als Tochter von Einwanderern oft wie ein Ausreißer im Datensatz, da ich nicht ins Bild des neuen Deutschlands passte. In der Schule hatte ich es nicht ganz einfach, was die Akzeptanz anging – der unaussprechliche Nachname, die alleinerziehende Mutter mit Akzent und die unvorteilhaften Klamotten. Damals hatte ich nicht die Fähigkeit, zu artikulieren, dass mir Rassismus oder Klassismus widerfuhr. Nicht selten fühlte ich mich ohnmächtig, da ich dieser Ungerechtigkeit keinen Ausdruck verleihen konnte. Sprache ist Macht und befähigt uns, genau diese Problematik in unserem System zu adressieren. Deshalb bin ich die Person, die ich jetzt bin, und tue, was ich tue. Sonst hätte ich nicht das Privileg, diese Zeilen zu schreiben, die hoffentlich viele Menschen in unserem Land erreichen, um für ein Umdenken zu sorgen.

Heute bin ich froh, dass ich nicht reingepasst habe. Denn es hat mir vor Augen geführt, dass man nicht immer ins Bild passen muss. Es gibt ja auch in Datensätzen Ausreißer. Das ist normal. Die Frage ist, wie man damit umgeht. Wirft man den Ausreißer raus, um ein homogenes Bild zu vermitteln? Oder belässt man ihn, um das Phänomen zu verstehen – und am Ende ein vollständigeres Bild zu bekommen? Ich habe gelernt, dass man nirgendwo reinpassen muss und trotzdem seinen Weg gehen kann. Schon früh habe ich mich für neue Erfindungen interessiert und wollte den Dingen auf den Grund gehen. Meine innere Wut wandelte sich in den Antrieb, meine Stimme zu finden, um Ungerechtigkeiten in unserer Gesellschaft zu adressieren.

Mit meiner Geschichte möchte ich Menschen zeigen, dass sie es mit Verstand, Herz und einer ordentlichen Portion Mut ebenfalls schaffen können. Denn eine gerechte Gesellschaft, in der Chancengleichheit durch alle Bereiche gelebt wird, ist eine Gesellschaft, die für alle besser ist.

Worum es bei FairTech geht

Nur durch Teilhabe entsteht Gerechtigkeit. Und einer der wichtigsten Schlüssel zu einer zukunftsorientierten Gesellschaft ist Technik.

Doch Tatsache ist: Wir leben in einem Land, in dem nicht jeder die gleichen Chancen auf Teilhabe an der Digitalisierung hat.

Es fängt schon damit an, dass es von meinem Elternhaus abhängt, ob ich einen Laptop habe, und hat Auswirkungen auf meine schulische Laufbahn.

An der Universität werden mir womöglich kaum Digital- und Technologiekompetenzen vermittelt, sodass es mir angesichts des Fachkräftemangels schwerfällt, Fuß im digitalen Arbeitsmarkt zu fassen.

In meiner beruflichen Laufbahn verpasse ich es, mich weiter- und fortzubilden – aufgrund meiner Einstellung, mangelnder Zeit oder fehlender Ressourcen.

Mit zunehmendem Alter gelingt mir nicht mehr, den Anschluss zu halten, und ich tue mich schwer damit, die neuesten Technologien zu verstehen.

Und ich verspüre wieder diese Ohnmacht, da ich nicht weiß, was genau schiefläuft und wo ich anfangen soll, um einen Beitrag zur Digitalisierung zu leisten. Ich brauche Antworten auf meine Fragen, um die Komplexität zu durchbrechen.

Auch geht es um die Mündigkeit unserer Bürgerinnen und Bürger dieses Landes, da sie das Recht haben zu wissen, wie mit ihren persönlichen Informationen verfahren wird.

Hier müssen wir auch den Einfluss amerikanischer Tech-Konzerne kritisch im Blick haben, da ihre enorme Macht unsere Demokratie gefährden kann.

Deshalb fordere ich FairTech: Technik, die für alle funktioniert und allen zugänglich ist. Was genau wir warum brauchen, und wer was dafür tun muss, erkläre ich in diesem Buch.

Aktuell wird die Debatte um Tech und Künstliche Intelligenz technokratisch geführt – zu beobachten ist das beispielsweise bei der EU-KI-Verordnung –, während soziale Aspekte oft auf der Strecke bleiben. Dabei kann die Tech-Industrie sozialen Aufstieg, gesellschaftliche Anerkennung und Teilhabe ermöglichen. Und ich möchte, dass dieses Privileg nicht nur einer kleinen Elite unseres Landes vorbehalten ist, sondern mehr Menschen zugänglich gemacht wird.

Es geht darum, wie unsere Welt von morgen aussieht und wer diese Welt mitgestaltet. Mit FairTech möchte ich eine Antwort auf die aktuellen Fragen zur Digitalisierung liefern und zukunftsfähige Lösungen aufzeigen, die uns eine gerechte Gesellschaft ermöglichen.

Ein Diskurs, in dem wir nur den Status quo anprangern, ist für mich ein verlorener Kampf. Stattdessen möchte ich neue Perspektiven schaffen und spannende Impulse setzen. Wir brauchen Miteinander statt Gegeneinander.

Ich habe früh gelernt, in zwei Welten zu leben und zwischen ihnen zu vermitteln. Lange Zeit wusste ich nicht, wer ich war und wohin ich gehörte. Zu Hause lebte ich meine zentralasiatische Kultur; außerhalb der eigenen vier Wände war ich die »deutsche Mina«, die Bertolt Brecht und Heinrich Heine zitierte. Ähnlich ging es mir auch in der Tech-Branche: Ich wusste anfangs nicht, dass meine Kommunikationsskills gefragt sind. Zum ersten Mal wurde mir das bewusst, als ich in der IT-Abteilung mit Datenbanken arbeitete, und wenige andere im Unternehmen verstanden, was wir genau machten und welchen Mehrwert unser Tun für die Organisation hatte. Deshalb nutzte ich bildhafte und praktische Beispiele, um dies zu illustrieren – und bildete sogar nichttechnische Mitarbeitende darin aus, selbst Datenbankabfragen zu schreiben, damit wir eine gemeinsame Sprache sprechen. Die Arbeit im Tech-Bereich erfordert viel Kommunikation, Empathie und Leidenschaft. Es ist kein lustloser, trockener Job, bei dem du nicht mit anderen interagierst. Gerade wenn du eine Technologie oder ein Produkt entwickelst, das von anderen Menschen benutzt werden soll, musst du mit anderen zusammenarbeiten. Und du musst in der Lage sein, um die Ecke zu denken – Kreativität und Problemlösungskompetenzen sind enorm wichtig.

Viel später erst wurde mir bewusst, dass ich aus den zwei Kulturen und meinen Fähigkeiten das jeweils Beste entnehmen kann. Mittlerweile bin ich als Tech Evangelist tätig – das ist der offizielle Begriff für Menschen, die technische Themen einem breiten Publikum zugänglich machen. Ich baue Brücken zwischen Welten – sei es zwischen der Kultur des Herkunftslandes meiner Eltern und der deutschen Heimatkultur oder zwischen Anzugträgern mit Schlips und einer Entwicklerin im Hoodie.

Zeit für eine Wende

Wenn wir uns aktuelle Schlagzeilen im medialen Diskurs anschauen, geht es oftmals um Automatisierung, Funding-Runden von Tech-Start-ups und Durchbrüche in der KI-Forschung.

Wie viel Zeit und Personal können wir durch die Einführung der Software in unserer Organisation einsparen, indem wir bestimmte Prozesse automatisieren? Wie viel Umsatz erzielt das neue Tech-Start-up, und wird es das nächste Unicorn aus Deutschland? Wie akkurat ist die Vorhersage, und können wir den Daten vertrauen? Das sind Fragen, die ich regelmäßig höre.

Und ich wünsche mir, mehr andere Fragen zu hören: Wie viele Menschenleben können wir mithilfe dieser Technologie verbessern oder sogar retten? Was bedeutet es für den Menschen genau, wenn eine seiner alltäglichen beruflichen Aufgaben von einer Software übernommen wird? Was muss ich oder was müssen meine Kinder tun, um den Anschluss an die Digitalisierung nicht zu verlieren? Wie können wir Technologien entwickeln, die verschiedene Lebensrealitäten abbilden?

Für mich ist klar: Bei allen technischen Entwicklungen steht der Mensch im Vordergrund und damit einhergehend auch der verantwortungsvolle Umgang mit Technologien zum Wohle der Menschheit. Aktuell fokussieren wir uns viel zu sehr auf Rationalität, Profitmaximierung und Innovation, wenn es um Technologie geht. Es herrscht schon fast ein Selbstoptimierungswahn, in welchem dem Menschen suggeriert wird, dass er oder sie defizitär ist und unbedingt zahlreiche Fortbildungsmaßnahmen absolvieren muss. Denn: Wer nicht mit der Zeit geht, geht mit der Zeit.

Das sehen wir auch in der Debatte rund um ChatGPT, wo eine regelrechte Hysterie herrscht, da Künstliche Intelligenz auf einmal so erlebbar wird wie noch nie. Und gleichzeitig müssen wir einen kühlen Kopf bewahren in einer Zeit, in der technologischer Fortschritt so schnell verläuft, dass wir es zeitgleich vernachlässi-

15

gen, gesellschaftliche und soziale Fragestellungen in den Blick zu nehmen.

Die aktuellen Entwicklungen haben auch dazu geführt, dass sich mein Buch verändern musste. Es sind jetzt mehr Seiten als geplant, um der Thematik gerecht zu werden, aber immer noch zu wenig, um alle Antworten zu liefern. Es ist der Anfang einer Reise, die kein Ende nimmt und sich ständig weiterentwickelt – genauso wie die Technologie.

Wir dürfen dabei nicht vergessen, wie wichtig die gesellschaftliche Debatte über das Thema ist. Und wir müssen Gefahren wie Machtmissbrauch und Voreingenommenheit nicht nur erkennen, sondern aktiv etwas dagegen unternehmen.

Was hat ein dreißig Jahre alter Report damit zu tun?

Bereits vor mehr als dreißig Jahren hat der US-amerikanische Technikhistoriker Melvin Kranzberg die Auswirkungen von Technologie auf unsere Gesellschaft untersucht. Im Jahr 1986 veröffentlichte er die Kranzberg'schen Gesetze, die mit Blick auf unsere gegenwärtigen Entwicklungen relevanter sind denn je.[1] Heute lesen sich seine Gesetze wie ein hippokratischer Eid für diejenigen, die zur Entwicklung von Technologie beitragen. Sie bilden das Fundament für unsere Debatte, und jeder sollte sie kennen.

Die Gesetze der Technologie nach Kranzberg besagen:
- **Das Erste Kranzberg'sche Gesetz:** Technik ist weder gut noch böse; noch ist sie neutral.
- **Das Zweite Kranzberg'sche Gesetz:** Erfindungen erzeugen neue Notwendigkeiten. (»Invention is the mother of necessity.«)
- **Das Dritte Kranzberg'sche Gesetz:** Technik wird in (kleinen oder großen) Paketen ausgeliefert.

- **Das Vierte Kranzberg'sche Gesetz:** Auch wenn Technik ein Hauptelement in vielen öffentlichen Fragen sein mag, bestimmen nicht-technische Faktoren die politischen Entscheidungen.
- **Das Fünfte Kranzberg'sche Gesetz:** Die Geschichte ist wichtig, aber die Geschichte der Technik ist am wichtigsten.
- **Das Sechste Kranzbergsche Gesetz:** Technik ist eine sehr menschliche Tätigkeit – und die Geschichte der Technik ebenfalls.

Zu #1 Technik ist weder gut noch böse; noch ist sie neutral.

Das erste Gesetz von Kranzberg, eine scheinbar banale Beobachtung, ist zugleich sein wichtigstes. Er erkannte, dass die Auswirkungen einer Technologie von ihrem geografischen und kulturellen Kontext abhängen, was bedeutet, dass sie oft gut und schlecht zugleich sind.

Sein Beispiel war DDT, ein Pestizid, das als Malariaprophylaxe das Leben von Hunderttausenden Menschen in Indien rettete. Heute können wir sehen, wie beispielsweise Facebook-Gruppen als Rettungsanker für Eltern von Kindern mit seltenen Krankheiten dienen und gleichzeitig auf derselben Plattform politische Extremisten radikalisiert werden.

Hier gibt es kein absolutes Gut oder Schlecht, sondern nur, wie gut oder schlecht eine Technologie in einem bestimmten Kontext ist.

Manchmal verleitet der Fokus auf technologischen Durchbruch und Spezialisierung zu einer eindimensionalen Betrachtung. Sowohl Interdisziplinarität in den Teams als auch die Einführung eines Pflichtmoduls »Ethik von Technik« in der universitären Ausbildung sind z. B. Wege, dem entgegenzuwirken.

Zu #4 Auch wenn Technik ein Hauptelement in vielen öffentlichen Fragen sein mag, bestimmen nichttechnische Faktoren die politischen Entscheidungen.

»Die Leute denken, dass Technologie als Abstraktion eine Art von intrinsischer Macht hat, aber das stimmt nicht«,[2] sagt der Historiker Robert C. Post. »Sie muss durch politische Macht oder kulturelle Macht oder etwas anderes motiviert sein.«

Tech-Konzerne, die vor wenigen Jahrzehnten Start-ups waren, haben sich zu Machtmonopolen entwickelt, ähnlich wie Eisenbahngesellschaften oder Ölkonzerne im 19. und 20. Jahrhundert.

Im Jahr 2017 erklärten US-Kongressabgeordnete ihre Absicht, Tech-Konzerne dazu zu bringen, offenzulegen, wer die politische Werbung in ihren Diensten bezahlt, um sie mit den klassischen Medien in Einklang zu bringen. Diese Offenlegungen fehlten bei der Regulierung der Internetwerbung, nicht aus technischen Gründen, sondern weil die Federal Election Commission 2006 bei der Regulierung eher lockere Bestimmungen erlassen hatte.

Generell interessieren sich Gesetzgeber für alles, was mit Datenschutz und Datentransparenz zu tun hat, bis hin zu Fragen der nationalen Sicherheit und des Kartellrechts im Bereich der Technologie – und zwar eher aufgrund eines Wandels in unserer Kultur als in der Technologie selbst. Es geht vor allem darum, einen Missbrauch der Marktmacht der Tech-Giganten einzuschränken, um unsere Demokratie zu schützen.

Zu #6 Technik ist eine sehr menschliche Tätigkeit – und die Geschichte der Technik ebenfalls.

»Technologie ist in der Lage, Großes zu leisten«, sagte Tim Cook, CEO von Apple Inc., in seiner Eröffnungsrede 2017 am MIT.[3] »Aber sie will keine großen Dinge tun – sie will gar nichts.« Der Punkt ist, so Cook weiter, dass es trotz ihrer Macht an uns liegt, wie wir die Technologie nutzen.

Der Trick dabei ist, dass Technologie in der Regel über Unternehmen eine Breitenwirkung entfaltet und dass diese Unternehmen die Folgen ihres Handelns bedenken müssen, ebenso wie die Art und Weise, wie sie von ihnen profitieren. Wenn Unternehmen das nicht tun, übernehmen diese Aufgabe manchmal Aufsichtsbehörden, Journalisten und die Öffentlichkeit. Wie Kranzberg zu Beginn des Internetzeitalters vorausschauend feststellte: »Viele unserer technologiebezogenen Probleme entstehen aufgrund der unvorhergesehenen Folgen, wenn scheinbar harmlose Technologien in großem Umfang eingesetzt werden.«

Es hängt von jedem Einzelnen von uns ab, wie wir Technologie verantwortungsbewusst verwenden. Und im Zeitalter der Digitalisierung müssen wir uns mehr denn je ins Bewusstsein rufen, welche Implikationen Technologie für unsere Gesellschaft hat und wie wir Gerechtigkeit sicherstellen können.

Mit diesem Buch betrachte ich Vergangenheit und Gegenwart, um einen Ausblick auf eine Zukunft zu schaffen, in der wir Digitalisierung mithilfe von Technologie nicht nur effizienter oder profitabler gestalten, sondern vor allem gerechter für unsere Gesellschaft.

Wie können wir FairTech bei der Allianz von Mensch und Maschine sicherstellen? Wer agiert als Schiedsrichter und teilt die rote Karte aus, wenn es kein Fair Play auf dem Spielfeld der Technologie gibt und eine ethische Grenze überschritten wurde? Was haben Politik, Wirtschaft und Gesellschaft bisher versäumt, und was kann jeder Einzelne von uns tun? Diesen Fragen müssen wir uns jetzt stellen. Denn die Zukunft schmieden wir in der Gegenwart. Und sie gehört uns allen.

Kapitel 1 | (Fair)Tech ist Zukunft

Tech ist Zukunft – wie sieht diese Zukunft aus? Und warum ist es so essenziell wichtig, dass aus Tech FairTech wird?

Während ich dieses Buch schrieb, wurde mir mulmig zumute, da ich bei der rasanten Entwicklung der Debatte rund um Technologie manchmal das Gefühl hatte, nicht mehr mithalten zu können. Einen besseren und zugleich schlechteren Zeitpunkt hätte ich mir für dieses Buch nicht aussuchen können – besser, weil wir uns in diesem Buch den Fragen unserer Zeit widmen, mit denen ich mich jahrelang beschäftigt habe, und schlechter, da ich kaum noch zum Schlafen komme.

Wie ChatGPT meine Welt auf den Kopf stellte

Wenn ich gefragt werde, was ich beruflich mache, antworte ich, dass ich mich mit Künstlicher Intelligenz und Big Data beschäftige. In letzter Zeit folgt danach – schon fast neckisch: »Und was ist mit ChatGPT?« Die Augen der Anwesenden richten sich auf mich, und mir stockt manchmal auch der Atem, da ich nicht weiß, wo ich anfangen soll. Ein Elfenbeinturm-Thema avanciert 2023 zum Small Talk auf Dinner-Partys – genauso wie Corona, horrende Zinsen und ein andauernder Krieg. Dieser Paradigmenwechsel kommt nicht aus dem Nichts, sondern ist ChatGPT zu verdanken.

ChatGPT ist ein Chatbot, der Texte schreiben, Fehler im Code finden und Daten analysieren kann. Dieser wurde von der Firma OpenAI, einer Firma mit Schwerpunkt auf KI-Forschung, im Dezember 2022 veröffentlicht und hat den Boom rund um Genera-

20

tive KI ausgelöst. Bei Generativer KI handelt es sich um Künstliche Intelligenz, die in der Lage ist, Inhalte wie Text, Audio, Bild und sogar Code zu generieren.

Seit dem ChatGPT-Hype werde ich mit E-Mail-Anfragen überhäuft. Menschen suchen nun akut nach Antworten, weil sie merken, welches disruptive Potenzial hinter KI steckt. Alle reden jetzt über KI. Und auch wenn ich mich schon jahrelang damit beschäftige, heißt das nicht, dass ich den Vorstoß seitens OpenAI erwartet hätte. Selbst ich musste mich angesichts der aktuellen Entwicklungen informieren und zu den Themen Generative KI und ChatGPT weiterbilden, um die Sachverhalte korrekt einzuordnen und auskunftsfähig zu sein. Und ja, das hat sogar dazu geführt, dass das Erscheinungsdatum des Buches um einen Monat nach hinten verschoben wurde, damit die darin behandelten Inhalte so aktuell wie möglich sind.

Ich bin Zeitzeugin eines Stücks Technikgeschichte, eines »iPhone«-Moments der Künstlichen Intelligenz, geworden. Dieses Tool hat unseren Alltag in ähnlichem Maße verändert wie Google, Smartphone und Social Media. Wir werden später unseren Kindern erzählen, wie wir unsere Arbeit ohne ChatGPT bewältigten – und sie werden es kaum glauben. Genauso wie ich heute meinem zwanzigjährigen Bruder von meinem alten MP3-Player, DVDs und MySpace erzähle und ungläubige Blicke ernte.

Wo warst du, als KI die Menschheit revolutionierte?

Die jüngsten Ereignisse wie der Ausruf des sechsmonatigen Moratoriums der KI-Entwicklung, die Anhörung von OpenAI-CEO Sam Altman beim US-Komitee zur Regulierung der KI-Industrie, der G7-Gipfel mit dem Fokus auf KI in Japan und die EU-KI-Verordnung, weltweit das erste Gesetz zur Regulierung von KI, haben dazu geführt, dass wir die Debatte rund um Ethik und Regulierung von Künstlicher Intelligenz jetzt führen müssen, bevor es zu spät ist. Denn unsere Enkelkinder könnten uns irgendwann fragen: »Was hast du gemacht, als KI die Menschheit fundamental veränderte? Hast du alles passiv hingenommen oder dich aktiv damit beschäftigt und einen Beitrag geleistet, dass Technologie so verwendet wird, dass wir einen enkelfähigen Planeten hinterlassen?«

Aber ist das, was wir gerade erleben, tatsächlich eine Revolution oder schlichtweg eine Evolution der Künstlichen Intelligenz? Es fühlt sich wie eine Revolution an, wenn wir die Reaktionen der Menschen und Medien beobachten. Technisch gesehen ist es »nur« ein bedeutsamer Fortschritt für die KI-Forschung. Deshalb ist es beides zugleich.

Technisch handelt es sich bei ChatGPT um eine Evolution von Generative Pre-Trained Transformers (kurz: GPT), also vortrainierten Sprachmodellen. Ein Sprachmodell ist ein statistisches Werkzeug, mit dem man Sprache vorhersagen kann, ohne sie zu verstehen, indem man die Wahrscheinlichkeit abbildet, mit der Wörter auf andere Wörter folgen – z. B., wie oft »rot« von »Lippen« gefolgt wird. Die gleiche Art von Analyse kann dann für Halbsätze wie »rote Lippen küssen«, Sätze oder sogar ganze Absätze durchgeführt werden. Dann kann man dem Programm eine Aufforderung geben, z. B. »Schreibe mir einen Song darüber, wo rote Lippen jemanden küssen, im Stil von Florian Silbereisen«, und GPT nutzt die statistischen Beziehungen, die es nach dem Training behalten hat, um einen Song zu finden, der hoffentlich der Beschreibung entspricht. Sprachmodelle versuchen, Muster in der menschlichen Sprache zu finden. Sie werden häufig verwendet, um vorherzusagen, wie das nächste Wort in einem Satz lauten wird, welche E-Mail eine Spam-Mail ist oder wie man den Satz, den man geschrieben hat, auf eine Art und Weise automatisch vervollständigt, an die man gar nicht gedacht hat.

So weit, so bekannt. Aber warum hat ChatGPT so viel Auf-

22

merksamkeit auf sich gezogen? Vor allem, weil es so groß ist. Durch seine schiere Größe hat das Modell bessere Ergebnisse erzielt als vorherige, da es mithilfe von Transformers (was nichts mit dem Action-Film mit Meghan Fox zu tun hat, sondern für das T in ChatGPT steht) große Datenmengen parallel verarbeiten kann. Dadurch kann es viel mehr über Sprache und ihre Nuancen lernen, was zu einer menschenähnlicheren Fähigkeit führt, Texte zu verstehen und zu erzeugen. Und dabei handelt es sich um einen bedeutenden Fortschritt bei der Verarbeitung natürlicher Sprache mithilfe von KI.

Unser menschliches Gehirn kann dank seines angeborenen Talents den Überblick über die Charaktere in, sagen wir, »Sex and The City« behalten, den Haushalt mehr schlecht als recht führen oder komplexe Rechengleichungen lösen. Möglich machen das die rund 86 Milliarden Neuronen in unserem Schädel – und noch wichtiger die 100 Billionen Verbindungen, die diese Neuronen untereinander herstellen.

Im Gegensatz dazu verfügt die Technologie, die ChatGPT zugrunde liegt, über 500 Milliarden bis eine Billion Verbindungen, sagte KI-Forschungslegende Geoffrey Hinton in einem Interview. Obwohl dies den Anschein erweckt, dass sie uns gegenüber stark im Nachteil ist, warnte Hinton, dass GPT-4, das neueste KI-Modell von OpenAI, »Hunderte Male mehr« weiß als jeder einzelne Mensch.[4]

Wenn wir darauf schauen, wie ChatGPT die Mensch-Maschinen-Interaktion und de facto unseren Alltag beeinflusst, handelt es sich allerdings in der Tat um eine Revolution: Denn ChatGPT kann für die Entwicklung einer breiten Palette von Anwendungen eingesetzt werden. Dazu gehören Chatbots, maschinelle Übersetzungssysteme, Tools zur Textzusammenfassung und vieles mehr; die Einsatzmöglichkeiten sind endlos. Als Google seine Suchmaschine einführte, wurde in den 90er-Jahren nach Spezialistinnen gesucht, die in der Lage sind, zu »googeln«. Mit zunehmender

Zeit haben Nutzer erlernt, wie die richtigen Sucheingaben vorgenommen werden können, und diese Jobs brauchte man nicht mehr.

Ähnliches gilt für ChatGPT: Die Eingaben sind keine Spielereien aus Neugierde, sondern praktische Anwendungsfälle – von Content Creation über Recherche und Ideensammlung bis hin zum Coding. Es handelt sich hierbei um eine Fähigkeit, die wir alle künftig benötigen – genauso wie wir alle heute »googeln« können: das »Prompt Engineering«, also die Kunst und Herangehensweise, die richtigen Eingaben in Applikationen wie ChatGPT zu verfassen, um den entsprechenden Output zu erhalten und hierbei Fehlerquellen oder neue Nutzeranforderungen zu erkennen. Business Insider bezeichnen Prompt Engineering sogar als »one of the hottest jobs in AI«, wo es Verdienstmöglichkeiten von bis zu 375.000 US-Dollar geben kann.[5]

Aber genauso wie die Fähigkeit zum Googeln heutzutage kein Argument mehr ist, um Personal einzustellen, kann Ähnliches für Prompt Engineering gelten. Ethan Mollick, Professor an der Wharton School, hat sogar den starken Verdacht, dass Prompt Engineering auf lange Sicht nicht der Job der Zukunft sein wird, da KI einfacher wird.[6] Daher sollten wir bei jeder Hype-Welle auch schauen, wie sie sich in den nächsten Jahren entwickelt. Manche Wellen werden einfach im Sande verlaufen.

Werden wir bald alle überflüssig?

Als ich die ersten Male mit ChatGPT herumexperimentierte, war ich schockiert und fasziniert zugleich. Schockiert, wie intelligent es ist, und fasziniert, da es mir den Alltag erleichtert. Mittlerweile ist es zu meinem täglichen Begleiter geworden.

In meinem Umfeld bin ich aber auch vielen begegnet, die ChatGPT mit weniger Begeisterung beobachten. Eine Bekannte, die als Copywriterin tätig ist, schilderte mir mit einer Prise Hu-

24

mor, hinter dem sich Schmerz verbarg: »Dafür werde ich nicht mehr gebraucht. Das kann ja ChatGPT nun erledigen. Ich weiß nicht mehr, ob und für was ich jetzt noch gebraucht werde.« Es berührt Menschen, da es Sprache betrifft – etwas Intimes und Persönliches.

Fest steht: KI ist nicht kreativ, kann aber Kreativität simulieren. Um etwas Eigenes zu schaffen, braucht es einen kreativen Prozess, Inspiration, die Entwicklung einer Idee und die Erstellung von Inhalten. Aber was genau sind Kreativität und Inspiration?

Wenn ich durch den Schmerz nach einer Trennung oder dem Verlust eines Menschen gehe, bin ich verwundet. Wenn ich im Park sitze, Sonne tanke und ein altes Pärchen beobachte, kann dies mir Hoffnung geben. All diese Momente, Sinneseindrücke, Erfahrungen und Gefühle sind individuelle Elemente, die als Kombination miteinander verwoben werden. Genau das sind Funken von Inspiration, die zum kreativen Entstehungsprozess beitragen. Ich bin das Produkt vieler einzelner Erfahrungen, Schicksalsschläge und Beobachtungen. Wenn ich nicht selber als Frau mit Migrationshintergrund den Quereinstieg in die Tech-Industrie gewagt hätte und schmerzhafte, aber zugleich auch ermutigende Erfahrungen gesammelt hätte, dann hätte ich niemals eine Initiative gegründet, die sich für Gleichgesinnte einsetzt. Und ich hätte nie dieses Buch geschrieben, das sich genau diesem Thema widmet, wie wir Technologie aus einer gesellschaftlichen und sozialen Perspektive behandeln.

Eine Maschine hingegen durchlebt diese Erfahrungen nicht, sie wird lediglich mit einer Sammlung unserer intimen Momente angefüttert. Das fühlt sich furchtbar an, da es für uns ein prägendes Erlebnis war, für die KI aber nur ein beliebiger Datenpunkt aus der Vergangenheit. Letztendlich ist KI nichts anderes als ein Werkzeug, um diese Datenpunkte zu verarbeiten und Aufgaben auszuführen. Es ist aber nicht einfach dasselbe. KI stiehlt Kunst ohne Zustimmung, um Modelle zu trainieren, die wieder neue

Kunst generieren, wenn wir uns KI-Anwendungen wie Lensa anschauen. Viele Künstler sind überhaupt nicht damit einverstanden, dass ihre Bilder für diese Zwecke verwendet werden.

Immer wieder höre ich das Argument, dass Kunst, Literatur und andere geistige Meisterwerke dank unserem Einfallsreichtum und unserer Empathie entstanden sind. Und es wird als entscheidendes Differenzierungsmerkmal herangeführt, um uns Menschen von Maschinen abzugrenzen. »Sicher, eine Maschine kann dies tun, aber kann sie auch DAS tun wie ich?« Und genau in diesem »das« stecken Emotionen des Individuums, was uns zutiefst menschlich macht, nämlich diese Gewissheit, einzigartig zu sein und Fußstapfen in dieser Welt zu hinterlassen.

Wenn ein Mensch etwas Neues, etwas völlig Neues und Einzigartiges zeichnet, ist er technisch gesehen von jedem Moment seines Lebens inspiriert. Künstliche Intelligenz ist Inspiration auf Speed, die gesamte menschliche Geschichte in einer Blackbox aufgezeichnet.

Darüber hinaus müssen wir uns auch die Frage stellen, welche weiteren Berufe – neben Literatur, Journalismus und Kunst – durch die Automatisierung gefährdet sind. Die Arbeitsmarktforschung spricht von dem sogenannten »Substituierbarkeitspotenzial«, also welche Berufe bereits heute zu 100 Prozent ersetzbar sind. Im Kapitel 2 »Werden wir bald alle überflüssig?« gehe ich auf diese Fragen näher ein. Ein kleiner Trost: Als Microsoft Excel auf den Markt kam, wurde prophezeit, dass es bald keine Buchhalter mehr geben wird. Mittlerweile schreiben wir das Jahr 2023 und siehe da: Es gibt sie immer noch. Ich kann zwar in keine Glaskugel schauen, aber mit bestem Gewissen Prognosen treffen, die realistischer und vielleicht auch ein Hauch optimistischer sind als manch ein Science-Fiction-Film.

Wer Technologien der Zukunft gestaltet und warum Frauen (wieder mal) verlieren

»Immer dieser Fachkräftemangel! Vielleicht ist es auch nur ein Mythos, da Arbeitgeber viel zu wählerisch sind. Ich bin siebenundfünfzig, und mich will niemand mehr einstellen, obwohl ich noch ein paar Jahre bis zur Rente habe«, schimpft meine Nachbarin, die in der DDR groß geworden ist und nach der Wende nicht wenig verloren hat. Und ja, zum Teil muss ich ihr zustimmen. Altersdiskriminierung und mangelnde Offenheit von Arbeitgebern sind alles andere als hilfreich, um diesen Umstand zu ändern. Aber ich muss Einspruch gegen die Behauptung erheben, der Fachkräftemangel sei ein Mythos: Dieser hat einen neuen Höchststand in Deutschland erreicht. Im Juli 2022 waren 49,7 Prozent der befragten Unternehmen aufgrund des Fachkräftemangels beeinträchtigt, so das Ergebnis des ifo Instituts. Das waren so viele wie nie seit Beginn der ifo-Konjunkturumfragen 2009.[7]

Und in den IT-Berufen ist die Fachkräftelücke so groß wie nie: Laut des *Future of Work*-Reports der Boston Consulting Group[8] werden in Deutschland bis zum Jahr 2030 rund 1,1 Millionen IT-Fachkräfte fehlen. Gleichzeitig ist der Bedarf nicht nur seitens der Wirtschaft, sondern auch des Staates gestiegen, da dieser die Verwaltung digitalisieren will. Ich kann ihnen nur alles Gute dabei wünschen, da ich bei der nächsten Bundestagswahl digital abstimmen möchte – was in Estland schon seit 2005 möglich ist.[9]

Besonders problematisch in Deutschland: Hier wird die klassische Karriere immer im linearen Verlauf betrachtet. Es wird erwartet, dass man einfach eine Etappe nach der anderen innerhalb der Unternehmenshierarchie aufsteigt, wenn man die richtigen Abschlüsse von den richtigen Universitäten mitbringt. Das treibt insbesondere meine und jüngere Generationen zur Weißglut, da wir nicht an das starre Konzept von Titeln, Firmentreue und Hierarchien glauben, sondern an Eigenverantwortung, Flexibilität

27

und Gestaltungsfreiheit. Im angelsächsischen Raum ist es nicht ungewöhnlich, einem Kunsthistoriker im Investment Banking oder einer Agrarwissenschaftlerin in der Software-Entwicklung zu begegnen.

In Deutschland hingegen hat es ein Mensch mit einem geisteswissenschaftlichen oder humanistischen Abschluss, der sich selbst das Programmieren beibringt, sehr schwer. Auch wenn diese Personen wirklich aus Leidenschaft im Tech-Bereich arbeiten wollen, bekommen sie oft nicht einmal die Chance auf ein Bewerbungsgespräch, weil sie keinen Abschluss in Informatik, Wirtschaftsinformatik oder Naturwissenschaften vorweisen können. Außerdem werden informelle Qualifikationen wie Bootcamps oder Onlinekurse häufig nicht anerkannt.

Im Zeitalter von lebenslangem Lernen und Fachkräftemangel werden Quereinstiege in der Tech-Industrie eine größere Bedeutung einnehmen, um einer sogenannten »Arbeiterlosigkeit« – wie StepStone-CEO Sebastian Dettmers es bezeichnet, der hier auch zu Wort kommt – entgegenzuwirken.

Dafür können wir nicht auf die Frauen verzichten. Derzeit sind 17 Prozent der IT-Fachkräfte in unserem Land weiblich; damit liegt Deutschland unter dem internationalen Durchschnitt. Interessanterweise war die Tech-Branche nicht immer eine Männerdomäne, Frauen haben die Pionierarbeit geleistet. Mit zunehmender Zeit hat sich das geändert, was verheerende Konsequenzen für unsere Zukunft haben wird. Das Kapitel 3 »Was Frauen von der Tech-Branche zurückhält und wie es Europa bremst« zeigt auf, wie Frauen ihre Stimme in der Tech-Industrie verloren haben, was die Argumente der Gegenseite sind und welche Folgen dieser Zustand für zukunftsweisende Technologien haben wird.

Wie Technologie unsere Chancen im Leben bestimmt

Als Bürgerin möchte ich Freiheit genießen. Die Freiheit, mein nächstes Urlaubsziel zu wählen. Die Freiheit zu entscheiden, für wen ich arbeite. Und die Freiheit, über die Preisgabe und Kontrolle meiner persönlichen Informationen zu entscheiden, wenn ich digitale Dienste verwende.

Bei keiner meiner Entscheidungen kann ich mich dem Einfluss von Technologie ganz entziehen. Die Technologie kann entscheiden, ob ich von der Gesichtserkennung am Flughafen erkannt werde oder sogar als Sicherheitsrisiko eingestuft werde. Auch kann sie darüber entscheiden, ob ich zu einem Job-Interview eingeladen oder direkt ausgesiebt werde – aufgrund meines Lebenslaufs, der von einer KI ausgewertet wurde. Und Technologie weiß so viel über mich, dass sie entscheiden kann, wie sie meine persönlichen Informationen verwenden kann, um mich in meiner Meinungsbildung oder Konsumentscheidung zu beeinflussen.

Von der Art und Weise, wie wir diese Technologie gestalten, ist es in höchstem Maße abhängig, ob sie einen positiven Einfluss hat oder sogar das Gegenteil bewirkt.

In Kapitel 4 »Wie Technologie Grenzen schafft, statt sie zu überwinden« und Kapitel 5 »Diskriminierung statt Effizienz: Wenn KI im Recruiting falsch entscheidet« gehe ich darauf ein, wie der Einsatz von KI-getriebener Technologie unser Leben zum Guten oder Schlechten verändert – sei es bei der Grenzkontrolle, durch Überwachung oder auf dem Arbeitsmarkt.

Wer über die Gestaltung von Technologie und unsere Zukunft entscheidet

Ein Tag, den ich nicht so schnell vergessen werde, war der 16. Mai 2023. Ich saß mit Popcorn wie gebannt vor meinem Laptop. Nein, ich habe mir nicht etwas auf Netflix oder in der ZDF-Mediathek angeschaut. Ich habe mir die Aussagen des OpenAI-CEOs Sam Altman an der Seite von IBMs Chief Privacy Officer Christina Montgomery vor dem US-Komitee angehört. Klingt erst mal genauso spannend wie Menschen, die sich ewig darüber auslassen, ob sie einen Parkplatz gefunden haben oder nicht. Für mich war es unvergesslich, weil ich wusste, dass mit Altmans Aussagen der Ton angegeben wird, wie Washington KI-Technologie reguliert. So sagte Altman gegenüber dem Komitee: »Wenn bei dieser Technologie etwas schiefgeht, kann es richtig schiefgehen, und das wollen wir lautstark zum Ausdruck bringen. Wir wollen mit der Regierung zusammenarbeiten, um das zu verhindern.« Im Gegensatz zu anderen Anhörungen von Tech-CEOs waren Republikaner und Demokraten von Altmans klaren Aussagen so begeistert, dass er scherzhaft gefragt wurde, ob er nicht die Leitung einer hypothetischen Bundesbehörde zur Regulierung von KI in Betracht ziehen könnte.[10]

Auch wenn die Schritte Altmans begrüßenswert sind, müssen wir kritisch hinterfragen, inwieweit OpenAI die Gesetzgebung rund um KI beeinflusst, zumal diese Technologie seitens der Politik immer noch nicht gänzlich verstanden wird. Denn OpenAI ist alles andere als unabhängig: Mit einer langjährigen Investition von Microsoft vertreten sie mitunter deren Interessen. Deshalb müssen wir OpenAI im Auge behalten, da dieses Unternehmen mit dem exponentiellen Wachstum der Nutzerbasis als neues Daten- und Machtmonopol immer mehr Einfluss gewinnen wird.

Drei Tage später wurde ein weiteres Kapitel Tech-Politikgeschichte geschrieben: Beim 47. G7-Gipfel in Japan stand KI auf der Tagesordnung, und die Staats- und Regierungschefs riefen Leitlinien dafür auf.[11] Dies bedeutet hoffentlich, dass zunächst die nationalen Regulierungsbehörden gestärkt werden, gefolgt von einer internationalen Zusammenarbeit bei der Harmonisierung dieser Ansätze. Es sieht so aus, als ob ein prinzipien- und risikobasierter Ansatz von allen Parteien unterstützt wird. Dem Aufruf der G7-Staats- und Regierungschefs zum Handeln ging eine gemeinsame Erklärung der G7-Digitalminister voraus.[12] Noch in diesem Jahr werden entscheidende Weichen gestellt, da die EU-KI-Verordnung bald vom Gesetzesentwurf zum Gesetz wird.

Ich würde gerne wissen, wie viele jener Menschen, die über die Zukunft der Gesetzgebung von Technologie entscheiden, tatsächlich programmieren können und die KI-Prinzipien verstanden und angewandt haben. Meine Vermutung ist, dass es keiner von ihnen getan hat. Warum also reden sie über etwas, was sie nicht kennen, und verschwenden dabei unsere Steuergelder? In diesem Prozess brauchen wir unbedingt Führungskräfte mit Grundkenntnissen der Programmierung, technologischem Verständnis und juristischem Hintergrund, die echten Mehrwert in diesem Prozess liefern können. Auch müssen wir die wachsende Lobby gerade jener BigTech-Unternehmen in Europa aufmerksam beobachten, die vor nicht allzulanger Zeit Praktiken angewandt haben, die den demokratischen Prozess in der EU untergraben.

Ein weiterer spannender Protagonist ist neben den amerikanischen Tech-Konzernen China, dessen Einfluss im KI-Bereich stetig ansteigt. China hat das Ziel, bis 2030 KI-Weltführer zu werden – und angesichts der aktuellen Fortschritte ist dieser Anspruch nicht abwegig. Damit wächst auch der chinesische Einfluss auf die Gestaltung von KI-Ethik, nicht unproblematisch angesichts der unterschiedlichen Wertesysteme in China und Europa. Wie können wir auf einen gemeinsamen Nenner kommen, um ethische Richtlinien für KI auf globaler Ebene zu etablieren? Dabei ist es wichtig zu berücksichtigen, dass jede Region ihre eigene kulturelle Geschichte und einen eigenen Umgang mit neuen Entwicklungen hat.

In einer idealen Welt hätten wir eine globale Künstliche Intelligenz, die die humanitären Werte aller Kulturen und Regionen repräsentiert. In der Welt, in der wir leben, ist das schon jetzt nicht der Fall. Die historischen Machtverhältnisse stellen sich mit der KI-Entwicklung noch einmal komplett neu auf. Wir Deutschen waren immer so selbstbewusst zu glauben, dass wir die wirtschaftliche und politische Großmacht Europas seien. Nun merken wir, dass wir in der digitalen Weltordnung nicht auf Augenhöhe mit den USA und China stehen. Denn wir sind schon längst abhängig von ihrer digitalen Infrastruktur, auf der die Entwicklung all unserer Technologien beruht.

Wenn wir jetzt nichts ändern, werden wir in der neuen Weltordnung nichts zu sagen haben. Und das ist mehr als problematisch: Die Kriegsführung verlagert sich zunehmend in den digitalen Raum – die Zunahme von Cyberangriffen, die Verbreitung von Desinformation und die Frage der digitalen Souveränität sind nur einige wichtige Stichworte dazu. Wenn Deutschland beim Wettlauf um die Technologie nicht mithalten kann, riskieren wir den Frieden, den Wohlstand und die Zukunftsfähigkeit unseres Landes.

Wenn wir an die Anfänge der KI-Forschung zurückdenken, hatte diese bereits ihren Ursprung während des Zweiten Weltkrieges, wo der britische Mathematiker Alan Turing den verschlüsselten Nachrichtenverkehr der deutschen Wehrmacht mit der sogenannten Turing-Bombe entschlüsselte. Mithilfe dieser Technologie wurde die Kriegsdauer verkürzt, was nicht zuletzt unzählige Menschenleben rettete.

Kriegsmittel im Digitalzeitalter sind Desinformationen in den sozialen Medien, um den Einfluss in einer Region zu erhöhen und sogar Hass zu schüren. Wir erleben dies im Ukraine-Krieg, wo feindliche Übergriffe von Cyberkriegen begleitet werden, um das Land zu schwächen.

Schon vor Ausbruch des Krieges 2022 war die Ukraine in den letzten zehn Jahren ständigen Cyberangriffen ausgesetzt; viele davon werden Russland zugeschrieben. Der Organisation *Vision of Humanity* zufolge war die Ukraine im Jahr 2020 von 397.000

Cyberangriffen betroffen, in den ersten zehn Monaten des Jahres 2021 waren es rund 280.000.[13]

Auch gehört zum Kern unseres Verständnisses von individuellen Freiheiten und Menschenrechten im digitalen Zeitalter die Fähigkeit, eigene KI-Modelle zu schaffen und zu trainieren. Dieses Recht geht über den bloßen Zugang zu Technologie hinaus. Es umfasst die Autonomie, die KI-Systeme, die immer mehr zu einem integralen Bestandteil unseres täglichen Lebens werden, zu beeinflussen, zu manipulieren und anzupassen. Es ist eine Form des intellektuellen und kreativen Ausdrucks, ähnlich wie das Recht, einen Text zu verfassen oder ein Kunstwerk zu schaffen, unter Berücksichtigung der KI-Ethik und -Normen.

Oft höre ich von Personen aus der KI-Community, dass es sich bei KI lediglich um ein Werkzeug handelt. Das stimmt nicht ganz: KI ist wesentlich mehr als ein Werkzeug, da wir für dieses Instrument mit menschenähnlichen und manchmal übermenschlichen Fähigkeiten Verantwortung tragen. Letztendlich geht es darum, wie unsere Zukunft aussehen wird, wenn wir diese mächtigen Werkzeuge anwenden. Wir erreichen mit diesem Produkt nicht nur ein paar Menschen, sondern Millionen, wenn nicht Milliarden weltweit. Und natürlich tragen die mächtigsten Tech-Unternehmen der Welt Verantwortung dafür, welche sozialen und gesellschaftlichen Folgen mit der Veröffentlichung ihrer Produkte oder der neuesten Versionen einhergehen. Dennoch tragen auch Organisationen, Datenwissenschaftlerinnen und Entwickler Verantwortung für ihr Handeln und müssen sich darüber bewusst sein, wie sich ihr Handeln auf die Benutzer und letztlich auf unsere Gesellschaft auswirkt.

Auch müssen wir uns bewusst sein, wer die Verantwortung für unbeabsichtigte Folgen von Technologie übernimmt – das Unternehmen, die Entwickler, das Machine-Learning-Modell oder die Anwenderinnen?

Im Kapitel 6 »Innovationskiller oder Chance für digitale Verantwortung? Regulierung für vertrauenswürdige KI« gehe ich auf diese und weitere Fragen ein.

Zwischen Unfähigkeit und Unsicherheit

Daten sind nicht mehr aus meinem Leben wegzudenken. Wenn ich morgens aufstehe und mir ein neuer Song auf YouTube empfohlen wird, ich mir später die Push-Benachrichtigungen in meiner Nachrichten-App durchlese und mir auf dem Rückweg von der Arbeit auf LinkedIn eine neue Stellenausschreibung angezeigt wird, sind überall Daten und Algorithmen im Spiel. Dennoch herrscht viel Unwissen darüber in weiten Teilen der Bevölkerung: Jeder zweite EU-Bürger weiß nicht, was genau Algorithmen sind. Dies geht aus einer Umfrage der Bertelsmann-Stiftung vom September 2018 hervor.[14] 15 Prozent gaben an, überhaupt noch nie von Algorithmen gehört zu haben, und 33 Prozent haben zwar davon gehört, wissen aber nicht, was genau sie sind. Nur acht Prozent aller Befragten haben angegeben, gut darüber Bescheid zu wissen – also eine kleine Gruppe.

Oft werden die Begrifflichkeiten KI, maschinelles Lernen und Algorithmen synonym oder im falschen Zusammenhang verwendet.

Stell dir vor, du hast eine neue Technologie, die wie ein kluger Kopf arbeiten kann, ohne tatsächlich ein Mensch zu sein. Das ist die Idee hinter Künstlicher Intelligenz. Sie soll in der Lage sein, Dinge zu tun, die normalerweise nur Menschen können, wie z. B. Bilder erkennen oder Texte übersetzen. Das gelingt ihr durch Programmierung.

Dann gibt es noch das maschinelle Lernen. Hier kommt der Computer ins Spiel, der selbstständig lernen kann. Er nimmt Daten, schaut sie sich an und zieht daraus seine eigenen Schlüsse. Das ist, als ob er aus Erfahrungen lernt, genau wie wir Menschen

34

es tun. Anders als KI, die auf vorgegebenen Mustern basiert, produziert maschinelles Lernen neue Muster aus vorhandenen Daten. Um das zu ermöglichen, benutzt man Algorithmen. Stell dir die Algorithmen als mathematische Modelle vor, die uns helfen, die Unterschiede zwischen dem, was wir wissen, und dem, was wir schätzen, zu berechnen. Das kann eine ziemlich knifflige Aufgabe sein. Ein Beispiel für so einen Algorithmus ist die lineare Regression. Dabei versuchen wir, den Umsatz anhand verschiedener Faktoren wie Wetter oder Region vorherzusagen. Je genauer unsere Schätzungen mit dem tatsächlichen Umsatz übereinstimmen, desto besser ist unser maschinelles Lernmodell.

Das Ganze klingt vielleicht ein bisschen technisch, aber wenn du dir vorstellst, dass eine Maschine wie ein kluger Kopf arbeiten kann, der aus Erfahrungen lernt, dann wird es schon viel interessanter.

Obwohl wir die einfachsten Algorithmen aus dem Mathematikunterricht in der Mittelstufe kennen, sind Deutsche gegenüber Algorithmen skeptisch eingestellt, lautet das Fazit der Bertelsmann-Studie. Innerhalb der ganzen EU wünschen sich viele der Befragten eine stärkere Kontrolle von computerbasierten Entscheidungen wie auch mehr Transparenz bei Algorithmen. Tatsächlich frage ich mich: Dürfen wir Bürger überhaupt Transparenz und Ethik von einer Technologie fordern, die wir nicht verstehen? Um Forderungen zu stellen, müssten wir doch zumindest ein Grundverständnis für die betreffende Technologie entwickeln, statt aus Angst zu agieren.

Nicht zu vergessen ist, dass der Diskurs zwischen unterschiedlichen Interessengruppen im legalen Rahmen nötig ist. Wir müssen die Zivilgesellschaft, z. B. durch Vereine und Stiftungen, mobilisieren. Es reicht einfach nicht aus, vorwurfsvoll mit dem Finger auf die technologisch dominierenden Player USA oder China zu zeigen. Wir müssen die Mechanismen, den Status quo, die Herausforderungen und Chancen der neuen Technologien verstehen, um berechtigte Kritik zu äußern und Forderungen aufstellen zu können. Dafür müssen wir unseren Mangel an Wissen oder Fähigkeiten und unsere Unsicherheit anerkennen, um diesen Umstand dann schnellstmöglich zu ändern.

In den letzten Kapiteln dieses Buchs zeige ich die bisherigen Versäumnisse von Politik, Wirtschaft und Gesellschaft auf und entwickle Handlungsforderungen. Hier gebe ich einen Einblick, wen und was wir konkret brauchen, um FairTech für eine bessere Zukunft einzufordern.

Wen und was brauchen wir? Zugänglichkeit von Technologie als Grundstein für digitale Teilhabe

Die medialen Schlagzeilen rund um ChatGPT lassen mich schaudern: »ChatGPT: KI könnte Millionen Jobs vernichten«,[15] »ChatGPT & Co.: Welche Jobs durch KI bedroht sind«,[16] »Nimmt Künstliche Intelligenz uns die Arbeitsplätze weg?«.[17]

Es macht mich wütend, so etwas zu lesen. Da wird mit den Ängsten von Menschen gespielt, denn für viele von uns bedeutet Arbeit ja die Sicherung unseres Grundbedarfs und auch einen Teil unserer Identität.

Bei der medialen Berichterstattung rund um Technologiethemen tragen Journalisten eine gesellschaftliche Verantwortung dafür, wie sie diese Themen vermitteln. Und d. h.: Wir haben das Recht, eine korrekte Einordnung ebenso zu verlangen wie das Aufzeigen von Handlungsempfehlungen und Jobchancen.

Von der Politik wünsche ich mir eine digitale Bildungsreform, damit die nächsten Generationen zukunftsfit sind. Und von der Wirtschaft fordere ich digital zugängliche Produkte, die Rücksicht auf ältere Menschen oder Menschen mit Behinderung nehmen, damit auch diese Gruppen am gesellschaftlichen Leben teilhaben können. Auch müssen wir unterrepräsentierte Gruppen wie

36

Frauen oder Menschen mit Migrationshintergrund gezielt für Tech-Berufe begeistern und fördern, um gegen den Fachkräftemangel vorzugehen und bessere Produkte zu entwickeln, die alle Lebensrealitäten widerspiegeln.

Das sind einige meiner Forderungen, die ich in Kapitel 10 »Was die Politik jetzt tun muss«, Kapitel 11 »Was die Wirtschaft jetzt tun muss« und Kapitel 12 »Was unsere Gesellschaft jetzt tun muss« aufstelle.

Data & AI Literacy – die Kompetenz, Daten und KI zu verstehen. Auf dem Weg zur Lingua Franca der digitalen Welt

Data und AI Literacy ist für mich wie eine Sprache, die jeder beherrschen muss. Nicht jede und jeder muss einen preisverdächtigen Roman schreiben können, aber er oder sie sollte in der Lage sein, zu lesen und zu schreiben. Das bedeutet für mich konkret die Fähigkeit, Daten zu lesen, mit ihnen zu arbeiten, sie zu analysieren und zu kommunizieren.

Der Aufbau von Daten- und KI-Kompetenzen wird immer wichtiger, damit jeder von uns an der Debatte teilhaben kann: Laut einer Studie von Forrester Consulting aus dem Jahr 2022 erwarten heute 82 Prozent der befragten Entscheidungsträger von ihren Mitarbeitenden in allen Abteilungen – einschließlich Produkt, IT, Personal und Betrieb – grundlegende Datenkenntnisse. Bis 2025 wird erwartet, dass fast 70 Prozent der Mitarbeitenden in ihrem Beruf viel mit Daten arbeiten werden – 2018 waren es noch 40 Prozent.[18]

Um aber Daten zu lesen, müssen wir verstehen, wie die Daten erhoben, verarbeitet und in welcher Form sie gespeichert werden.

Handelt es sich um Online- oder Offline-Daten? Wie wurden diese Daten erhoben, und ist die Datensammlung datenschutzkonform erfolgt?

37

Wie werden die Daten verarbeitet? Werden bestimmte Attribute entfernt, um das Datenvolumen zu reduzieren oder weil es der Analyse nicht dienlich ist?

Handelt es sich um strukturierte Daten in Form von Excel, semistrukturierte Daten wie Tweets oder unstrukturierte Daten wie Bild oder Audio?

Wie kann ich auf die Daten zugreifen, und wer liefert mir mithilfe von Auswertungen Fragen auf meine Antworten?

Wie kann ich mit meiner Fachexpertise helfen, die Ergebnisse im Kontext richtig einzuordnen? Welche Handlungen ergeben sich aus den Erkenntnissen?

Was daran bemerkenswert ist: Für alles, was ich bisher genannt habe, braucht es keinerlei Programmierkenntnisse, sondern lediglich ein Grundverständnis der Thematik und die Fähigkeit, die richtigen Fragen zu stellen. So können nicht-technische und technische Mitarbeitende innerhalb einer Organisation erfolgreich an Produkten oder Services zusammenarbeiten und einen Beitrag zur Digitalisierung leisten.

Warum reicht nicht ein Datenmensch?

»Warum brauche ich verschiedene Arten von Datenrollen? Kann ich nicht eine Person als Schweizer Messer einstellen, die die ganze Arbeit macht?«

Diese Fragen höre ich vor allem von Menschen außerhalb der Daten- und Technologieblase, zu der auch ich gehöre. Um ehrlich zu sein: Meine Mutter versteht bis heute nicht, was ich mache, für sie arbeite ich »irgendwas am Computer mit Daten«. Für Außenstehende ist häufig nicht klar ersichtlich, wer was mit Daten macht – und warum das für uns alle wichtig ist. Die Vielzahl von Rollen in den neuen Datenberufen ist aber kein Mysterium. Meinem Bruder, der leidenschaftlicher Fußballspieler und HSV-Fan ist, habe ich es mal mit einer Analogie seines Lieblingssports erklärt.

Das Datenteam als Fußballteam: Die verschiedenen Rollen innerhalb eines Data-Analytics-Teams

Stell dir vor, dein Ziel wäre es, die Fußballweltmeisterschaft zu gewinnen; d.h., du müsstest viele Tore schießen, um es bis zum Endspiel zu schaffen. In der Datenwelt würde dies bedeuten, dass du z.B. eine Medienmarke mit der stärksten Community sein möchtest, für die du so viele Nutzer wie möglich erreichen und deine Abonnementraten erhöhen musst.

Jedes ehrgeizige Ziel braucht einen Visionär: Um dieses ehrgeizige Ziel zu erreichen, braucht es eine Fußballclubbesitzerin mit einer großen Vision bzw. einen Chief Data Officer, der das große Bild sieht, welchen Wert Daten für das Unternehmen schaffen können.

Ein Trainer wird immer gebraucht: Diese Vision muss durch eine Mission und einen taktischen Ansatz in die Realität umgesetzt werden, wofür man einen Fußballtrainer oder einen Leiter des Data-Teams braucht. Der Fußballtrainer oder Head of Data muss dann großartige Spieler holen, die in ihren Rollen gut sind – entweder als Torwart, Mittelfeldspieler oder Stürmer.

Jeder Spieler hat eine andere Rolle

Unser Data Engineer ist unser Torwart, der bereit ist, jeden Ball zu fangen, der in sein Netz fliegt oder eine Gefahr darstellt. Er kümmert sich um die Dateninfrastruktur, die das Tor bzw. unsere Dateninfrastruktur hütet, wo unsere Daten gespeichert und verarbeitet werden bzw. der Ball abgefangen und weitergespielt wird.

Unser Datenanalyst ist unser Mittelfeldspieler. Er analysiert die Daten (die Situation auf dem Feld: Wer ist wo anspielbar?) und generiert aus den vorverarbeiteten Daten einen Wert (der Rechtsaußen ist schon losgelaufen Richtung Tor und frei), indem er Dashboards oder andere analytische Anwendungsfälle erstellt (Blitzschnelle Analyse: Der Spieler ist groß und kann hohe Bälle sehr gut weiterspielen. Oder er ist klein und schnell und wird sich

39

durch die Verteidigungslinie gut durchsetzen können.). Der Datenanalyst trifft sodann die Entscheidung und gibt den Ball weiter zur Data Scientist.

Die Data Scientist ist unsere Stürmerin. Sie entwickelt aus deskriptiven Analysen (der Winkel zum Tor ist günstig, die Verteidiger stehen nicht im Weg) eine prädiktive Analyse (ich schieße jetzt!), z. B. durch die Entwicklung eines Machine-Learning-Modells.

Dies ist nur ein Modell für das Datenteam in einem Unternehmen, die Jobbezeichnungen können stark variieren. Wenn du Mitarbeiter in den neuen Datenberufen einstellst, solltest du dich weniger auf den Titel konzentrieren, sondern nach den Projekten, Produkten oder Anwendungsfällen fragen, an denen eine Person gearbeitet hat. In einigen Unternehmen arbeiten Datenanalysten beispielsweise auch als Data Engineers oder Data Scientists, je nachdem, wie technisch ausgerichtet das Unternehmen ist, in dem sie tätig sind.

Das wichtigste Learning daraus: Wir brauchen keinen Einzelspieler auf dem Niveau eines Kylian Mbappé oder Lionel Messi, sondern vielmehr ein Team, das in unterschiedlichen Positionen auf dem Feld auf ein gemeinsames Ziel hinarbeitet und gut zusammenwirkt.

Datenberufe der Zukunft

Mein Job, der des Data Scientists, wird als wenig sexy empfunden, ja manchmal sogar als langweilig von Außenstehenden gewertet. Dabei betitelte 2012 die *Harvard Business Review* den Beruf des Data Scientists als »sexiest job of the 21st century«.

Zu dieser Zeit waren Hightech-Unternehmen, ambitionierte Tech-Start-ups oder Forschungseinrichtungen bemüht, Data Scientists einzustellen. Mit der Zunahme des Datenvolumens und der Komplexität dieser Daten wurden auch weitere Datenberufe benötigt, um sich der Analyse und Prozessierung zu widmen. So

40

wurden neue Berufe wie Data Analysts und Data Engineers geschaffen, sodass es ein ganzes Team braucht statt einer einzelnen Person, die alle Aufgabenbereiche bewältigt.

Die Realität ist allerdings weniger sexy: Viele Unternehmen suchen die »eierlegende Wollmilchsau«. Offenbar ist ihnen nicht klar, dass es nicht nur den Data Scientist gibt, sondern viele verschiedene Datenberufe. Insbesondere im Feld von Data Analytics und Data Science ist die Lage unheimlich komplex geworden. Erst einmal braucht man jemanden, der die Dateninfrastruktur entwickelt, also quasi den Kochtopf, in den alle Daten und Zutaten eingeworfen werden. Dann gibt es noch den Data Analyst, der daraus ein Gericht zaubert, und schließlich den Data Scientist, der die Würze beisteuert. Häufig ist den Unternehmen gar nicht bewusst, dass es unterschiedliche Anforderungsprofile gibt und eine einzelne Person nicht alles komplett abdecken kann.

Um Silos abzubauen und Synergien zu schaffen durch die Schließung von Wissenslücken im Bereich von KI und Big Data, entstehen neue Berufsbilder. Im Jahr 2018 bezeichnete McKinsey den »Analytics Translator« als »new must-have role«: eine Person, die zuvor in der Datenanalyse oder einem technischen Beruf gearbeitet hat und die Fähigkeit besitzt, Geschäftsprobleme in analytische Lösungen zu übersetzen. In großen Konzernen wie Bayer gibt es bereits solch eine Rolle. Manche Analytics Translators bieten Sprechstunden an, wo Menschen aus unterschiedlichen Abteilungen ihre Fragen und Anliegen mitbringen und es darum geht, gemeinsam herauszufinden, wie dies mithilfe von Daten oder Technik gelöst werden kann.

Neben dem Analytics Translator gibt es den sogenannten Data Literacy Manager, der oder die oft einen Hintergrund im Bereich von Personal- und Organisationsentwicklung oder Data Analytics hat und Weiter- und Fortbildungsprogramme für Datenkompetenzen entwickelt.

Vorreiter in Sachen Data Literacy ist das deutsche Lieferdienstunternehmen HelloFresh. Dieses Tech-Unternehmen hat gemerkt, wie entscheidend es für den Unternehmenserfolg ist, dass Mitarbeitende befähigt werden, Daten zu verstehen und mit ihnen zu arbeiten, um bessere Entscheidungen zu treffen.

Selbst wenn ich im Telefon-Kundenservice arbeite, leiste ich einen wichtigen Beitrag, da die Daten und Informationen, die ich ins Kundenmanagementsystem eintrage, weiterverwendet werden. Umso wichtiger ist es, dass alles seine Richtigkeit hat und ich keine Flüchtigkeitsfehler aufgrund von Nachlässigkeit mache oder gar nichts eintrage. Ein anderes Beispiel ist, wenn ich als Redakteur in einem Medienunternehmen meine Artikel mit einem Content Management System veröffentliche. Meine Eingaben von Keywords sind nicht belanglos, sondern wichtig, da sie die Grundlage für alle Analysen bilden.

Die Illustration einer »Datenwertschöpfungskette«, wo jede Person weiß, welchen Beitrag sie mit ihren Angaben von Informationen und Eingaben von Daten leistet und wie diese verwertet werden, ist essenziell, damit alle gemeinsam an einem Strang ziehen.

Big Data bedeutet vor allem Big Business
Laut einer Studie des eco Verbands und Arthur D. Little im Jahr 2020 könnte Deutschland bei einem flächendeckenden Einsatz von KI ein Wachstum des Bruttoinlandsprodukts von über 13 Prozent bis 2025 (im Vergleich zu 2019) realisieren. Dies entspricht einem Gesamtpotenzial von ca. 488 Milliarden Euro, wovon ca. 330 Milliarden Euro (70 Prozent) auf Kosteneinsparungen und ca. 150 Milliarden Euro (30 Prozent) auf Umsatzpotenziale für alle Branchen entfallen.

McKinsey geht davon aus, dass es bis 2030 global eine 13 Milliarden Dollar zusätzliche Wertsteigerung durch KI geben wird. Das Produktivitätswachstum von KI lässt sich mit jenen der vorangegangenen industriellen Revolutionen vergleichen: KI (1,2 Prozent-

42

punkte), Dampfmaschine (0,3 Prozentpunkte), Industrieroboter (0,4 Prozentpunkte), Verbreitung der Informationstechnologie (0,6 Prozentpunkte).

Doch trotz aller wirtschaftlichen Interessen dürfen wir nicht aus Profitgier und Wachstumsambitionen die Langzeitfolgen von Technologie ignorieren. Als Microsoft seine Milliardeninvestitionen in OpenAI ankündigte, wurde wenig später das gesamte KI-Ethikteam des Unternehmens entlassen. Angesichts der großen Wachstumsambitionen wollte der Konzern nicht das Risiko auf sich nehmen, dass genau dieses Team unbequeme gesellschaftliche und soziale Fragen stellt und die Entwicklungen nach diesen Gesichtspunkten prüft. Das könnte nämlich zu Verzögerungen bei der Veröffentlichung von neuen Technologien am Markt führen, und das Ziel ist ja, immer schneller als die Konkurrenz zu sein.

Zwar sind Ambitionen wichtig und richtig, dennoch ist diese Fahrlässigkeit gefährlich für unsere Zukunft. Wir müssen Vorreiter darin werden, unsere Werte von Freiheit, Demokratie und Rechtsstaatlichkeit in der neuen Weltordnung verteidigen zu können. Deshalb setze ich mit FairTech Impulse für Politik, Wirtschaft und Gesellschaft – für Deutschland, Europa und die Welt.

Kapitel 2 | Werden wir bald alle überflüssig?

In Zeiten der Corona-Pandemie, des Ukraine-Krieges und einer anhaltenden Wirtschaftskrise sehne ich mich wie alle anderen auch nach Stabilität. Einfach eine Welt, in der wir die Dinge besser verstehen und Entwicklungen vorhersehen können oder zumindest nicht plötzlich überrollt werden.

Mit den aktuellen Entwicklungen rund um Künstliche Intelligenz und der weitreichenden Manipulation auf Social Media durch Fake News und Deepfakes fühle ich mich aber gerade ziemlich unsicher. Es ist wirklich schwer abzuschätzen, wie weit die Auswirkungen von KI gehen und wie gezielte Aktionen die Gesellschaft weiterhin beeinflussen und stören könnten. Und ja, natürlich denke ich auch an Arbeitsplätze, aber nicht nur das – es gibt einfach so viele technische Neuerungen, die alles verändern könnten und auch mir den Schlaf rauben.

Aber es kommt noch etwas dazu: Die technologische Disruption, von der alle sprechen, verbreitet eine Stimmung des Aufbruchs einerseits, aber andererseits auch eines drohenden Untergangs. Es ist wirklich verrückt, wie schnell sich alles innerhalb weniger Monate oder sogar Wochen verändert und wie unsicher sich manche Dinge dadurch anfühlen.

Ich spüre tief in mir, dass wir in einer Zeit großer Veränderungen und Unsicherheit leben. Deshalb müssen wir die Auswirkungen all dieser technologischen Entwicklungen und sozialen Veränderungen verstehen, um sie einzuordnen und darauf zu reagieren. Nur so können wir eine stabile Grundlage schaffen, um den Herausforderungen der Zukunft zu begegnen und in dieser turbulenten Phase zu bestehen. Und während wir nach einer stabilen Grundlage suchen, stelle ich mir auch die Frage nach unserer Existenzgrundlage – unserer Arbeit, die unser Einkommen sichert und ein Teil unserer Identität ist. Die Angst, »ersetzbar« zu werden, nagt auch an mir.

Dabei frage ich mich, welche Berufszweige vor den größten Veränderungen stehen oder komplett obsolet sein werden. Welche Chancen und Herausforderungen ergeben sich für uns? Die Wirkung neuer Technologien wie ChatGPT und Lensa hat eine unvorstellbare Dimension erreicht. Das ruft neue Fragen hervor: Wie wird das Bildungssystem auf ChatGPT reagieren? Welche Rolle spielen Haus- und Seminararbeiten, wenn diese in Sekunden oder Minuten von einem Bot verfasst werden können? Kann ich KI-generierte Kunstprojekte und Selbstporträts, die mit Lensa hergestellt wurden, bei einem Kunstwettbewerb einreichen, und werden diese genauso bewertet wie jene von Künstlern, die ihre Werke händisch kreiert haben?

Vom Taxifahrer oder der Kassiererin über kreative Berufe wie Übersetzer, Journalistin und Künstler bis hin zu Spezialisten wie Ingenieurinnen und Datenexperten – wir sind alle in unterschiedlichem Maße betroffen, ob wir wollen oder nicht. Umso wichtiger ist es, die Augen vor diesen Entwicklungen nicht zu verschließen.

Bye, bye, Taxifahrer! Der Umstieg auf Robo-Taxis

Wenn ich in ein Taxi einsteige, frage ich mich jedes Mal: Was passiert mit ihm – dem Taxifahrer? Werde ich in wenigen Jahren schon in ein menschenleeres Auto einsteigen, wo mich eine Stimme von Siri, Alexa und Co. empfängt?

Die Automobilindustrie ist mit Abstand der bedeutendste Industriezweig in Deutschland, dem Geburtsland des Automobils. Im Jahr 2021 erwirtschafteten die Unternehmen dieser Branche laut des Bundesministeriums für Wirtschaft und Klimaschutz

45

einen Umsatz von gut 411 Milliarden Euro und beschäftigten direkt knapp 786.000 Personen.[19] Hinzu kommen die indirekten Beschäftigten der Zulievererindustrie.

Neben den Diskussionen über das Verbrenner-Aus, Elektro und Wasserstoff ist das autonome Fahren eines der Megathemen unserer Zeit. Derzeit unterstützt uns das Auto mit Assistenzsystemen. Es wird nicht mehr lange dauern, bis es selbstständig oder sogar fahrerlos fahren kann – so zumindest die Vision der Automobilindustrie.

Um seine Pionierstellung zu behalten, hat Deutschland als erstes Land weltweit ein Gesetz zum autonomen Fahren verabschiedet, das einen Rechtsrahmen schafft, damit autonome Kraftfahrzeuge (Stufe 4) in festgelegten Betriebsbereichen bundesweit im öffentlichen Straßenverkehr im Regelbetrieb fahren können. Das zeigt auf, wie in Deutschland mit neuen Zukunftsthemen umgegangen wird. Wo andere Länder große Chancen wittern, nähert sich Deutschland vorsichtig an und fokussiert sich auf die Probleme. Parallel dazu wird die technische Entwicklung mit kleinen Schritten vorangetrieben. Ob sich dies als Vorteil im Wettbewerb gegen Länder wie China, Südkorea und die USA herausstellt, ist zu bezweifeln. China verkaufte im Jahr 2022 mehr als doppelt so viele Elektrofahrzeuge wie Europa und die USA zusammen.[20] Eigentlich würde es einen Treffpunkt zwischen der technischen Entwicklung und der Problembehandlung brauchen, um ein marktfähiges Produkt in einer angemessenen Entwicklungszeit zu veröffentlichen.

Wir wollen sicher, komfortabel und schnell befördert werden. Nicht mehr am Lenker sitzen, entspannt reisen oder endlich durchschlafen, bis wir ans Ziel kommen. Keine Taxifahrt, bei der sich der Fahrer verfährt oder wir uns aus verschiedenen Gründen unsicher fühlen. Das ist zumindest die Wunschvorstellung, die mit dem autonomen Fahren verbunden ist.

Jedoch geht es bei diesem Szenario nicht nur um persönliche

46

Befindlichkeiten, sondern auch um den sprunghaften Anstieg von Margen. Das Fahren wird nämlich für alle günstiger, da der höchste Kostenfaktor, nämlich der Fahrer, wegfallen wird. Einer Studie zufolge können autonome Shuttles die Transportkosten sogar halbieren.[21]

Die Corona-Pandemie, steigende Spritpreise und Fahrdienste wie Uber führen in der Taxibranche zu Umsatzeinbußen bei steigender Inflationsrate und stellen eine Belastung für die Fahrer dar. Die Branche steht vor großen Umwälzungen.

Die Fragen, die sich für uns ergeben, sind: Was kann die Technik und was nicht? Und was bedeutet die große Veränderung für die Taxifahrer?

Die Technik kann die Unfallgefahr im Verkehr senken. Doch sie ist unter Umständen nicht – jedenfalls nicht in befriedigender Weise – in der Lage, ein Dilemma zu lösen. Ein immer wieder gern zitiertes Beispiel: Ein Kind rennt vor einem autonomen Fahrzeug auf die Straße, auf der anderen Seite steht eine ältere Frau. Der Unfall lässt sich nicht mehr vermeiden, und die KI-Software im Auto muss sich entscheiden: Soll das Auto das Kind oder die Oma überfahren?

Während wir Menschen nicht immer groß nachdenken und nach unserem Instinkt handeln, kann eine KI Situationen von Verkehrsteilnehmern umfassend analysieren und danach entscheiden. Auch deshalb sind schon jetzt die Unfallstatistiken autonomer Fahrzeuge besser als mit Fahrern am Steuer. Durch autonome Fahrzeuge ließen sich sogar bis zu 90 Prozent der tödlichen Unfälle vermeiden.[22]

Manchmal passieren aber auch der KI Fehler, wie bei einem Unfall im März 2018, als ein autonomes Fahrzeug eine Frau tödlich verletzte.[23]

Im Mai 2023 kam es zu einer der brisantesten Recherchen in der Geschichte des Handelsblatts: den Tesla-Files.[24] Insider hatten mehr als 100 Gigabyte Daten, die aus Teslas IT-System stammen, dem Handelsblatt zugespielt, um immense technische Probleme des Autoherstellers aufzuzeigen.

Die Tesla-Files enthielten unter anderem Tausende Beschwerden über Fahrerassistenzsysteme. Das »Full Self Driving« (zu Deutsch: vollständig selbstfahrend), die derzeit höchste Autopilot-Ausbaustufe, hält demnach nicht immer, was Tesla-Chef Elon Musk verspricht. Mal verschob der Autohersteller den Start der Technik, oder Unfälle sorgten für Schlagzeilen. Das Handelsblatt hat im Zuge seiner Recherchen mit vielen Tesla-Kunden persönlich gesprochen und zitiert einen davon mit folgender Aussage: »Mein Autopilot hat mich auf einer Strecke, die ich immer wieder fahre, fast umgebracht.« Kunden berichteten auch von plötzlichen Vollbremsungen auf der Autobahn und ungewollter Beschleunigung beim Einparken.

Apple-Mitgründer Steve Wozniak hatte Teslas Autopilot in einem CNN-Interview Anfang Mai 2023 mit noch drastischeren Worten beschrieben: »Wenn Sie ein Beispiel sehen wollen für eine Künstliche Intelligenz, die nicht funktioniert, voller Ankündigungen steckt und versucht, Sie bei jeder Gelegenheit umzubringen, kaufen Sie sich einen Tesla.«[25]

Angesichts der großen Versprechen vom autonomen Fahren, die nicht eingehalten werden können, gibt es vielleicht noch Hoffnung für die rund 255.000 Taxifahrer in Deutschland. Und das ist keine kleine Zahl: Das Taxigewerbe zahlte allein im Jahr 2019 1,9 Milliarden Euro an Steuern und Sozialabgaben.[26]

Der Hauptkostenblock ist Personal, welches sich mithilfe des autonomen Fahrens drastisch reduzieren könnte – allerdings erst, wenn es so weit ist. Wir brauchen unsere Taxifahrer jetzt, aber das kann sich in naher Zukunft ändern, wenn die Technologie ausgereifter ist. So ist der Beruf des Taxifahrers einem Automatisierungsrisiko von 78 Prozent ausgesetzt.[27] Allerdings gibt es auch Aspekte, die das autonome Fahren nicht abdecken kann: Das Hel-

48

fen und Pflegen anderer Menschen, die manuelle Geschicklichkeit und soziale Wahrnehmungsfähigkeit.

Beispielsweise wird bei Krankenfahrten ein Taxifahrer benötigt, der einen Patienten ins Krankenzimmer bringen kann. Und natürlich: Die freundlichen Gespräche mit einem Menschen sind erhellender, als mit Siri im Auto zu diskutieren.

Substituierbarkeitspotenzial: Der Begriff, der unsere Ersetzbarkeit beschreibt

Wenn wir in Einzelhandelsgeschäfte gehen, sehen wir immer mehr »Self-Checkout-Kassen«, wo Kunden ihre Ware selber einscannen und bezahlen können. Damit ist das Anstehen am Warenband und die Interaktion mit dem Kassierer passé.

Der Forscherin Katharina Dengler vom Institut für Arbeitsmarkt- und Berufsforschung (IAB) zufolge sind »Kassierer (…) seit einigen Jahren zu 100 Prozent theoretisch ersetzbar«[28].

Dengler und Matthes beschäftigen sich in ihrer Forschung damit, wie der Arbeitsmarkt sich durch die Digitalisierung fundamental wandelt. Sie sprechen von Substituierbarkeitspotenzialen, also »(…) in welchem Ausmaß zu einem bestimmten Zeitpunkt berufliche Tätigkeiten durch Computer oder computergesteuerte Maschinen ersetzt werden könnten« (Dengler et al., 2021). Dabei beschränken sich Dengler und Matthes allerdings nur auf die technische Machbarkeit. Denn in der Praxis sind auch kostentechnische, rechtliche oder ethische Hürden vorhanden.

Als ich auf den Begriff »Substituierbarkeitspotenzial« stieß, empfand ich es als befremdlich. Denn diese Betrachtungsweise sieht uns Menschen als Produkte an, die beliebig ersetzt werden können. Es ist schon fast perfide, genauso wie wenn wir von Menschen als Ressourcen sprechen, die es abzubauen oder aufzustocken gilt. Angesichts solcher Betrachtungsweisen kann ich die Ängste und

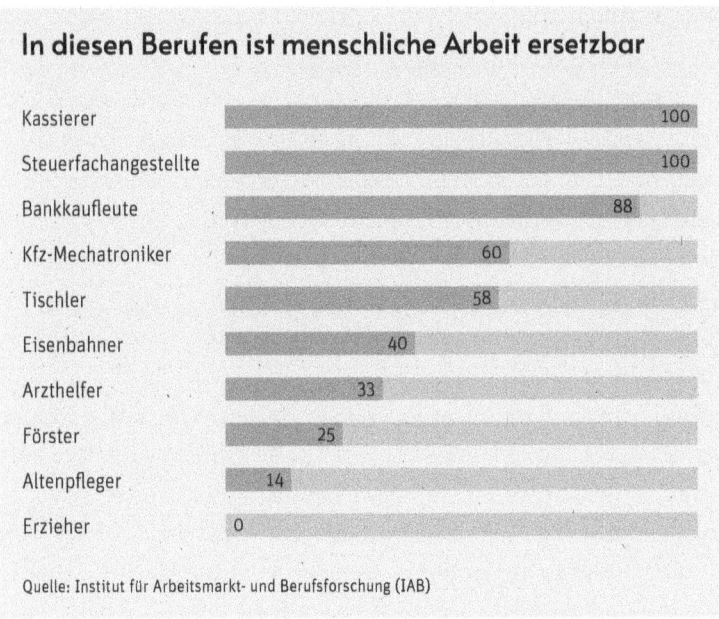

In diesen Berufen ist menschliche Arbeit ersetzbar

Beruf	Wert
Kassierer	100
Steuerfachangestellte	100
Bankkaufleute	88
Kfz-Mechatroniker	60
Tischler	58
Eisenbahner	40
Arzthelfer	33
Förster	25
Altenpfleger	14
Erzieher	0

Quelle: Institut für Arbeitsmarkt- und Berufsforschung (IAB)

Befürchtungen von Menschen verstehen, die pessimistisch in die Zukunft blicken.

Doch lässt man sich auf die Forschung zu diesem Thema ein, dann sieht man: Immer mehr berufliche Tätigkeiten sind tatsächlich ersetzbar. Dengler und Matthes kommen zu dem Ergebnis, dass 34 Prozent der Berufe in Deutschland ein hohes Substituierungspotenzial haben. Das ist ein Anstieg von 9 Prozent im Vergleich zum Jahr 2016, wo der Anteil noch bei 25 Prozent lag.

Der IAB-Bericht 2021 legt offen, welche Berufe das höchste Substituierbarkeitspotenzial aufweisen (siehe Grafik oben).

So trifft es nicht nur Kassierer, sondern auch Steuerfachangestellte könnten bis zu 100 Prozent ersetzt werden. Was mich am meisten überrascht hat, ist, dass Berufen wie Altenpfleger und Erzieher so ein geringes Substituierbarkeitspotenzial zugewiesen wird. Mit einem Blick in Länder wie Japan sehen wir dort immer mehr

50

Pflegeroboter, die in Altersheimen eingesetzt werden, was angesichts der rasanten Überalterung der Gesellschaft, des Fachkräftemangels in der Pflegebranche und der geringen Zuwanderung in Japan nicht verwunderlich ist. Auch haben Japaner eine positivere Einstellung zu Robotern im Vergleich zur westlichen Welt. Dies ist nicht zuletzt auf die einheimische Religion, den Shintoimus, zurückzuführen. Shinto ist eine Form des Animismus, bei der nicht nur Menschen, sondern auch Tieren, natürlichen Merkmalen wie Bergen und sogar Alltagsgegenständen wie Bleistiften Geister zugeschrieben werden. Demnach haben alle Dinge ein bisschen Seele, sodass es sogar einen buddhistischen Tempel für die Beerdigung von Roboter-Begleithunden gibt. Nach dieser Auffassung gibt es keine kategorische Unterscheidung zwischen Menschen, Tieren und Gegenständen. Insofern ist es schon nicht mehr so seltsam, wenn einem Roboter menschenähnliche Verhaltensweisen zugeschrieben werden.

Auch hängt die positive Einstellung gegenüber Technologie mit der Geschichte Japans zusammen, da es für den wirtschaftlichen Aufschwung und die Neuerfindung der nationalen Identität auf den Einsatz industrieller Roboter setzte.

Zudem ist das Produktdesign ein relevanter Faktor bei der Gestaltung von Robotern und der Wahrnehmung von Menschen: Wenn mich ein unglaublich niedlicher Pflegeroboter wie aus dem Disney-Film *Baymax – Riesiges Robowabohu* aus dem Jahr 2015 in den Arm nimmt, dann vergesse ich jegliche Befürchtungen.

Neben der Pflegebranche habe ich auch in Erzieherberufen mehr Roboter erwartet, die in der Lage sind, sich einer überschaubaren Zahl von Kindern zu widmen, und als Unterstützung dienen. Durch den Hype rund um Generative KI werden auch Lerninhalte mithilfe synthetischer Stimmen und menschlich aussehender Avatare entwickelt, um Kosten für Trainer im Bildungsbereich

51

einzusparen. Diese Entwicklung wird sicher in den nächsten IAB-Kurzberichten aufgegriffen.

Zudem muss ich an Personen in meinem Umfeld denken, deren Berufe wie Finanzberaterinnen und Investmentanalysten theoretisch ersetzt werden können, obwohl diese einen hohen Grad an Bildung und Spezialisierung benötigen. Und ich frage mich immer, was die Alternative ist. Bedeutet es, dass sich ihr Beruf ändert, sie ihn verlieren oder ein neues Berufsbild entsteht?

Warum auch unsere Bildungs- und Leistungselite ersetzbar ist

Ja, sogar Fachkräfte und Spezialistinnen bleiben nicht verschont. Selbst komplexere Aufgabengebiete können mittlerweile automatisiert werden, insbesondere in vielen Ingenieur- und Technikerberufen wie im Maschinenbau, aber auch im Prozessmanagement und Controlling.

Ein Beispiel aus dem IAB-Bericht sind Bauvorhaben, die mithilfe von digitalen Zwillingen digital erstellt und in Echtzeit optimiert werden können. So wendet der US-Industriekonzern General Electric als Pionier dieser Entwicklung bereits für 800.000 industrielle Anlagen weltweit digitale Zwillinge an, und die Tendenz ist steigend.[29]

Wird die Maschine so mächtig werden, wird sie so weit denken können, dass sie fähiger ist als die Menschen? Wohlgemerkt, ich sagte fähig. Zweifellos sind Computer leistungsfähiger und geben uns Antworten schneller als das menschliche Gehirn, aber sind sie auch fähiger? Oder kann es so weit kommen? Das ist es, was den Menschen Sorgen macht.

Nein, die KI wird die Welt nicht übernehmen. Filme wie *I, Robot* sind Science-Fiction, mit Betonung auf dem Wort »Fiction«.

52

Aber wir können sehen, dass in bestimmten Bereichen, in denen normalerweise Kreativität im Spiel ist – wie in der Kunst oder der Literatur – bedeutende Durchbrüche erzielt worden sind.

Die Maschine als Monet der Zukunft

Heutzutage ist Künstliche Intelligenz in der Lage, preisgekrönte Kunstwerke zu schaffen, Cover für Magazine zu designen, Essays und Gedichte zu schreiben und noch vieles mehr. Fähigkeiten, bei denen wir immer mit Stolz behaupteten, dass sie uns Menschen ausmachen. Wir stehen vor einem Paradigmenwechsel und müssen uns ernsthaft mit der Frage beschäftigen, ob Künstliche Intelligenz den Tod der Kreativität bedeutet – oder ob es eine Renaissance gibt, in der Mensch-Maschinen-Interaktionen uns neuen kreativen Spielraum ermöglichen. Daraus ergeben sich für uns unausweichliche Fragen: Warum sollten wir für Kunst oder Texte bezahlen, wenn sie eine Maschine günstiger oder kostenfrei erschaffen kann? Was dürfen Maschinen im Rahmen der künstlerischen Freiheit und was nicht? Und wer ist Urheber des Werkes und besitzt die Rechte, die Künstler oder die Firma hinter dem Machine-Learning-Modell?

Im September 2022 hat der Video-Game-Designer Jason Allen einen lokalen Kunstwettbewerb im US-Bundesstaat Colorado mit einem Bild gewonnen, das er mit dem Tool Midjourney erstellt hatte. Dieses Tool erzeugt mithilfe von Künstlicher Intelligenz Grafiken und Bilder. Dies löste eine Kontroverse in der weltweiten Kunstszene aus.

Dabei gibt es KI-generierte Kunst schon seit Jahren. Aber die in 2022 veröffentlichten Tools – mit Namen wie DALL-E 2, Midjourney und Stable Diffusion – haben es auch Amateuren ermöglicht, komplexe, abstrakte oder fotorealistische Werke zu erstellen, indem sie einfach ein paar Wörter in ein Textfeld eingeben.

Diese Apps machen viele menschliche Künstler verständlicherweise nervös, was ihre eigene Zukunft angeht. Sie haben auch heftige Debatten über die Ethik von KI-generierter Kunst ausgelöst, und es gibt nicht wenige Menschen, die behaupten, dass diese Apps im Grunde eine High-Tech-Form von Plagiat sind.

Dies zeigt uns auch, dass es bei der Technologie nicht immer nur darum geht, was wir tun können, sondern auch um die Frage, welche Konsequenzen unser Handeln hat.

KI-Bildgenerator Lensa: Wie eine App Sexismus und Kunstraub betreibt

Es ist nicht lange her, da veränderte fast jede zweite Person in meinem Umfeld ihr Profilbild auf Instagram zu einem Avatar oder teilte Posts, in denen Selbstporträts beispielsweise im Wes-Anderson-Stil zur Schau gestellt wurden. Dafür hat es nur eine App benötigt – und zwar Lensa. Im Dezember 2022 wurde diese App auf den Markt gebracht. Sie ist in der Lage, aus einer Auswahl von Bildern Avatare zu erstellen.

Diese Avatare basieren auf den Werken von Künstlern, die plagiiert werden, und gleichzeitig auf den Bilddaten von Nutzern, die ihre Daten zur Verfügung stellen.

Die Nutzungsbedingungen von Lensa weisen die Nutzer an, nur geeignete Inhalte hochzuladen, also »keine Nacktbilder« und »keine Kinder, nur Erwachsene«. Dennoch haben viele Nutzerinnen – tatsächlich waren es vor allem Frauen – festgestellt, dass die App selbst beim Hochladen unauffälliger Fotos nicht nur Nacktbilder generiert, sondern ihren Bildern auch cartoonartig sexualisierte Merkmale wie anzügliche Posen und riesige Brüste zuschreibt.

Die Journalistin Olivia Snow beschreibt in einem *Wired*-Artikel vom Dezember 2022, wie die Avatar-App Lensa – zu ihrem Entsetzen – Nacktbilder aus ihren Kindheitsfotos generier-

54

te.[30] Auch aus ihren Porträtbildern wurden Nacktbilder generiert. Darüber hinaus berichtet Snow, dass ihr Women of Color aus ihrem Umfeld erzählten, Lensa habe ihre Haut aufgehellt oder ihre Gesichtsmerkmale so geändert, dass sie dem angelsächsischen Schönheitsideal entsprachen.

Zusammengefasst lässt sich über Lensa sagen, dass diese App von wenig Ethik und einer ordentlichen Portion Sexismus geprägt ist.

Darüber hinaus müssen datenschutzrechtliche Aspekte diskutiert werden: Wenn wir einen Blick in die Datenschutzerklärung der App werfen, stellt sich heraus, dass wir dem Herausgeber von Lensa, Prisma Labs, die Erlaubnis geben, die Inhalte nach Belieben wiederzuverwenden.

Es müssen mindestens zehn Bilder hochgeladen werden, damit der Algorithmus trainiert werden kann. Zehn Bilder sind eine Menge an personenbezogenen Daten. Das Fatale jedoch ist, dass in keiner Weise kontrolliert wird, ob eigene Bilder oder jene von Dritten hochgeladen werden. So wissen Betroffene nicht, ob ihre eigenen Bilder hochgeladen, verarbeitet und sogar an Dritte weitergegeben worden sind.

Auch stellt sich die Frage des Urheberrechts: Dürfen Anbieter wie Lensa die Arbeit von Künstlern ohne ihre Zustimmung verwenden, wobei sogar ihre Signaturen übernommen werden? Rechtlich gesehen stellt dies eine Urheberrechtsverletzung, also ein Plagiat dar.

Angesichts all dieser Probleme bin ich dem Hype nicht verfallen und habe meine Bilder nicht hochgeladen. Und ich rate auch jedem davon ab, dies zu tun – außer, sie haben eine Variante gefunden, die datenschutzkonform und ethisch unbedenklich ist. Doch genau dies ist bei den meisten aktuellen Hype-Technologien rund um Künstliche Intelligenz nicht der Fall – wie wir derzeit bei ChatGPT sehen.

Wie ChatGPT mein Leben veränderte – zum Guten und Schlechten

Die Stimmung in Bezug auf ChatGPT schwankt zwischen Faszination für eine Disruption, die selbst Tech-Konzerne wie Google klein aussehen lässt, und Unbehagen darüber, welche Konsequenzen diese Entwicklung für einen selbst haben könnte.

Aber was ist mit geistigem Eigentum, und wie kann ich eine eigene intellektuelle Leistung abgrenzen zur KI-generierten? Kann ich mit ChatGPT meine Schul-Hausaufgaben erledigen? Kann ich als Journalistin Textvorlagen generieren und je nach Thema anpassen – und ist das dann noch meine eigene Leistung?

Daraus ergibt sich wieder die Frage: Werde ich noch gebraucht? Oder werden wir bald alle überflüssig? Die kurze Antwort lautet: Jein. Die lange Antwort ist viel komplexer.

ChatGPT ist ein beeindruckendes Werkzeug. Nicht, um mir die Arbeit abzunehmen, sondern um es als Tool zu nutzen, mit dem ich in einem frühen Stadium des kreativen Prozesses Brainstorming betreiben und später meine menschliche Note einbringen kann – mein eigenes Urteilsvermögen entscheidet darüber, was ich davon verwenden werde.

Wie schon gesagt: KI ist nicht kreativ, aber sie kann Kreativität simulieren.

Um etwas Eigenes zu schaffen, braucht es einen kreativen Prozess, die Entwicklung einer Idee und Erstellung von Inhalten. Was uns von der Maschine unterscheidet, ist die Vorstellungskraft, Kreativität und menschliche Perspektive.

Letztendlich ist KI nichts anderes als ein Werkzeug, um Daten zu verarbeiten und Aufgaben auszuführen. Es ist aber nicht in der Lage, eigene Erfahrungen zu machen und Gefühle zu empfinden.

Wenn Künstliche Intelligenz stiehlt

Wir wissen mittlerweile: KI stiehlt Kunst ohne Zustimmung. Die Nummer eins unter den Apps ist die schon erwähnte Lensa von Prisma Labs. Man zahlt ein paar Dollar und lädt Fotos hoch, aus denen Avatare entstehen. Andere Unternehmen sind ebenfalls auf den Zug aufgesprungen, z. B. Avatar AI. Und durch jedes hochgeladene Foto tragen wir zum Training der Modelle bei. Viele Künstler, deren Werke in solchen Apps verarbeitet werden, sind nicht damit einverstanden, mit dem Stil, der Rahmung, der Signatur, die man immer noch sehen kann.

Das nächste Problem: Wir wissen nicht genau, woher die KI-Modelle ihre Daten beziehen. Es ist bekannt, dass sie in der Regel öffentlich zugängliche Daten oder Bilder verwenden, doch diese sind möglicherweise urheberrechtlich geschützt. Und schon tut sich ein riesiges Spannungsfeld zwischen dem Schutz des geistigen Eigentums und dem Fortschritt der Künstlichen Intelligenz auf.

Ein Dilemma, das oft auftritt, ist das scheinbare Schlupfloch bei der Nutzung kreativer Werke. Nehmen wir z. B. einen Song von Justin Bieber, den jemand in einem YouTube-Video verwendet. Solange dieses Video nicht für kommerzielle Zwecke genutzt wird, scheint das in Ordnung zu sein. Doch sobald jemand einen Teil dieses Videos verwendet und damit Profit macht, kommen wir in rechtlich heikles Terrain.

Heute stellen sich sowohl rechtliche als auch kulturelle Fragen bezüglich der Definition von Kunst und was eigentlich als Inspiration gilt. Manchmal fragt man sich, wie Kunst genau zu definieren ist und welchen Wert wir der kreativen Inspiration beimessen sollten. Es kann passieren, dass jemand etwas vollkommen Neues und Einzigartiges erschafft, jedoch technisch gesehen von den unterschiedlichsten Einflüssen aus seinem Leben inspiriert wurde. Es ist nicht immer einfach, die Grenze zwischen

57

kreativer Neuschöpfung und den Einflüssen unserer Umgebung zu ziehen.

Doch dann kommt die Künstliche Intelligenz ins Spiel und verändert das ganze Konzept der Inspiration. Sie hat Zugang zu einer riesigen Datenmenge, die die gesamte aufgezeichnete menschliche Geschichte umfasst. Sie agiert regelrecht wie Inspiration auf Speed! Innerhalb dieser Blackbox gibt es unzählige Informationen, Stile, Ideen und Werke, die zuvor von Menschen geschaffen wurden. Und damit kann KI in Windeseile neue Werke generieren und sich dabei aus unterschiedlichsten Elementen bedienen.

Trotz all der beeindruckenden Möglichkeiten, die KI bietet, sollten wir als Gesellschaft nicht vergessen, wie unschätzbar wertvoll menschliche Kunst ist. Die Originalität, die von Menschen geschaffen wird, ist etwas Besonderes und Einzigartiges. Sie ist nicht einfach das Ergebnis von Datensammlungen oder Algorithmen, sondern eine ganz persönliche Ausdrucksform.

Durch mehr Transparenz und Anerkennung der Künstler, deren Werke als Inspiration für KI-Modelle dienen, könnten wir eine Brücke schlagen und einen Weg finden, um beiden Seiten gerecht zu werden. Dies könnte beinhalten, dass KI-Entwickler Lizenzen erwerben oder die Künstler direkt um Erlaubnis bitten, bevor sie ihre Werke in den Datensatz aufnehmen. Es wäre ein Schritt hin zu einem respektvolleren Umgang mit intellektuellem Eigentum und könnte dazu beitragen, die Beziehung zwischen menschlicher Kreativität und Künstlicher Intelligenz zu stärken.

Gleichzeitig sollte auch die Gesellschaft als Ganzes ein Bewusstsein für die Bedeutung des intellektuellen Eigentums schärfen und den Wert der kreativen Arbeit der Künstler anerkennen. So könnten spezielle Plattformen geschaffen werden, auf denen Künstler ihre Werke ausstellen und von den Nutzern oder KI-Entwicklern angemessene Anerkennung erhalten können.

58

In einer Zeit, in der Künstliche Intelligenz immer präsenter wird, sollten wir sie als ein Werkzeug betrachten, das unser Verständnis erweitert und neue Perspektiven bietet, während wir gleichzeitig die Bedeutung des intellektuellen Eigentums achten und schützen.

Wenn Sprache nicht mehr Macht ist

Wir Menschen verwenden Sprache, um Gefühle, Erfahrungen und Wissen miteinander zu teilen. Sprache verbindet uns.

Ein Satz kann unterschiedliche Bedeutungen haben, je nach Stimmung, Tonfall und Körpersprache, und der Adressat kann ihn unterschiedlich interpretieren, je nach Wissen und Stimmung.

Immer wieder höre ich das Argument, dass Kunst, Literatur und andere geistige Meisterwerke dank unserem Einfallsreichtum und auf der Basis von Empathie entstanden sind. Dies war bisher (und ist in weiten Teilen immer noch) ein entscheidendes Differenzierungsmerkmal, um uns Menschen von Maschinen abzugrenzen.

Doch inzwischen werden immer mehr geistige, kreative und kognitiv komplexe Arbeiten von Maschinen erledigt: Texte werden übersetzt, journalistische Beiträge verfasst, Kunst kreiert oder Musikstücke komponiert.

«Sicher, eine Maschine kann dies tun, aber kann sie das auch so tun wie ich?» Das ist die große Frage. Und genau darin stecken die Emotionen des Individuums.

Poesie ist ein großartiges Beispiel – etwas, was inspiriert und menschlich ist und sich gleichzeitig von der algorithmischen Logik abgrenzt.

Im Jahr 1955 wurden erste Schritte unternommen, um Maschinen beizubringen, wie sie Sprache benutzen können. Jedoch kam die Poesie nie direkt zur Sprache. Allerdings lässt sich erkennen, dass angestrebt wurde, das Verhältnis zwischen Zufall und

Kreativität zu erkunden. Welche Kombination von Wörtern kann die Maschine erkennen, anhand dessen Regeln lernen und selbst Texte produzieren, die eine literarische Qualität haben? Wie wird die Autorenzeile aussehen, wenn wir Texte mithilfe von Maschinen generieren? Werden wir in Zukunft Bücher von Maschinen oder von Menschen lesen?

Poesie und Programmierung – wie passt das überhaupt zusammen? Es gibt mehr Gemeinsamkeiten, die auf den ersten Blick nicht erkennbar sind.

Wenn wir einen Code schreiben, müssen wir diesen mithilfe von Einrückungen wie Strophen eines Gedichts strukturieren. Daraus entsteht eine visuelle Hierarchie, die aus Befehlen besteht und Kunst kreieren kann, z. B. indem ich in der Lage bin, diesen Text zu schreiben.

Die Informatik ist eine Kunstform aus Wörtern und Interpunktion, durchdacht platziert und zielgerichtet, auch wenn sie nicht unbedingt eingesetzt wird, um Überraschung oder Sehnsucht zu wecken. Auf einer Seite angeordnet, verwendet jedes Programm Einrückungen, Strophen und eine ausgeprägte visuelle Hierarchie, um Bedeutung zu vermitteln. In den meisten Fällen wird ein aufmerksamer Leser des Codes mit einem Gefühl der Ehrfurcht vor der Art und Weise belohnt, wie Ideen in Worte gefasst wurden. Die Programmierung hat ihren eigenen Sinn für minimalistische Ästhetik, die aus dem Zwang entsteht, Software zu erstellen, die nicht viel Platz braucht und nicht lange zur Ausführung benötigt. Programmiererinnen versuchen, ihre Absichten mit einer möglichst geringen Anzahl von Befehlen auszudrücken.

KI als besserer Content Creator?

Das Internet hat Inhalte zugänglicher gemacht. Menschen teilen jeden Tag ihre Geschichten – seien es Social-Media-Posts, Blogbeiträge oder eBooks auf der Website.

Die Zeiten, wo man sich die Finger wundgetippt hat wie Carrie Bradshaw beim Schreiben ihrer Kolumne in *Sex and the City* sind dank KI-gestützter Software zur Erstellung von Inhalten vorbei. Das Start-up Jasper, welches eine KI-Content-Plattform anbietet, hilft dabei, ganze Geschichten zu generieren, erleichtert das Umschreiben von Texten, das Schreiben in 26 Sprachen und noch viel mehr. Der Vorteil gegenüber ChatGPT ist, dass es anwendungsbezogener ist, wenn es um die Erstellung marketingrelevanter Inhalte geht. Mittlerweile hat das Unternehmen, das 2020 gegründet wurde und zu Beginn 8 Mitarbeitende hatte, eine Marktbewertung von 1,5 Milliarden Euro.[31]

Allerdings ist das Phänomen, KI-assistierte Texte zu verfassen, nicht neu: Jahrelang haben Medienunternehmen automatisiert Verkehrs- oder Börsennachrichten, Wetterberichte und Spielberichterstattung erstellen lassen. Einer der führenden Anbieter für Content-Automatisierung mithilfe von KI ist das Unternehmen Retresco mit Sitz in Berlin, zu dessen Kunden unter anderem *Der Spiegel*, *Zeit Online* und *Der Standard* gehören.[32]

Es ist mittlerweile im Mainstream angekommen, dass KI nicht nur stumpfe Texte produziert, sondern auch literarische Meisterwerke zaubern kann.

2016 hat ein Kurzroman, der mithilfe eines KI-Programms entstanden war, es durch die erste Auswahlrunde für einen nationalen Literaturpreis in Japan, den Nikkei Hoshi Shinichi Literary Award, geschafft.[33] Die Kurzgeschichte mit dem Titel »Der Tag, an dem ein Computer einen Roman schreibt« war eine Teamarbeit zwischen menschlichen Autoren, angeführt von Hitoshi Matsubara von der Future University Hakodate, und, nun ja, einem Computer. Matsubara, der die Wörter und Sätze für das Buch auswählte, legte die Parameter für die KI fest, um den Roman zu konstruieren, bevor er das Programm die Arbeit übernehmen und den Roman im Wesentlichen selbst »schreiben« ließ. Das

Team reichte zwei Beiträge für den Literaturpreis ein, von denen es einer in die erste Runde schaffte.

Die Frage ist aktueller denn je: Können diese Errungenschaften mithilfe von KI als literarische Meisterwerke gelten – auch wenn der Mensch nicht am gesamten Prozess beteiligt gewesen ist? Welche Teile des Schreibprozesses können automatisiert werden, ohne dass sich das Geschriebene nicht mehr wie das Eigene anfühlt? Sollten Autoren ihren Einsatz von KI offenlegen müssen?

KI mag nur ein weiteres Werkzeug sein, aber Autoren hatten bisher nicht das Bedürfnis, sich selbst daran zu erinnern, dass sie für ihren Text verantwortlich sind, oder hitzige Debatten darüber zu führen, ob sie ihre Verwendung der Rechtschreibprüfung offenlegen sollen. Irgendetwas an der Erfahrung mit KI fühlt sich anders an. Vielleicht ist es die Tatsache, dass ChatGPT Anweisungen entgegennimmt und in einer Sprache antwortet, die es schwer macht, es sich nicht als ein Wesen vorzustellen, das Gedanken kommuniziert. Oder vielleicht liegt es daran, dass seine Antworten im Gegensatz zu einem Wörterbuch unvorhersehbar sind. Was auch immer der Grund sein mag, KI-Schreiben hat sich in ein unheimliches Tal zwischen gewöhnlichem Werkzeug und autonomer Erzählmaschine begeben.

Diese Ambiguität ist ein Teil dessen, was den gegenwärtigen Moment sowohl spannend als auch beunruhigend macht. Die Verwendung des Tools ist so, als hätte man einen Schreibpartner, allerdings einen verrückten, völlig durchgeknallten Partner, der alle möglichen Vorschläge macht, der nie müde wird und immer da ist. Und in der Beziehung, die ich habe, habe ich natürlich das Sagen. Wenn ich weiß, wie ich mit dem Partner umzugehen habe, dann macht er mir keine Angst, sondern regt mich zu neuen Gedanken an, die ich ausreizen kann. Aber sind diese Gedanken wirklich neu? Es gibt Argumente, dass seit einem Jahrhundert niemand mehr einen originellen neuen Gedanken hatte. Alles, was gesagt wurde, ist schon gesagt worden, und wir haben alle nur

62

das gesagt, was jemand anderes gesagt hat. Sind wir also wirklich originell in unseren Gedanken? Oder nehmen wir einen fremden Gedanken auf und fügen ihm dann nur noch unsere eigene, einzigartige Perspektive hinzu?

Auch leben wir einer Welt, in der wir von Inhalten überrollt werden und viele Texte lediglich überfliegen. Was wir in dieser digitalen Welt, die uns aufgrund ihres rasenden Tempos manchmal kaum Luft zum Atmen lässt, verlernt haben, ist die Fähigkeit, einen Text aufmerksam zu lesen und sogar zu genießen – wie einen guten Schluck Wein oder ein Stück Schokolade, das man sich auf der Zunge zergehen lässt.

Wird der Text durch Fakten gestützt, und ist er in sich konsistent und originell? Oder stützt er sich auf eine wohlklingende Sprache und die Wiederholung konventioneller Weisheiten, die einem Selbsthilferatgeber für Millennials entstammen könnten? Wie oft lese ich aufmerksam genug, um zu bemerken, dass sich etwas fad anhört? Wenn dies die erkenntnistheoretische Krise ist, die KI-generierte Texte mit sich bringen wird, dann ist es vielleicht eine gesunde Krise, die uns zu mehr Selbstwahrnehmung verhilft.

Ich würde sogar behaupten, dass Kreativität mithilfe von KI auch zu unserem psychischen Wohlbefinden beitragen kann. Als Autorin und Content Creator habe ich manchmal das Gefühl, ausgelaugt zu sein, da Kreativität mein größtes Kapital ist. Es gibt Phasen, wo auch mir die Ideen ausgehen, und ich mich nach einem Sparring-Partner sehne, der mir auf die Sprünge hilft.

Es ist etwas anderes, mit KI zu arbeiten und den entstandenen Text anschließend zu bearbeiten, als meine eigenen Worte zu finden und zu bearbeiten. Es ist emotional weniger anstrengend, viel einfacher und nicht so ermüdend.

Selbst Mo Yan, der erste chinesische Staatsbürger, der mit dem Nobelpreis für Literatur ausgezeichnet wurde, hat für Aufsehen gesorgt, als er eine Laudatio für einen Autor bei einem Buchpreis hielt – und zugab, dass er Schwierigkeiten hatte, diese zu verfassen und ChatGPT zur Hilfe nahm (und das trotz der Tatsache, dass China ChatGPT blockiert hat[34]).

Wenn selbst ein Literatur-Nobelpreisträger KI als Wundermittel gegen kreativen Burn-out einnimmt, obwohl es in seiner Heimat nicht erlaubt ist und sogar rechtliche Konsequenzen hat, wem kann dies dann noch übel genommen werden?

Warum uns die große Arbeiterlosigkeit, nicht Arbeitslosigkeit droht: Perspektivwechsel mit Stepstone-CEO Sebastian Dettmers

Keinen besseren Gesprächspartner hätte ich mir vorstellen können als Sebastian Dettmers, CEO der international tätigen Unternehmensgruppe und Online-Jobplattform StepStone.

Er ist für mehr als 4000 Mitarbeitende weltweit verantwortlich; er und sein Team in diesem Tech-Unternehmen beschäftigen sich selbstverständlich auch mit neuen technologischen Möglichkeiten. Vor allem sieht Dettmers hier die Chance, den Menschen zunehmend von repetitiven Tätigkeiten zu befreien. Daraus erwachsen seiner Ansicht nach zwei relevante Perspektiven. Zum einen: Arbeit erhält ein »Upgrade« – sie wird erfüllender und auch hochwertiger. Wenn lästige Routinearbeiten von Maschinen erledigt werden, schafft dies neue Freiräume für Kreativität und die Lösung komplexer Probleme. Und der Mensch bekommt mehr Zeit, sich um andere Menschen zu kümmern, etwa in der Bildung oder in der Pflege.

Die andere Chance lautet: Automatisierung und Digitalisierung sind Wunderwaffen im Kampf gegen die Arbeiterlosigkeit (an dieser Stelle ist auch sein gleichnamiges Buch *Die große Arbeiterlosigkeit: Warum eine schrumpfende Bevölkerung unseren Wohlstand bedroht und was wir dagegen tun können* zu empfehlen).

Angesichts einer schrumpfenden Erwerbsbevölkerung und stagnierender Produktivität betrachtet Dettmers den Einsatz neuer Technologien als alternativlos. Seine These: Wenn weniger arbeitende Menschen in Deutschland nicht nur unser Renten- und Sozialsystem stemmen, sondern auch die dringend benötigten Investitionen in Bildung, Innovation und Infrastruktur finanzieren sollen, dann bräuchte es einen Produktivitätsbooster. Derart riesige Produktivitätssprünge verspricht er sich von der Automatisierung und Digitalisierung.

Dettmers ist durch und durch Tech-Optimist: »Wir kommen also gar nicht darum herum, die vorhandenen Arbeitskräfte so effizient einzusetzen wie möglich und Menschen zu befähigen, höherwertige Jobs zu erlernen, während die KI die repetitiven Arbeiten übernimmt. Arbeitsplätze werden also nicht einfach ersatzlos wegfallen, sondern sich – teils auch grundlegend – verändern. Oder es kommen neue hinzu, die wir heute noch gar nicht kennen. Mein Fazit: Fortschritt geht immer einher mit Wandel, aber auch mit einem Upgrade auf Arbeit. All das birgt ein großes Versprechen – nämlich auf bessere Jobs und höhere Löhne.«

Das hört sich alles richtig an. Jedoch möchte ich auch von ihm als CEO wissen, wie Unternehmen dazu beitragen können, dass alle Mitarbeitenden ein Teil dieser neuen Arbeitswelt werden, die sich durch den technologischen Wandel fundamental ändert. Er fordert sofort einen Upgrade der Arbeit und kein Festhalten an alten Strukturen. Neben der Automatisierung müsste in das Wissen und die Bildung von Menschen investiert werden, um das volle Potenzial technologischer Möglichkeiten zu nutzen. Vor allem wünscht sich Dettmers, dass der Umgang mit KI so selbstverständlich wird wie die Bedienung eines Smartphones. Hier sieht er die Arbeitgeber in der Pflicht, den Fähigkeiten ihrer Beschäftigten besonderes Augenmerk zu schenken und in die Fort- und Weiterbildung zu investieren. Auch weist er daraufhin, dass es weiterhin Jobs geben wird, die sich seiner Meinung nach nicht automatisieren lassen. Und diese Jobs sollten fair bezahlt werden – z. B. in der Pflege.

Er könne nachvollziehen, dass die aktuellen Umbrüche Verunsicherung bergen. Doch diese lassen sich auflösen, indem wir KI einfach selbst anwenden – wie eine Mikrowelle beim Kochen. »Ich muss nicht im Detail verstehen, wie die Mikrowelle funktioniert. Die Anwendungsfälle (keine Haustiere aufwärmen) und Risiken (kein Metall hineinlegen) sollte ich jedoch kennen. Genauso sollten Menschen KI nutzen: Verstehen, wofür ich sie nutze, Risiken kennen, ausprobieren. Denn KI wird uns genauso Tätigkeiten abnehmen wie der Taschenrechner und die Mikrowelle«, erklärt er mir.

Seit dieser Erklärung betrachte ich auch meine Mikrowelle mit anderen Augen, da mir diese Analogie nicht mehr aus dem Kopf geht. Ich stelle mir unwillkürlich vor, wie ich an der Mikrowelle stehe, um mir schnell ein Essen zu erwärmen. Dadurch spare ich Zeit im Alltag und vergesse manchmal, dass hinter dieser Technologie ein Team von Fachkräften steckt, das seine Fähigkeiten dafür eingesetzt hat, um so etwas zu entwickeln. Und genau diese Fachkräfte fehlen uns, um die Zukunft von morgen zu gestalten, insbesondere Frauen, die viel zu bieten haben, aber weiterhin in der Technologiebranche unterrepräsentiert sind. Sie sind in unserer Arbeitswelt keineswegs überflüssig.

Kapitel 3 | Was Frauen von der Tech-Branche zurückhält und wie es Europa bremst

Die Frage nach der geringen Anzahl von Frauen in der Tech-Branche, insbesondere in den Bereichen KI und Big Data, hat mich über Jahre hinweg zutiefst beschäftigt. Wie manifestiert sich diese Unterrepräsentanz von Frauen in den Technologien, die unser tägliches Leben so maßgeblich beeinflussen? Als eine der wenigen Frauen, die sich in dieser Industrie bewegen, habe ich mich entschlossen, meine Stimme lautstark zu erheben und meine Position klar zu vertreten. Ich gehöre zu den 17 Prozent der Frauen in Deutschland, die in einem IT-Beruf tätig sind.[35]

Das Bestreben, meine Meinung und meine Werte unerschrocken zu vertreten, hat mir nicht immer nur Beliebtheit eingebracht. Manche meiner Mentoren rieten mir sogar davon ab, mich öffentlich zu äußern, da es meiner vielversprechenden Karriere schaden könne. Bedauerlicherweise erreichten mich auch Hassnachrichten, deren Verfasser versuchten, mich zum Schweigen zu bringen.

Doch all das hat mich niemals davon abgehalten, für meine Überzeugungen einzustehen und für die Themen, die mir am Herzen liegen, zu kämpfen. Ich fühle in mir die unerschütterliche Entschlossenheit, meine Stimme zu erheben. Denn ich trage nicht nur Verantwortung für mich selbst, sondern auch für die Menschen, die nicht die gleichen Möglichkeiten hatten wie ich.

Die Flucht meiner Eltern aus Afghanistan hat mir ein kostbares Geschenk gemacht: die Freiheit, meine Meinung ohne Furcht vor Repressalien in einem rechtsstaatlichen und friedlichen Land wie Deutschland auszusprechen. Eine Freiheit, die ich als ein un-

67

vergleichliches Privileg erachte und die ich nie leichtfertig aufgeben werde.

Ich bin zutiefst davon überzeugt, dass ein gesellschaftlicher Diskurs der Weg ist, um Meinungsverschiedenheiten zu überbrücken, die eine lebendige Demokratie ausmachen. Und d. h. hier: Wir brauchen einen Diskurs über die unbequeme Tatsache, dass Frauen in Deutschland inmitten der digitalen Revolution und der globalen Vernetzung oft noch die Verliererinnen sind. Denn gerade die Tech-Branche ist in hohem Maße von Männern dominiert.

Laut einer aktuellen Studie von McKinsey im Januar 2023 sind gerade einmal 22 Prozent aller europäischen Tech-Jobs von Frauen besetzt.[36] Auch wenn in Tech-Unternehmen der Frauenanteil etwas höher liegt mit 37 Prozent, so umfasst diese Zahl sämtliche Job-Rollen innerhalb der Unternehmen.

In unserer sich schnell verändernden und technologiegetriebenen Welt dürfen wir nicht zulassen, dass Frauen weiterhin in den Schatten gedrängt werden. Wir müssen mutig voranschreiten, die Hindernisse überwinden und Frauen ermutigen, ihre Talente und Visionen in der Tech-Branche einzubringen. Denn nur durch eine inklusive und vielfältige Gesellschaft können wir das volle Potenzial der digitalen Revolution entfesseln und gemeinsam eine bessere Zukunft gestalten.

Dazu zeichnen sich drei zentrale Fakten ab:

Punkt I: Der Mangel von Frauen in Europas Technologiebranche kann sich weiter verschärfen
Es fehlen in Europa bis 2027 um die 1,4 bis 3,9 Millionen Arbeitskräfte im Technologieumfeld. Das Problem könnte sich künftig weiter verschärfen. Seit 2016 stagniert die Zahl der Absolventinnen in den Studienfächern Mathematik, Informatik, Naturwissenschaft und Technik (kurz: MINT). So lag etwa der Anteil der Bachelor-Absolventinnen in MINT-Fächern in 2016 bei 33 Prozent

68

und ist bis 2020 auf 32 Prozent gesunken. Zudem finden sich in Berufen oder Bereichen mit klarem Technologieprofil (z. B. Cloud oder DevOps), schnellem Wachstum und einem hohen Bedarf an Technologietalenten die wenigsten Frauen. Ohne Gegenmaßnahmen droht der Anteil von Frauen in den Technologiesegmenten in Europa bis 2027 auf 21 Prozent zu sinken.

Punkt 2: Frauen sind am meisten gefährdet, ihren Job durch die Automatisierung zu verlieren

Laut einer Studie des Internationalen Währungsfonds haben Frauen im Durchschnitt ein elfprozentiges Risiko, ihren Arbeitsplatz durch die Automatisierung zu verlieren, verglichen mit 9 Prozent bei ihren männlichen Kollegen.[37] Geschätzt wird, dass für 26 Millionen Frauenarbeitsplätze in 30 Ländern ein hohes Risiko besteht, in den nächsten 20 Jahren durch die Technologie verdrängt zu werden. Die Studie stellt fest, dass die Arbeitsplätze von Frauen mit einer Wahrscheinlichkeit von 70 Prozent oder mehr automatisiert werden. Dies bedeutet, dass weltweit 180 Millionen Arbeitsplätze von Frauen betroffen sind.

Der Grund, warum Frauen überproportional von der Automatisierung negativ betroffen sind, hängt damit zusammen, dass sie derzeit in Bereichen mit Beschäftigungswachstum unterrepräsentiert sind, z. B. im Ingenieurwesen und in der Informations- und Kommunikationstechnologie. Im Technologiebereich sind Frauen mit 15 Prozent geringerer Wahrscheinlichkeit als Männer in Führungspositionen und als Fachkräfte tätig, und 19 Prozent sind eher als Angestellte und Servicekräfte mit eher routinemäßigen Aufgaben beschäftigt, sodass für Frauen ein hohes Risiko der Verdrängung durch die Technik besteht.

Punkt 3: Im Niedriglohnsektor sind Frauen am meisten gefährdet, ihren Job durch die Automatisierung zu verlieren

Frauen, die 40 Jahre und älter sind, sowie Frauen in Büro-, Service- und Verkaufspositionen sind überproportional gefährdet. Bei fast 50 Prozent der Frauen mit einem Schulabschluss oder weniger besteht ein hohes Risiko, dass ihre Arbeitsplätze automatisiert werden (bei den Männern sind es 40 Prozent). Das Risiko für Frauen mit einem Bachelor-Abschluss oder höher liegt bei 1 Prozent. Damit stellt sich auch die unmittelbare Frage, was aus den Frauen im Niedriglohnsektor wird, die ihren Job durch die Automatisierung verlieren werden. Hier muss der Staat ins Spiel kommen, um Arbeitnehmerinnen, die aufgrund der Automatisierung ihren Arbeitsplatz wechseln, mit Schulungen und Leistungen zu unterstützen, die an die Person und nicht an den Arbeitsplatz gebunden sind. Frankreich und Singapur mit ihren individuellen Ausbildungskonten können hier als Vorbild dienen. Um der mit dem raschen technologischen Wandel einhergehenden Verschlechterung der Einkommenssicherheit zu begegnen, kommt auch die Diskussion des Grundeinkommens wieder ins Spiel.

Frauen verlieren (noch)

Warum ist das alles auch 2023 noch so? Liegt es immer noch an fehlender Zeit zur Fortbildung aufgrund von Kindererziehung und unbezahlter Haushalts- und Pflegearbeit? Der Aspekt unbezahlter Care-Arbeit hat sich während der Corona-Pandemie weiter verstärkt. Doch ist dies nicht der einzige Grund, vielmehr sind es Aspekte der Selbstwahrnehmung, die diese starken Effekte herbeiführen. Die Selbstselektion von Frauen führt zur Unterrepräsentation in Technologiebereichen wie Künstliche Intelligenz und Big Data. Das Berufsbild des Data Scientists wird beispielweise als zu abstrakt, theoretisch und wettbewerbsorientiert wahrgenommen.[38] Und dieses Image schreckt viele Frauen ab. Bedenkt man aber, dass gerade die Jobs von Frauen durch Prozessdigitalisierung am meisten gefährdet sind, dann muss dieser Fakt alarmieren.

Blicken wir auf die mediale Berichterstattung, die sich darauf fokussiert, revolutionäre KI-Technologien vorzustellen. Der Bezug zum Tagesgeschäft in Unternehmen wird in der Regel nicht dargestellt. Die Realität hält aber durchaus handfeste, auch wiedererkennbare Aufgaben bereit, z. B. die Erstellung einer Umsatzprognose mittels eines einfachen Machine-Learning-Algorithmus wie einer linearen Regression. Während die Kommunikation nach außen also das Neue und mithin Fremde betont, hält die Realität durchaus Handfestes bereit. So fördert die Berichterstattung eine Kluft zwischen der Vorstellung vom Job und der Realität.

Wie verhält sich diese Reaktion zu der Beobachtung einer neuen, häufig jüngeren Generation von Frauen, die insgesamt deutlich wahrnehmbar nach mehr Einfluss streben? Vielen geht es gar nicht primär um Gewinnmaximierung, sondern darum, wie sie im Unternehmen etwas nachhaltig verändern können. Das beobachten wir vermehrt bei Frauen in naturwissenschaftlichen Fächern: Sie gehen eher in Business-Positionen, weil sie dort das Gefühl haben, mehr bewirken zu können.

In Tech-Berufen schlägt sich zudem deutlich die soziale Prägung weg von naturwissenschaftlichen oder mathematischen Bereichen hin zu »typisch weiblichen« Berufen nieder, mit Schwerpunkten auf Kreativität, Sprachen oder soziale Berufe. Derart geprägte Frauen lassen sich oftmals, selbst wenn sie sich in die Tech-Industrie begeben haben, in die Rolle der Produktmanagerin drängen. Motivation von Seiten des Arbeitsgebers, doch technischer zu arbeiten? Fehlanzeige!

Es existieren jedoch noch weitere höchst schädliche Konsequenzen dieser träge voranschreitenden Automatismen, die wir genau unter die Lupe nehmen müssen, da sie für unsere Gesellschaft dramatische Folgen bereithalten. Das Ungleichgewicht der Geschlechter in der Tech-Branche hat tiefgreifende Auswirkungen, die nicht zu unterschätzen sind – und es ist ein dringendes Anliegen für FairTech, diesem Missstand entschlossen entgegenzuwirken.

Eine entscheidende Tatsache, die wir nicht außer Acht lassen dürfen, ist, dass die unterrepräsentierten Frauen in der Tech-Branche ihre wertvollen Perspektiven in der Produktentwicklung oft nicht angemessen einbringen können, wenn sie überhaupt berücksichtigt werden. In Teams, die hauptsächlich aus Männern bestehen, wird Technologie in der Regel aus einer männlichen Perspektive entwickelt und für männliche Zwecke konzipiert. Dies führt dazu, dass Produkte entstehen, die die unterschiedlichen Bedürfnisse und Anforderungen von Frauen nicht angemessen berücksichtigen.

Ein Blick auf einige Beispiele verdeutlicht diese Einseitigkeit in der Technologieentwicklung. Handys, die oft für größere Männerhände optimiert sind, Airbags, die primär auf männliche Körpermaße abgestimmt sind, OP-Bestecke und Herzmedikamente, die in erster Linie für männliche Patienten konzipiert werden – all dies sind Indikatoren für eine Technikwelt, die Frauen vernachlässigt und nicht ausreichend einbezieht.

Es geht dabei nicht nur um ein kleines Ungleichgewicht, sondern um ein massives Defizit, das grundlegende Veränderungen verlangt. FairTech setzt sich leidenschaftlich dafür ein, diese einseitigen Muster zu durchbrechen und eine Technologie zu schaffen, die allen Menschen gerecht wird. Denn eine inklusive Technologieentwicklung ist nicht nur eine Frage der Gerechtigkeit, sondern auch ein entscheidender Schritt hin zu einer prosperierenden und zukunftsorientierten Gesellschaft, in der alle Stimmen gehört und berücksichtigt werden.

Warum die Tech-Industrie eine Frauendomäne war – bis sie es nicht mehr war

Die moderne Computerwissenschaft wird von Männern dominiert. Aber das war nicht immer so.

Viele Computerpioniere – die Leute, die die ersten digitalen Computer programmierten – waren Frauen. Und jahrzehntelang wuchs die Zahl der Frauen, die Informatik studierten, schneller als die Zahl der Männer. Die Gruppe, die 1946 für die Programmierarbeit am ersten Computer des US-Militärs ausgewählt wurde, bestand zu mehr als 50 Prozent aus Frauen. Eine der berühmtesten Ingenieurinnen der ersten Stunde war Grace Hopper, eine Navy-Admiralin, deren Programmierung es den Vereinigten Staaten ermöglichte, die Auswirkungen von Atombomben zu modellieren. Es war auch eine Frau, Margaret Hamilton, die das Programmierteam leitete, das den Weg von Apollo 11 zum Mond zeichnete. Die Bedingungen waren alles andere als glamourös, da die Tech-Branche zu Anfang weder Ruhm noch Reichtum brachte, aber die Programmiererinnen waren für ihre akribische Arbeitsmoral und ihre Liebe zum Detail bekannt: Hopper entdeckte den allerersten Computerfehler, der auf eine Motte zurückzuführen war, die sich in einer Leitung verfangen hatte.

Doch 1984 änderte sich etwas.[39] Der prozentuale Anteil der Frauen in der Informatik flachte ab und sank dann, während der Anteil der Frauen in anderen technischen und beruflichen Bereichen weiter stieg.

Der Anteil der Frauen in der Informatik begann ungefähr zu dem Zeitpunkt zu sinken, als die ersten Personal Computer in den USA in großer Zahl in die Haushalte einzogen. Diese frühen Personal Computer waren nicht viel mehr als Spielzeug. Man konnte Pong oder einfache Ballerspiele spielen und vielleicht ein wenig Textverarbeitung betreiben. Und diese Spielzeuge wurden fast ausschließlich an Männer und Jungen vermarktet.

Die Vorstellung, dass Computer etwas für Jungen sind, wurde zu einem Narrativ. Sie wurde zu der Geschichte, die wir uns über die Computerrevolution erzählten. Sie trug dazu bei, zu definieren, wer Geeks sind, und schuf eine Technikkultur.

Filme wie *Weird Science*, *Revenge of the Nerds* und *War Games* kamen alle in den 80er-Jahren heraus. Und die Zusammenfassungen der Handlung sind fast austauschbar: Ein unbeholfener, genialer Geek (selbstverständlich männlichen Geschlechts) nutzt sein technisches Wissen, um über Widrigkeiten zu triumphieren und das Mädchen zu erobern.

In den 1990er-Jahren befragte die Forscherin Jane Margolis Hunderte von Informatikstudierenden an der Carnegie Mellon University, die über eines der besten Studienprogramme des Landes verfügte.[40] Sie fand heraus, dass die Familien viel eher für Jungen als für Mädchen Computer kauften – selbst wenn sich die Mädchen wirklich für Computer interessierten.

Das wirkte sich aus, wenn diese Kinder aufs College gingen. Mit der Verbreitung von Personal Computern gingen die Informatikprofessoren zunehmend davon aus, dass ihre Studierenden zu Hause mit Computern aufgewachsen waren.

Warum der Rückstand heute immer noch nicht aufgeholt werden kann

Es fängt bereits in der Schule an und setzt sich in der Universität weiter fort, so die Schlussfolgerung der aktuellen McKinsey-Studie.

»Während der Grund- und Sekundarschulbildung gibt es keine Hinweise darauf, dass Jungen besser in Mathe oder Informatik sind als ihre Klassenkameradinnen«[41], sagt Melanie Krawina, Beraterin aus dem Wiener McKinsey-Büro und eine der Studienautorinnen. Trotz der vermeintlichen Gleichstellung nach der Schulausbildung offenbart sich jedoch ein besorgniserregen-

74

der Rückgang von Frauen, die sich für ein Studium in den MINT-Fächern entscheiden. In den Bereichen Mathematik, Informatik, Naturwissenschaften und Technik besteht ein erheblicher Rückgang von 18 Prozentpunkten, der bei den Informations- und Kommunikationstechnik-Fächern sogar signifikante 31 Prozentpunkte erreicht.

Dieser alarmierende Trend könnte einen Teufelskreis in Gang setzen. Die geringe Beteiligung von Frauen an den IKT-Studiengängen, in denen lediglich 19 Prozent Frauen vertreten sind, führt zu einem Gefühl der Isolation unter den männlichen Kommilitonen und erhöht die Wahrscheinlichkeit, dass die Frauen das Studium vorzeitig abbrechen.

Die Situation unterscheidet sich jedoch erheblich zwischen den EU-Mitgliedstaaten. Während die nord- und osteuropäischen Länder nahezu Geschlechterparität in den MINT-Bereichen erreichen, hinken die süd- und mitteleuropäischen Länder hinterher. Deutschland beispielsweise weist mit 22 Prozent einen deutlich unterdurchschnittlichen Frauenanteil bei MINT-Bachelor-Abschlüssen im Vergleich zum EU-Durchschnitt von 32 Prozent auf. Hingegen können sich Griechenland (41 Prozent), Schweden (41 Prozent), Estland (40 Prozent) und Polen (40 Prozent) über die höchsten Frauenanteile freuen.

Die ungleiche Entwicklung hat ihre Wurzeln hauptsächlich in Stereotypen und einer falschen gesellschaftlichen Wahrnehmung der Fähigkeiten von Mädchen in MINT-Fächern im Vergleich zu Jungen. Mädchen werden oft von vornherein als weniger begabt in diesen Fächern angesehen, was zusammen mit generellen Stereotypen und dem Mangel an weiblichen Vorbildern dazu führt, dass sie einem höheren Erwartungsdruck ausgesetzt sind und weniger Unterstützung von Lehrkräften, Kommilitonen und Eltern erhalten.

75

Ein weiterer kritischer Punkt tritt nach dem Hochschulabschluss auf. Lediglich 23 Prozent der MINT-Absolventinnen nehmen technische Rollen im Berufsleben ein, während dieser Anteil bei Männern mit 44 Prozent nahezu doppelt so hoch ist. Eine genauere Analyse der verschiedenen Berufsprofile verdeutlicht die ungleiche Verteilung: Berufe wie Produktmanagement und UX/UI-Design weisen einen Frauenanteil von 46 Prozent auf, während Berufe mit starkem Datenbezug, wie Data Engineering, Data Science oder Data Analytics, eine Frauenquote von 30 Prozent aufweisen. In den am schnellsten wachsenden Bereichen sind Frauen nur geringfügig vertreten, z. B. mit einem Frauenanteil von lediglich 8 Prozent in den Bereichen DevOps und Cloud.

Ein etwas hoffnungsvolleres Bild zeigt sich in reinen Technologieunternehmen, wo der Frauenanteil über alle Beschäftigungsgruppen hinweg etwa 37 Prozent beträgt. Unternehmen im Bereich sozialer Netzwerke nehmen hier eine Spitzenposition ein, mit einem Frauenanteil von 50 Prozent in der Gesamtbelegschaft. Dennoch bleibt das generelle Muster unverändert: Auch in reinen Tech-Unternehmen besetzen Frauen nur etwa jede vierte technische Rolle.

Diese ungleiche Geschlechterverteilung stellt eine entscheidende Herausforderung dar, die es zu meistern gilt, um eine gerechte Zukunft der Digitalisierung zu gestalten. Die Zahlen, die ich hier lese, treffen mich persönlich und decken sich teilweise mit meiner eigenen Erfahrung als Frau in der Tech-Industrie. Es ist bedauerlich, aber leider nicht überraschend, dass der Frauenanteil in den MINT-Fächern nach der Schulausbildung immer noch einen erheblichen Rückgang aufweist. Ich erinnere mich daran, wie ich mich schon während meines Studiums oft als eine der wenigen Frauen in bestimmten Klassen fühlte, die sich mit Mathematik, Statistik oder Informatik tiefgehender befasste. Auf einmal war ich eine von drei Frauen im Vergleich zu siebzehn männlichen Kommilitonen.

Auch frustriert es mich zu wissen, dass nach dem Hochschulabschluss viele Frauen immer noch mit der Herausforderung konfrontiert sind, technische Rollen im Berufsleben einzunehmen. Schmerzlich wird mir klar, dass die Chancen und Möglichkeiten für Frauen in der Tech-Branche immer noch begrenzt sind und viele von uns sich mit Berufen begnügen, die weniger stark von Daten und Technologie geprägt sind.

Diese Ungleichheit dürfen wir nicht länger hinnehmen. Es ist an der Zeit, dass sich etwas ändert, damit Frauen an den Chancen der Digitalisierung voll und ganz teilhaben können – auch am Arbeitsmarkt. Frauen müssen die gleichen Möglichkeiten haben wie Männer, in technischen Berufen Fuß zu fassen und innovative Lösungen zu entwickeln, die unsere Gesellschaft voranbringen.

Es liegt nicht nur im Interesse der Frauen, sondern im Interesse der gesamten Gesellschaft, dass wir die Potenziale aller Menschen nutzen. Es ist an der Zeit, dass wir die Ungleichheit überwinden und eine Zukunft schaffen, in der Frauen gleiche Chancen haben, ihre Karrieren in der Tech-Industrie zu verwirklichen und die Welt der Digitalisierung aktiv mitzugestalten.

Wieso verschiedene Blickwinkel nötig sind

Viele Menschen denken, Techies seien »Keller-Kinder«, die kein Tageslicht abbekommen, weil sie nur am Computer sitzen und programmieren. Ich würde sagen, gerade das Gegenteil ist der Fall. Die Arbeit im Tech-Bereich erfordert viel Kommunikation, Empathie und Leidenschaft. Es ist kein lustloser, trockener Job, bei dem du nicht mit anderen interagierst. Gerade wenn du eine Technologie oder ein Produkt entwickelst, das von anderen Menschen benutzt werden soll, musst du mit anderen zusammenarbeiten. Und du musst in der Lage sein, um die Ecke zu denken – Kreativität und Problemlösungskompetenzen sind enorm wichtig.

Tech muss die Vielfalt der Lebensrealitäten widerspiegeln, um möglichst vielen Usern Zugang zu ihren Services anzubieten. Warum sprechen wir von Minderheiten, wenn diese Mehrheiten sind? Frauen stellen rund 50 Prozent der Weltbevölkerung. Und genau dieses gesellschaftliche Bild müsste sich in unseren Produkten widerspiegeln. Doch die Lebensrealität von Frauen als Nutzerinnen spielt dort nur eine sehr untergeordnete Rolle.

Black Mirror für Frauen: Ein realer Albtraum

Machen wir ein Experiment. Ich möchte jetzt, dass du die Augen schließt. Stell dir folgendes Szenario vor: Du sitzt an deinem Rechner und möchtest für deine Präsentation Bilder von Chief Technology Officers (kurz: CTO) suchen, oder du suchst nach geeigneten Sprecherinnen für deine Konferenz, die für Top-Führungskräfte gedacht ist. Wenn du bei Google nach »CTO« oder »CTO Deutschland« suchst, dann wirst du in den Suchergebnissen mehrheitlich Bilder von Männern sehen.

Einige Wochen später erwägst du, deinen Job zu wechseln, da du für eine neue Herausforderung bereit bist. Deshalb bewirbst du dich als Chief Technology Officer für mehrere Stellen bei deinen Traumarbeitgebern. Trotz geeignetem Profil und langjähriger Erfahrung erhältst du keine Einladung zum Bewerbungsgespräch. Liegt es an dir oder an der Recruiting-Software, die dich vorab ausgefiltert hat?

Du bist über die Absagen frustriert und vertreibst dir die Zeit auf Instagram, wo dir im Feed Porträtbilder von deinen Freunden angezeigt werden, die mithilfe von Lensa im Stil von Kunstwerken oder Comics verwandelt wurden. Du willst den Hype mitmachen, indem du ebenfalls eine Auswahl von Bildern in der Lensa-App hochlädst. Dann stellst du jedoch fest, dass bestimmte Körperteile von dir – z. B. deine Brust – überdimensional dargestellt werden.

Am nächsten Tag hast du einen Termin bei einem Versicherungsunternehmen. Du möchtest den gleichen Service wie dein

78

Partner in Anspruch nehmen. Komischerweise erhältst du signifikant schlechtere Konditionen, wobei du sogar ein höheres Vermögen und Einkommen und ergo ein geringeres Risiko aufweist. Als du deinen Berater darauf ansprichst, erwidert dieser lediglich, dass nicht er es entscheidet, sondern die Betriebssoftware, welche nach Eingabe deiner Daten diese Konditionen vorschlägt. Bei der Vergabe eines Kredits ist es ähnlich: Die Bank weist dir als Frau eine geringere Kreditwürdigkeit im Vergleich zu deinem Partner zu, obwohl du über mehr Kapital verfügst.

Das, was ich gerade beschrieben habe, ist keine Fiktion, sondern eine Realität, die maßgeblich von Technologie konstruiert wird. Das Ganze erinnert an die Science-Fiction-TV-Serie *Black Mirror*, die die Auswirkungen von Technik und Medien auf unsere Gesellschaft thematisiert. Es sind Dystopien, die einem den Schlaf rauben und zumindest bei mir Albträume auslösen.

Frauen sind also struktureller Benachteiligung in gleich mehreren Dimensionen ausgesetzt: Benachteiligung und Ungleichbehandlung auf dem Arbeits- und Finanzmarkt sowie Sexismus. Wie konnte es so weit kommen?

Gender Data Gap: Wie Frauen in Daten vergessen werden

Häufig sprechen wir von diskriminierenden Algorithmen. Die Wahrheit ist komplexer: Nicht der Algorithmus diskriminiert, sondern der Algorithmus lernt auf Basis von Trainingsdaten, eine Entscheidung zu treffen. Und genau da steckt der Wurm drin: In den Trainingsdaten sind Frauen unterrepräsentiert. Das Ganze wird auch als Gender Data Gap bezeichnet.

Die Vereinten Nationen (United Nations; kurz: UN) gehen davon aus, dass 22 Jahre nötig sein werden, um den Gender Data Gap zu schließen. Seit 2016 hat die UN das globale Gender-Data-Programm »Women Count« ins Leben gerufen, um die Sammlung und das Monitoring von frauenspezifischen Daten zu

79

verbessern. Das Programm steht im Rahmen der UN-Nachhaltigkeitsziele. Jedoch sieht die Lage alles andere als gut aus: Von den 193 Ländern, die sich zur Agenda 2030 verpflichtet haben, verfügt kein einziges Land über alle verfügbaren Daten zu den geschlechtsspezifischen UN-Nachhaltigkeitszielen.

Im medizinischen Bereich hat dies sogar lebensbedrohliche Auswirkungen, wenn es um Medikamente oder Diagnostik geht.

Versicherungsansprüche liefern wertvolle Informationen über den Gesundheitszustand und die Behandlungsmethoden, insbesondere in den Vereinigten Staaten. Es ist jedoch wichtig zu beachten, dass diese Daten ihre Grenzen haben, da sie hauptsächlich für Abrechnungszwecke von Ärzten erhoben werden.

Laut US-Leistungsdaten von Januar 2019 bis August 2022 ist die geschätzte Prävalenz von Frauenkrankheiten etwa fünfmal höher als die tatsächlich dokumentierten Diagnosen.[42] Anders ausgedrückt bedeutet dies, dass auf jede Frau, bei der eine entsprechende Diagnose gestellt wurde, etwa vier Frauen kommen, bei denen eine Frauenkrankheit vorhanden ist, aber nicht diagnostiziert wurde. Im Vergleich dazu liegt der Unterschied zwischen der geschätzten Prävalenz und den dokumentierten Diagnosen bei Männern nur bei 1 zu 1,5.

Ein Buch, was ich hierfür empfehle, ist *Unsichtbare Frauen* von Caroline Criado-Perez, die dem Thema Gender Data Gap die nötige Aufmerksamkeit widmet.

Auch wenn die vorangegangenen Beispiele zum Nachdenken anregen, Wut oder Trauer auslösen, soll uns dies nicht abschrecken, sondern verdeutlichen: Wir brauchen mehr Frauen in Tech-Berufen, damit weibliche Perspektiven Raum einnehmen, um eine gerechte Zukunft für alle zu schaffen.

Warum Women in Tech kein Altruismus, sondern ein Business Case ist

Das Thema ist nicht neu: Schon 2017 hat Heiko Maas in seiner Rolle als deutscher Justizminister auf einer Konferenz Maßnahmen gefordert, die vorurteilsfreies Programmieren fördern, doch hier wird das Pferd von hinten aufgezäumt.

Der Schlüssel zu vorurteilsfreien Algorithmen klingt so banal, wie er ist. Richtig, es handelt sich um Diversität. Sobald wir Code nicht mehr von einer homogenen Gruppe, sondern einem vielfältigen Team entwickeln lassen, können wir auch den algorithmischen Bias mindern. Dem »Women in AI«-Report von Deloitte zufolge sagten 63 Prozent der Befragten, dass KI und Machine-Learning-Modelle immer verzerrte Ergebnisse liefern, solange das Feld von KI eine Männerdomäne bleibt. Auch sagten 66 Prozent der Befragten, dass das Feld von KI von mehr unterschiedlichen Mitarbeitenden im Bereich von Data, Produkt und Design profitieren kann.

Darüber hinaus ist Diversität in den Bereichen Big Data und Künstliche Intelligenz schon rein volkswirtschaftlich unabdingbar. Die deutsche Volkswirtschaft ist in der ersten Hälfte des Jahres 2020 so stark eingebrochen wie zuletzt in der Nachkriegszeit. Dazu verzeichnen wir den höchsten jemals in der Schuldenstatistik gemessenen Schuldenstand: 2,3 Milliarden Euro.[43] Ja, das ist schwer zu verdauen, aber leider die harte Realität.

Aufgrund der Corona-Pandemie hat die Volkswirtschaft teilweise erhebliche Einbrüche erlitten. Gleichzeitig stehen wir vor den Herausforderungen einer überalterten Gesellschaft und einem Mangel an Fachkräften, während der Bedarf an Digitalisierung stetig zunimmt.

Wenn jetzt Künstliche Intelligenz die Wettbewerbsfähigkeit unserer Wirtschaft stärken soll, hat Deutschland noch einen langen Weg vor sich. Mehr als die Hälfte der Unternehmen in

Deutschland können Projekte wegen fehlender Experten nicht umsetzen, so eine IDC-Studie aus dem Jahr 2018. Über 80 Prozent der Firmen haben keine Fachkräfte für diesen Bereich.

Um dem Fachkräftemangel entgegenzuwirken und das Wirtschaftswachstum zu beschleunigen, können wir auf niemanden verzichten. Genau hier kommt Diversity ins Spiel. Am Ende des Tages ist die Förderung von Diversität schlicht und ergreifend auch Wirtschaftsförderung. Frauenförderung ist keine Employer-Branding-Strategie oder Corporate-Social-Responsibility-Maßnahme. Mehr Teilhabe von Frauen am digitalen Arbeitsmarkt fördert unsere Volkswirtschaft!

Warum Frauenförderung auch ein Business Case ist, beweist Ida Tin, die Gründerin der Menstruationszyklus-Tracking-App Clue, die im Jahr 2012 auf den Markt kam und mittlerweile 11 Millionen aktive monatliche Nutzerinnen aufweist. Tin prägte 2016 den Begriff »FemTech«, der alle Technologien und Innovationen beschreibt, die darauf abzielen, Gesundheitsprobleme anzugehen, die ausschließlich oder unverhältnismäßig stark Frauen betreffen.

Dazu gehören Apps zur Überwachung des Menstruationszyklus und Produkte für sexuelle Wellness, aber auch medizinische Geräte für Menschen mit Herz-Kreislauf-Erkrankungen und Therapien für psychische Erkrankungen. Vor allem erleichterte FemTech den Zugang zu den technologischen Produkten seitens Investoren, die überwiegend männlich sind.

Laut Prognosen der gemeinnützigen Organisationen FemTech Focus und Coyote Ventures wird die FemTech-Branche bis 2027 einen Wert von schätzungsweise 1,186 Billionen US-Dollar haben.[44] Die Schätzung definiert den Markt als Produkte und Dienstleistungen, die 97 Gesundheitszustände angehen, die »ausschließlich, unverhältnismäßig stark oder anders Mädchen und Frauen betreffen«. Dies umfasst 23 Unterbereiche der Frauengesundheit, darunter Menopause, Knochengesundheit, Abtreibung, Gehirngesundheit, kardiovaskuläre und reproduktive Gesundheit.

82

Alleine aus ökonomischen Gründen ist es sinnvoll, Frauen zu fördern, um technologische Produktinnovationen zu fördern und dem Fachkräftemangel entgegenzuwirken. Jedoch gibt es auch kritische Gegenstimmen in der Tech-Branche, die sagen, dass spezifische »Women in Tech«-Programme dem Grundsatz der Gleichbehandlung widersprächen. So bezeichnen sie die Förderung von unterrepräsentierten Gruppen wie Frauen oder Menschen mit Migrationshintergrund als Benachteiligung und ergo Diskrimierung von weißen Männern in der Branche und plädieren dafür, die Maßnahmen für mehr Diversität in der Belegschaft für Tech- und Management-Rollen kritisch zu betrachten. Einer von ihnen, sozusagen das Gesicht dieser Gegenbewegung, ist James Damore, ein ehemaliger Google-Mitarbeiter und Software-Entwickler.

»Googles ideologische Echokammer«: Das Memo von James Damore, welches das Diversitätsproblem der Tech-Branche offenbart

Als James Damore in einem internen Diversity-Training von Google saß, wurde er unruhig, denn er teilte die Ansichten nicht. Deshalb entschloss er sich, seine Standpunkte in einem zehnseitigen Dokument zusammenzufassen. Darin erklärt er psychologische Unterschiede zwischen Männern und Frauen, die er auf biologische Ursprünge zurückführt, und behauptet, Frauen seien aufgrund einer geringeren Stressresistenz und eines höheren Levels an Neurotik weniger für Führungspositionen geeignet – und interessierten sich generell weniger dafür. Sein Memo kursierte zuerst innerhalb von Google, wo sich bereits eine Vielzahl von Mitarbeitenden intern darüber empörte.

Damore äußerte in seinem Memorandum weiterhin die Meinung, die ideologische Ausrichtung von Google trübe das Nachdenken über Vielfalt und Inklusion und stehe damit der Diversität im Weg. Daneben sprach sich Damore auch für einen Kulturwan-

83

del aus: Empathie solle weniger Wert beigemessen werden und stattdessen der Benefit emotionaler Ungebundenheit genutzt werden. Geschlechterspezifische Programme und Kurse sollten wegen ihrer spaltenden Wirkung eingestellt werden, so seine Forderung.

Als das interne Memo von Damore an die Öffentlichkeit gelangte, kam es zu einem Aufschrei in den Medien wie auch in der Tech-Industrie im Silicon Valley. Kurz darauf erhielt er eine Kündigung seitens Google, da er gegen interne Verhaltensregeln verstoßen und Stereotypen verbreitet habe. Als er Interviews in der Presse gab, wurde er auch von ultrarechten YouTube-Bekanntheiten und Kommentatoren zum Vorfall bei Google befragt und schaffte es innerhalb kurzer Zeit, als Held der ultrarechten Bewegung gefeiert zu werden, indem er sich als Kämpfer für die Meinungsfreiheit gegen den »linken Mainstream« etablierte.

Wenn man Damore fragt, wo er sich selbst positioniert, ist er ziemlich klar: Er sieht sich als Zentristen, der die Differenzen zwischen linker und rechter Ideologie überbrücken möchte. Die Ironie an dem ganzen Fall ist, dass James Damore daraufhin Google aufgrund von Diskriminierung verklagte. Eine Klage, die er mittlerweile zurückzog.

Der Fall von Damore beweist zunächst einmal, dass nicht jeder ein Fan der Diversity-Debatte ist. Und das hat nicht zwingend etwas mit rechter Ideologie zu tun, sondern möglicherweise einfach mit liberalem Gedankengut, das auf dem Leistungsprinzip beruht. Es wird von dem Grundsatz ausgegangen, dass jeder die Möglichkeiten hat, sich als Individuum in unserer Gesellschaft frei zu entfalten – unabhängig von Geschlecht oder Herkunft. Daher wird jeder Fokus auf bestimmte Gruppen kritisch gesehen, da er die Unterschiede unter Menschen hervorhebt und damit nicht zur Gleichberechtigung, sondern unbeabsichtigt zu noch mehr Diskriminierung führen könne.

Die von Damore genannten Argumente sind mir nicht neu,

84

da ich diesen Gegenwind gewohnt bin und seine Perspektive sogar durchaus nachvollziehen kann. Trotzdem glaube ich daran, dass wir nicht alle gleich sind, da wir nicht mit denselben Möglichkeiten zur Welt gekommen sind. Deshalb spreche ich immer von Chancengerechtigkeit, da es keine Chancengleichheit geben kann – außer, wir kämen alle mit denselben Startvoraussetzungen auf die Welt.

Warum Quoten für die Tech-Industrie schwierig sind

Die Einführung von Quoten in der Tech-Industrie ist ein kontrovers diskutiertes Thema. Es gibt Argumente dafür, dass Quoten notwendig sind, um die Chancengerechtigkeit in der Branche zu erhöhen und Diskriminierung zu verhindern. Allerdings gibt es auch Gründe, die gegen die Einführung von Quoten sprechen, insbesondere aufgrund des Fachkräftemangels und der Spezialisierung in der Branche.

In der Tech-Industrie gibt es an vielen Stellen einen Mangel an Fachkräften mit den erforderlichen Fähigkeiten und Erfahrungen. Es kann schwierig sein, talentierte und qualifizierte Mitarbeitende zu finden, die die Anforderungen der Branche erfüllen. Die Einführung von Quoten kann dazu führen, dass Unternehmen gezwungen sind, Bewerber einzustellen, die nicht die erforderlichen Fähigkeiten und Qualifikationen besitzen. Dies kann zu einem Rückgang der Qualität der Arbeit und der Leistung der Unternehmen führen.

Ein weiteres Problem ist die erforderliche Spezialisierung. Es gibt viele verschiedene Bereiche und Disziplinen in der Branche, und jeder erfordert spezifische Fähigkeiten und Kenntnisse. Es kann schwierig sein, eine angemessene Quote für jede Spezialisierung festzulegen, da es möglicherweise nicht genügend Bewerber für jede Position gibt. Dies kann dazu führen, dass Unternehmen gezwungen sind, Kandidaten einzustellen, die möglicherweise nicht die notwendigen Fähigkeiten oder Kenntnisse für die Position besitzen.

Jedoch ist es wichtig zu beachten, dass die Einführung von Quoten im Technologiebereich auch Auswirkungen auf die Mitarbeitenden haben kann. Einige Mitarbeitende können sich möglicherweise benachteiligt fühlen, wenn sie das Gefühl haben, dass ihre Karrieremöglichkeiten durch Quoten beschränkt werden. Dies kann zu Unzufriedenheit und einem Mangel an Motivation führen, was sich negativ auf die Leistung der Mitarbeitenden auswirken kann.

Zusammenfassend lässt sich sagen, dass die Einführung von Quoten in der Tech-Industrie aufgrund des Fachkräftemangels und der Spezialisierung schwierig sein kann. Unternehmen sollten jedoch dennoch bestrebt sein, eine diverse Belegschaft aufzubauen und Diskriminierung zu verhindern. Stattdessen sollten Unternehmen alternative Ansätze und Maßnahmen prüfen, wie z. B. die Förderung der Vielfalt bei der Einstellung von Mitarbeitenden, Schulungen für Mitarbeitende zum Thema Diversity und Inklusion sowie flexible Arbeitsbedingungen, um eine breitere Gruppe von Bewerbern anzusprechen und eine diversere Belegschaft aufzubauen.

Nicht überall ist Tech eine Männerdomäne

Informatik ist auch heute nicht überall ausschließlich ein »Männerfach«: In Ländern wie Indien beträgt der Frauenanteil in den Computerwissenschaften etwa 40 Prozent, in Malaysia sogar bis zu 50 Prozent.[45] Ähnliche Tendenzen sind auch in arabischen Ländern zu beobachten. Studien haben gezeigt, dass Frauen in Ländern mit geringerer Gleichberechtigung und weniger ausgeprägter sozialer Absicherung IT-Jobs als sichere Karrieremöglichkeit und Einkommensquelle betrachten. In Ländern mit fortschrittlicherer Gleichstellung hingegen haben Frauen mehr

Möglichkeiten zur Berufswahl und entscheiden sich daher eher für andere Ausbildungsgänge – so die These.

Auch denken wir in der westlichen Gesellschaft individualistisch, sodass wir Studienfächer oder Berufe nach Eigeninteresse wählen. In Ländern wie Indien, Russland oder China wird mehr im Kollektiv gedacht. Bei der Wahl des Studiums oder des Berufs werden deshalb auch die Verdienstmöglichkeiten berücksichtigt, um der Familie etwas zurückzugeben – sei es Geld, das in die Bildung geflossen ist, oder Anerkennung im Verwandten- und Bekanntenkreis.

Wie eine blühende Blume in der trockenen Tech-Landschaft: Perspektivwechsel mit Tech-Managerin Annahita Esmailzadeh
Annahita Esmailzadeh ist jung, erfolgreich, migrantisch – und studierte Wirtschaftsinformatikerin, die seit mehreren Jahren in Führungspositionen bei Tech-Konzernen wie Microsoft und SAP tätig ist. Als eine der wenigen sichtbaren Frauen in der deutschen Tech-Branche setzt sie sich seit mehreren Jahren für Diversität ein, da sie aus eigener Erfahrung von Mehrfachdiskriminierung betroffen gewesen ist.

So erzählt sie mir, dass zu ihren größten Herausforderungen in der Tech-Branche Vorurteile gehörten, die ihr ständig begegnet sind. »Schon während des Wirtschaftsinformatik-Studiums in Deutschland war ich als Frau eine Ausnahme. Später im Beruf konnten während meiner IT-Beratungszeit viele meiner Kunden ihre Irritation beim ersten Kennenlernen unschwer verbergen. Es war offensichtlich, dass sie von einem IT-Berater, der sie bei ihrem Projekt unterstützt, ein eindeutig anderes Bild vor Augen hatten als mich«, erzählt sie mir. Jedoch lautete ihre Devise: sich ins Zeug legen und beim Kunden überzeugen. So wich die anfängliche Skepsis aufrichtiger Anerkennung. Mit dieser Einstellung kletterte sie die Karriereleiter innerhalb kurzer Zeit hinauf und war nun für große IT-Projekte und Mitarbeitende zuständig, die z. T. doppelt so alt wie sie waren. »Nicht selten wurde ich in dieser Zeit von Kunden oder auch Kollegen beim ersten Aufeinandertreffen aufgefordert, Kaffee zu bringen oder in Terminen Protokoll zu führen. Der ertappte Blick der jeweiligen Personen, wenn ich darauf hinwies, dass ich die Projekte leite und weder die Projektassistenz noch die Praktikantin bin, wie man scheinbar automatisch angenommen hatte, sprach jedes Mal Bände. Der Übergang von fachlicher zur disziplinarischen Führungsverantwortung verstärkte dieses Phänomen zunehmend.«

Ein anderes Beispiel ist Mirijam Trunk, Chief Crossmedia Officer bei RTL. In ihrem Buch *Dinge, die ich am Anfang meiner Karriere gerne gewusst hätte: Warum im Berufsleben nicht alle die gleichen Chancen haben – und wie wir uns trotzdem durchsetzen* berichtet sie ebenfalls über das »Ich hätte gern nen Kaffee«-Phänomen. Tatsächlich ist in vielen Situationen die Verknüpfung von Geschlecht und operativer Tätigkeit nach wie vor in den Köpfen stark verankert. Und dieses Gender-Stereotyp hat viel mit dem traditionellen Rollenbild zu tun: Frauen versorgen, Männer bestimmen.[46]

»Ich habe die Erfahrung gemacht, dass sich Vorurteile in den meisten Fällen durch demonstrierte Kompetenz und Leistungen aus dem Weg räumen lassen. Bei anderen Menschen scheinen die Schubladen hingegen stark zu klemmen – auch wenn wir uns auf den Kopf stellen. In diesen Fällen kann ich nur eine kleine Gedankenanregung mitgeben, die ich vor einiger Zeit gelesen habe und seitdem immer wieder als Impuls teile: ›Wenn eine Blume nicht blüht, schauen wir darauf, was an ihrer Umgebung nicht stimmt, und beschuldigen nicht die Blume.‹ Ist was dran, oder?«, schildert mir Annahita. Bei dieser Analogie muss ich schmunzeln. Sie glaubt entschlossen daran, dass mehr Frauen wie sie in den Vorreiterrollen der Tech-Industrie diverse Stereotype durchbrechen werden.

88

Den Gender Gap verringern

Daher ist es umso wichtiger, für Frauen einen Rahmen zur Weiterbildung zu schaffen, um dem Gender Gap in den neuen Datenberufen und der KI entgegenzuwirken. Und letztendlich müssen wir uns in der modernen Arbeitswelt, wo lebenslanges Lernen unerlässlich ist, auch von der geradlinigen Bilderbuchkarriere verabschieden.

Durch den technologischen Wandel, der auch Arbeitsplatzverluste mit sich bringt, und den akuten Fachkräftemangel brauchen wir mehr Quereinsteigerinnen, die um die Ecke denken und flexibel auf Veränderungen reagieren. Das bedeutet auch, dass wir Programme anbieten sollten, nicht nur für Frauen an den Hochschulen, sondern auch für Kassiererinnen oder Sekretärinnen, die eine berufliche Neuorientierung anstreben. Denn genau diese Frauen sind durch die Automatisierung mitunter am stärksten durch Arbeitslosigkeit gefährdet.

Gemeinnützige Organisationen sind die Säule unserer Gesellschaft, um Frauen für Zukunftsthemen zu begeistern. Jedoch ist der Fokus auf Frauen viel zu eindimensional gedacht und sorgt nur für weitere Ausschlüsse.

D. h. also: Frauen vor? Ja, unbedingt, aber nur, wenn vielfältige Eigenidentitäten aller Menschen, die sich als Frau identifizieren, und aller Menschen, die nicht-binär sind, von uns mitgedacht werden. Intersektionalität lautet das Stichwort, und davon braucht es mehr in der Organisations- und Vereinskultur der Tech-Industrie.

Auch müssen Unternehmen lernen, offen gegenüber dem beruflichen Quereinstieg zu sein – sowohl für Akademiker als auch Nicht-Akademiker. Die Digitalisierung geht mit lebenslangem Lernen Hand in Hand. Angesichts des rapiden technologischen Wandels lernen wir zunehmend außerhalb formaler Bildungsinstitutionen, und umso wichtiger ist es, dass wir auch

Hochschulabbrecher und Quereinsteiger im Bewerbungsprozess berücksichtigen. Darüber hinaus sollten Unternehmen Stellenausschreibungen frauenfreundlich gestalten, d. h. konkret familienfreundliche Angebote wie Teilzeitoption oder Shared-Leadership-Modelle einschließen und den Ausschreibungstext von einem Gender Bias Decoder – wie StepStone ihn entwickelt hat – gegenprüfen zu lassen.

Auch braucht es mehr Frauen in Tech-Führungspositionen und nicht nur in den operativen Rollen. Der Talentpool wird immer kleiner mit voranschreitender Karriere von Frauen in der Tech-Branche, da sie in andere Rollen wechseln wie z. B. Venture Development, Produktmanagement und andere Felder. Deshalb gilt es auch Frauen dabei zu helfen, in höhere Managementpositionen zu gelangen. Ein weiterer wichtiger Aspekt ist es, ein Programm für »Career Reentry« (zu Deutsch: Karriere-Wiedereinstieg) für Frauen in Tech-Berufen anzubieten. Tech-Konzerne wie IBM tun dies bereits erfolgreich. Wenn Frauen für längere Zeit nicht mehr im Tech-Job tätig waren, weil sie beispielsweise in Elternzeit oder zeitweise in einem anderen nicht-technischen Bereich tätig waren, dann sollten Unternehmen ihnen die Chance geben, wieder einzusteigen. Das Modell eines Karriereportfolios und einer größeren Flexibilität der Karrierewege wird im Arbeitsmarkt der Zukunft elementar. Es geht darum, als Organisation die nötige Flexibilität aufzubringen, um Menschen anhand von Skills zu bewerten und mit den passenden Rollen oder Projekten zu matchen oder diese Möglichkeiten für sie sogar zu schaffen.

Ein Deutschland, das für alle funktionieren soll, können wir nicht ohne die Frauen entwerfen. Für eine gleichberechtigte Zukunft brauchen wir mehr Frauen im Technologiesektor.

Kapitel 4 | Wie Technologie Grenzen schafft, statt sie zu überwinden

Als Frau mit Migrationshintergrund in Deutschland wurde ich auch von algorithmischer Diskriminierung betroffen, insbesondere bei der Gesichtserkennung am Flughafen. Mehrmals wurde ich unverhältnismäßig häufig für zusätzliche Sicherheitskontrollen ausgewählt, während meine deutschen Mitreisenden oft problemlos passieren durften. Diese Erfahrung hat nicht nur meine Reiseerlebnisse beeinträchtigt, sondern auch ein Gefühl der Ungerechtigkeit und Unsicherheit in mir ausgelöst, da ich mich fragte, ob meine Identität und Herkunft mich automatisch verdächtig machten. Diese Technologie hat meine Freiheit und das Gefühl der Gleichbehandlung als Bürgerin Deutschlands stark eingeschränkt.

Dabei war das große Versprechen von Technologie doch Neutralität: Mit dem technologischen Fortschritt war die Hoffnung verbunden, dass mithilfe von maschineller Intelligenz bessere Entscheidungen getroffen werden können. Im Gegensatz zu uns Menschen kann eine Maschine nicht diskriminieren, da sie rein rational entscheidet. Das könnte sogar ein Mittel sein, um für mehr Gerechtigkeit in unserer Gesellschaft zu sorgen. Zumindest ist es das Versprechen gewesen, dass Technologie als neutrale Instanz agiert, welche frei von Emotionen, Müdigkeit und begrenzter Aufmerksamkeit ist. Durch diese Eigenschaften kann sie bessere – und damit auch gerechtere – Entscheidungen treffen. Aber ist das wirklich so? Um es vorwegzunehmen: leider nein!

Prominente Beispiele sind die Gesichtserkennungssoftware, die eine hohe Fehlerquote bei dunkelhäutigen Menschen auf-

91

weist, die Bilderkennungsalgorithmen und Recruiting-Software. Sie zeigen auf:

- Technologie ist niemals neutral.
- Technologie schafft Grenzen.

Falsche Hautfarbe

Im Jahr 2015 wies der Software-Ingenieur Jacky Alciné darauf hin, die Bilderkennungsalgorithmen in Google würden Fotos seiner schwarzen Freunde als »Gorillas« klassifizieren. Google zeigte sich »entsetzt« über den Fehler, entschuldigte sich bei Alciné und versprach, das Problem zu beheben. Ein Bericht von *Wired* im Jahr 2018 zeigte, dass Google auch nach fast drei Jahren noch nichts wirklich behoben hatte.[47] Das Unternehmen hat einfach seine Bilderkennungsalgorithmen daran gehindert, überhaupt noch Gorillas zu identifizieren – und es damit vermutlich vorgezogen, den Dienst einzuschränken, anstatt eine weitere Fehlkategorisierung zu riskieren.

Es mag seltsam erscheinen, dass Google, ein Unternehmen, das allgemein als Vorreiter im Bereich der kommerziellen KI gilt, nicht in der Lage war, eine umfassendere Lösung für diesen Fehler zu finden. Aber der Fall ist eine gute Erinnerung daran, wie schwierig es sein kann, KI so zu trainieren, dass sie konsistent und robust ist.

Die Unklarheit zum Google-Photos-Algorithmus bleibt weiterhin bestehen, und es ist schwer zu entscheiden, ob dies aufgrund von technischen Hindernissen, begrenzten Ressourcen oder einer übermäßigen Vorsicht seitens Google geschieht. Doch in dieser Unsicherheit zeigt sich eine erschreckende Erkenntnis, die seit den Protesten der »Black Lives Matter«-Bewegung ans Licht gekommen ist: Die Gesichtserkennungssoftware großer Technologiekonzerne wie Amazon und IBM verstärkt Rassismus, da sie bei dunkelhäutigen Menschen eine alarmierend hohe Fehlerquote aufweist. Dessen ungeachtet wird diese Gesichtserkennung auf Flughäfen, an Grenzübergängen, bei Polizeieinsätzen und sogar bei großen Sportveranstaltungen eingesetzt.

Stell dir folgendes Szenario vor: Du möchtest mit deiner Familie von Berlin aus in den Urlaub reisen. Auf einmal wirst du am Flughafen bei der Sicherheitskontrolle zur Seite genommen. Man führt dich in einen separaten Raum, wo du befragt wirst. Du fängst an zu schwitzen und weißt nicht, was vor sich geht. Du bist zu Unrecht als verdächtig eingestuft worden. Und das nur, weil du nicht weiß bist. Es dauert ewig, bis der falsche Verdacht ausgeräumt ist (schließlich hat die Maschine ja gewarnt). Ein sehr unangenehmes Erlebnis.

Die Konsequenz ist, dass du erst einmal nicht in das Zielland einreisen kannst, weil du den Flug verpasst hast. Die Technologie hat nicht nur diskriminiert, sondern Grenzen geschaffen. Und warum ist das so? Der Grund liegt natürlich nicht in der Maschine selbst, sondern in den Daten, mit denen sie gespeist wurde. Und es waren Menschen, die den Algorithmus mit Daten trainiert haben.

Das Fatale daran: Ein diskriminierender Sicherheitskontrolleur ist leichter bloßzustellen als ein Algorithmus. Wie willst du einen Algorithmus bloßstellen?

Solche Fehler beim Bildabgleich passieren meist bei Schwarzen und bei asiatisch aussehenden Menschen. Laut einer Studie des Nationalen Instituts für Standards und Technologie ist die Fehlerrate der Gesichtserkennung bei diesen ethnischen Gruppen bis zu hundert Mal höher als bei Weißen.

All diese algorithmischen Systeme wie die Gesichts- oder Bilderkennung haben ein immenses Transparenz- und Nachvollziehbarkeitsproblem. Diese Modelle sind technisch zu komplex, um von einzelnen Menschen verstanden zu werden – inklusive der Personen, die sie erschaffen, weshalb häufig nicht erklärt werden kann, wie Entscheidungen zustande kommen. In diesem Zusammenhang wird auch von der »Blackbox AI« gesprochen.

Vorfälle wie der beschriebene offenbaren die oft isolierte Silicon-Valley-Kultur, die es sich zur Aufgabe gemacht hat, weltumspannende Algorithmen zu entwickeln – und weil man schnelle Lösungen braucht, bleiben dabei oftmals wichtige Fragen auf der Strecke.

Keine Chance auf einen Job

Es reicht auch ein Blick direkt vor unsere eigene Tür: in unser Nachbarland Österreich. Dort hat der Arbeitsmarktservice einen Personalauswahlalgorithmus entwickelt, der Arbeitssuchende in drei Kategorien aufgeteilt: nicht, schwer oder gut vermittelbar.

So wird ein Score entwickelt, der Attribute wie Geschlecht, Alter, Staatsbürgerschaft, Bildungsstand oder auch Behinderung heranzieht. Wenn ich z. B. eine Frau um die Dreißig ohne österreichische Staatsbürgerschaft mit einem Hauptschulabschluss und Behinderung bin, dann erhalte ich einen niedrigen Score und werde in die Kategorie schwer vermittelbar eingeteilt.

Der Arbeitsmarktservice zieht diesen Personalauswahlalgorithmus als Entscheidungsgrundlage dafür heran, ob in eine Fort- und Weiterbildung von Arbeitssuchenden investiert werden soll. Das bedeutet für mich in dem gewählten Beispiel, dass ich keine Fortbildung erhalte und im System gefangen bleibe.

Nach allgemeinem Verständnis müsste man nun sagen: Das System hat mich diskriminiert. Denn es hat mich ja nicht gefragt, sich kein eigenes Bild davon gemacht, wie fit oder unfit ich bin, wie intelligent oder entwicklungsbereit. Aber werde ich wirklich vom Personalauswahlalgorithmus diskriminiert? Oder nicht vielmehr von denen, die den Algorithmus trainieren?

Schauen wir uns also mal genauer an, was hinter dieser Kategorisierung steckt: Letztendlich bildet sie die Realität ab. Als Frau um die Dreißig besteht die Möglichkeit einer Schwangerschaft, wodurch ich zeitweise nicht in der Lage sein könnte, meinen Beruf auszuüben. Ohne österreichische Staatsbürgerschaft kann es für bestimmte Arbeitgeber schwer sein, mich einzustellen. Meine Behinderung kann mich beeinträchtigen, bestimmte Tätigkeiten auszuüben. Und es gibt Berufe, für die ein akademischer Abschluss als erforderlich angesehen wird. Nimmt man all das zusammen, so stelle ich eine für Arbeitgeber unattraktive Bewerberin dar – und nichts anderes besagt der Algorithmus bzw. die Kategorie.

Das Beispiel des Personalauswahlalgorithmus zeigt, dass Algorithmen niemals neutral sind, da sie in eine bestimmte Umgebung eingebettet werden, sodass sie eine soziale, politische und kulturelle Dimension haben. Denn in jeden Algorithmus fließen bestimmte Werte ein – was auch für die Daten gilt, die verarbeitet werden und mit denen die Programme in ihrem maschinellen Lernprozess trainiert werden. Algorithmen lernen dadurch bestehende gesellschaftliche Muster. Wohlgemerkt: *bestehende* Muster. Sie fördern also keinen Wandel. Sie bestätigen lediglich, was sie vorfinden. So lernen Algorithmen auch Diskriminierungen und – noch schlimmer – schreiben sie weiter fort.

Wie Technologie uns unsere Freiheit kostet

Gesichter sollen erkannt werden, um einzustufen, ob eine Gefahr von bestimmten Menschen ausgeht – sei es aufgrund von Grenzkontrollen oder Sicherheitsbedenken. Aber wie steht es um die Freiheit und Souveränität jedes einzelnen Menschen? Ist der Preis für technologischen Fortschritt unsere persönliche Freiheit?

Um diese Frage zu beantworten, reicht ein Blick nach China. China gilt weltweit als wichtigster Anbieter von Technologie zur Gesichtserkennung – und ist selbst ihr größter Nutzer.

In der Corona-Pandemie haben wir gesehen, wie die chinesische Regierung Gesichtserkennungssoftware anwendete, um den Ausbruch einzudämmen. Die Technologie ist dort sogar so fortgeschritten, dass die Algorithmen gelernt haben, Menschen trotz Atemschutzmaske zu erkennen, auf eine gewisse Entfernung eine Fiebermessung vorzunehmen und Menschen mit Fieber zu melden.

Ja, das ist bemerkenswert. Doch natürlich gehen hier auch Alarmglocken los, denn genau diese Art der Überwachung kann leicht für andere Zwecke missbraucht werden, um beispielsweise Protestierende zu erkennen und strafrechtlich zu verfolgen. Auch wird diese Technologie in vielen Wohnanlagen Chinas verwendet, um die Bewohner am Eingang zu kontrollieren. Ein 26-jähriger Chinese namens Gu Cheng klagte dagegen erfolgreich, da ihm dies nicht passte.[48] Der Fall ist besonders brisant, da China laut der Studie einer Forschungsgruppe aus Harvard und vom MIT als weltweit führender Exporteur von Gesichtserkennungstechnologie gilt.[49] Ziel der Studie war es, die Auswirkungen der KI-Revolution zu untersuchen und zu klären, was es bedeutet, wenn diese Technologie von einer Weltmacht wie China exportiert wird. Die Forschenden konzentrierten sich auf Geschäfte mit der sogenannten Smart-City-Technologie, bei der die Gesichtserkennung häufig zur Verbesserung der Videoüberwachung eingesetzt wird.

Sie fanden heraus, dass China sich auf den Export von Gesichtserkennung in Länder mit schwachen Demokratien konzentriert, die soziale Unruhen und Umwälzungen erleben. Da die KI-Gesichtserkennung mit Massenüberwachung verbunden ist, richten sich Chinas Exporte eher an Länder mit autokratischen politischen Interessen. Politische Motive könnten ebenfalls der Grund für diesen Handel sein.

Die Untersuchungen zeigen, dass China auf dem globalen KI-Markt bereits einen Vorsprung hat und die Vereinigten Staaten bei den Exporten übertrifft. Die Gesetzgeber in den USA haben ihre Besorgnis über diese Trends zum Ausdruck gebracht, was an den zunehmenden Versuchen zu erkennen ist, die Verbreitung

96

chinesischer Technologie zu begrenzen. Sowohl die Trump- als auch die Biden-Administration haben Sanktionen gegen China im Technologiebereich verhängt. Dies weist auch auf die dringende Notwendigkeit eines Dialogs über technologische Werte hin, um der Welt KI-Alternativen anzubieten, die Freiheit und Demokratie fördern.

Auch wenn sich die USA gerne als Verfechter der Freiheit positionieren, ist das staatliche Handeln in Bezug auf Technologie diesem Ziel nicht immer dienlich und schränkt sogar bürgerliche Rechte ein. So hat die American Civil Liberties Union Amazon mit seiner selbst lernenden Erkennungssoftware Rekognition, mit der sich Objekte oder Personen identifizieren lassen und die bei Polizeidienststellen in den USA eingeführt wurde, als Bedrohung für die bürgerlichen Freiheiten bezeichnet. Das umstrittene Tool Rekognition hat 28 Kongressabgeordnete fälschlicherweise als Personen identifiziert, die schon einmal wegen eines Verbrechens verhaftet wurden. Und auch hier: Die falschen Treffer betrafen überproportional häufig farbige Kongressabgeordnete. Das alles gibt Anlass zu neuen Bedenken hinsichtlich der Erstellung von Rassenprofilen und möglichem Missbrauch durch die Strafverfolgungsbehörden.

Traurigerweise beobachten wir dieses Phänomen nicht nur in den USA, sondern auch in Deutschland, wo seit dem Bekanntwerden rechtsextremer Chats in der Polizei über Rassismus in den Sicherheitsbehörden diskutiert wird. Betroffene sprechen von strukturellem Rassismus, während Gegenstimmen auf Einzelfälle insistieren.

Immer wieder höre ich Geschichten von Menschen mit Migrationshintergrund und People of Color, die sich bei mir über willkürliche Kontrollen beklagen. Selbst mir widerfährt dies: Am Flughafen werde ich eingehender kontrolliert oder in Boutiquen vom Sicherheitsmann verfolgt. Einem millionenschweren CEO widerfährt dasselbe wie mir – egal, wie hoch wir beide in der ge-

97

sellschaftlichen Hierarchie angesiedelt sind. Unser Status, Habitus und Erfolg schützen uns davor nicht.

Wann werden welche Menschen wie und warum von der Polizei kontrolliert? Eine offizielle Statistik darüber gibt es nicht. Genaue Zahlen zu diskriminierender und rassistisch motivierter Polizeikontrolle in Deutschland fehlen zwar, jedoch gibt es detaillierte Erhebungen über Kontrollaktivitäten im Ausland, die zu dem Ergebnis kommen, dass ethnische Minderheiten häufiger von der Polizei angehalten werden. 2010 wurde ein dunkelhäutiger deutscher Student in einem Zug zwischen Kassel und Frankfurt nach seinen Papieren gefragt.[50] Als er die Bundespolizisten nach dem Grund fragte, sagten sie ihm ins Gesicht, dass sie ihn kontrollieren, weil er schwarz sei. Dabei gab es weder zusätzliche Anhaltspunkte noch einen Hinweis auf eine Straftat, nur seine Hautfarbe. Das Verhalten der Polizisten war rechtswidrig, was 2012 auch das Oberverwaltungsgericht Koblenz entschied: Kontrollen der Bundespolizei aufgrund der Hautfarbe verstoßen gegen das Diskriminierungsverbot.

Jetzt lässt sich argumentieren, dass sich diese Diskriminierung in der Technologie fortschreibt und – noch schlimmer – skaliert. Genau hier braucht es Reflexion und Intervention, um Technologien so zu gestalten, dass sie nicht zu noch mehr Ausgrenzung ohnehin schon marginalisierter Gruppen beitragen. Denn dadurch kann Technologie dystopische Ausmaße annehmen und den Zusammenhalt unserer Gesellschaft gefährden.

Für mich persönlich mutet es wie ein Albtraum an, mit Gesichtserkennung im öffentlichen Raum überwacht zu werden. Jeder einzelne Schritt ist nachvollziehbar und kann in einem Protokoll zusammengefasst werden. Ich bin ein Datensatz in einer Datenbank, auf welche die Regierung jederzeit zugreifen kann. Zwar sinkt die Kriminalitätsrate, da bestimmte Angriffe abgewendet werden können, jedoch steigt auch das Unwohlsein der Menschen, da sie sich ihrer Freiheit beraubt sehen.

98

Wenn ich schon durch Gesichtserkennung fälschlicherweise als kriminell eingestuft werde, dann werde ich nicht nur ausgegrenzt, sondern auch noch verstärkt überwacht. Egal, wohin ich mich bewege, werden meine Schritte von Kameras erfasst und ein Protokoll meiner Aktivitäten – sei es im öffentlichen Raum oder im Netz zusammengeführt – erstellt. Diese können gegen mich verwendet werden, weil ich einer Suchmaschine gegenüber ehrlicher bin als meinen Mitmenschen – schließlich wähne ich mich durch die Anonymität des Netzes in Sicherheit. Das stellt sich nun als Fehler heraus: Ich werde nicht nur kontrolliert, sondern auch kriminalisiert.

Das Ganze erinnert mich an George Orwells Roman *1984*, der die Dystopie eines totalitären, repressiven Überwachungsstaates aufzeigt. Und was wir aus der Geschichte der Menschheit gelernt haben, ist, dass Menschen auf die Straße gehen, um zu protestieren. Sie erkämpfen sich ihre Freiheit. Und Freiheit bedeutet immer auch, etwas aufzugeben – seien es gewisse Privilegien oder Beziehungen –, um für etwas zu kämpfen, was größer ist als das Individuum.

Die Kraft des Kollektivs wird in einer individualistischen Gesellschaft vollkommen unterschätzt. In der Zeit von Social Media beziehen wir aus dem Netz nicht nur Inspiration für Kochrezepte, Urlaubsziele oder Modetipps, sondern auch Informationen. Jüngere Menschen beziehen ihre Nachrichten heutzutage eher von Plattformen wie Instagram, TikTok oder Snapchat. Leider zirkulieren auf diesen Kanälen auch Desinformationen in Form von Fake News und Verschwörungserzählungen.

Der US-amerikanische Komiker und Schauspieler Sascha Baron Cohen geht sogar so weit, zu behaupten, all dieser Hass und diese Gewalt werde von einer Handvoll Internetunternehmen gefördert, die die größte Propagandamaschine der Geschichte darstellen.[51] Und tatsächlich stellt sich die Frage, wie ethisch es hinter den Kulissen zugeht.

Verheerende Konsequenzen für die Tech-Branche

Der Einsatz von Technologie, die den Menschen diskriminiert oder seiner persönlichen Freiheit beraubt, kann sowohl für den Menschen als auch für die Technologie verheerend sein. Es geht damit ein Imageverlust einher, der zu Schwierigkeiten bei der Gewinnung neuer Talente führt. Darüber hinaus ist mit Umsatzeinbußen zu rechnen, da bestimmte Technologien durch den steigenden Druck der Öffentlichkeit am Markt nicht bestehen werden.

Wenn das betroffene Unternehmen an der Börse notiert ist, sind die finanziellen Folgen noch drastischer: Private Equity- und Hedgefonds-Firmen wie auch Investoren an der Börse beobachten den Markt, und negative Medienschlagzeilen haben einen unmittelbaren Einfluss darauf, wie Unternehmen an der Börse bewertet werden.

Angesichts der hohen Forschungs- und Entwicklungskosten stellt sich also die Frage, ob die Aspekte von Datenethik nicht hätten mitgedacht werden müssen – statt sie als nachgelagerte Probleme zu behandeln. Denn ein solches Verhalten der Konzerne führt zum Vertrauensverlust bei den Nutzern.

Digitale Fließbandarbeit: Wie wir technologischen Fortschritt auf Kosten der Ärmsten erreichen

Jedes Mal, wenn wir angezeigt bekommen, Bilder zu erkennen, um zu bestätigen, dass wir kein Roboter sind, trainieren wir den Algorithmus von Google zur Bilderkennung. Wir erledigen sogenannte Klickarbeit.

Diese Klickarbeit ist der Hauptverdienst nicht weniger Menschen, die in Entwicklungsländern leben. Die Tätigkeit kann unterschiedlich aussehen: Es werden gemeldete Inhalte auf Social-Media-Plattformen geprüft. Oder Eingabedaten wird ein Label zugewiesen, damit diese für das Trainieren von Machine-Learning-Modellen verwendet werden können. Das hört sich erst einmal gar nicht so schlimm an, bloß handelt es sich bei diesen Inhalten nicht um niedliche Selfies, sondern um Darstellungen, die gegen Richtlinien verstoßen – aufgrund von Gewalt, Sexismus und Rassismus. Dies ist ein Teil der KI-Industrie, über die viel zu wenige Menschen sprechen, der jedoch eine wesentliche Rolle bei den Bemühungen spielt, KI-Systeme für den öffentlichen Konsum sicher zu machen.

Ein Grund, warum darüber so wenig berichtet wird, ist das Bemühen der Tech-Industrie, diese Abhängigkeit zu verbergen, da es nicht zum Narrativ passt, dass Technologie für Effizienzgewinne verantwortlich ist. Sich vorzustellen, dass es zur KI-Entwicklung eine Horde von Menschen für manuelle Klickarbeit braucht, passt nicht in das gängige Bild.

So hat Facebook gezeigt, wie eine KI entwickelt werden kann, um Hassrede zu erkennen, sodass sie von den Plattformen entfernt werden kann. Man fütterte eine KI mit markierten Beispielen von Gewalt, Hassreden und sexuellem Missbrauch, und das Tool konnte lernen, diese Formen von Toxizität zu erkennen.

Ein ähnlicher Detektor wurde in ChatGPT eingebaut, um zu prüfen, ob er die Giftigkeit seiner Trainingsdaten widerspiegelt, und sie herauszufiltern, bevor sie Nutzer erreicht. Dieser Detektor hilft dabei, schädliche Texte aus den Trainingsdaten zukünftiger KI-Modelle herauszufiltern.

In seinem Bestreben, ChatGPT weniger giftig zu machen, setzte OpenAI ausgelagerte kenianische Arbeiter ein, die weniger als 2 Dollar pro Stunde für ihre Klickarbeit bekommen – wie eine TIME-Recherche ergab.[52]

Um seinen Chatbot vom Hass des Internets zu befreien, beauftragte OpenAI das Unternehmen Sama. Sama ist ein in San Francisco ansässiges Unternehmen, das Arbeiter in Kenia, Uganda und Indien beschäftigt, um Daten für Kunden wie Google, Meta und Microsoft zu kennzeichnen. Sama vermarktet sich selbst als

»ethische KI«-Firma und behauptet, mehr als 50.000 Menschen aus der Armut geholfen zu haben.

Ab November 2021 schickte OpenAI Zehntausende von Textfragmenten an Sama. Viele dieser Texte stammten aus den dunkelsten Ecken des Internets, wo Situationen wie sexuelle Gewalt an Kindern, Bestialität, Mord, Selbstmord, Folter, Selbstverletzung und Inzest detailliert beschrieben wurden. Und genau diese verstörenden Textfragmente mussten die Klickarbeiter einzeln durchgehen und kategorisieren, damit ein KI-gestützter Sicherheitsmechanismus gegen gewalttätige, sexistische und rassistische Äußerungen entwickelt werden kann. Denn die KI war mit Milliarden Wörtern aus dem Internet trainiert worden – das leider voller Bosheit ist, wie wir wissen. Es gab zunächst keine einfache Möglichkeit, die Trainingsdaten zu bereinigen – deshalb mussten die Klickarbeiter eingesetzt werden. Nur so konnte OpenAI den Schaden eindämmen und einen alltagstauglichen Chatbot erstellen.

Wir sehen erneut: KI bildet Realität ab, ganz ohne Wertung und ganz ohne Filter. KI übernimmt den Hass, der im Internet kursiert. Und was macht der reiche globale Westen, um dem zu begegnen? Es ist einfach nur erschreckend, wie wir KI-Durchbrüche im Westen feiern, während Menschen unter prekären Bedingungen in dieser Schattenindustrie im globalen Süden tätig sind. Sie müssen für wenige Dollar traumatisierende Inhalte durchgehen, die für die Psyche eigentlich unzumutbar sind. Das Argument, dass wir Arbeitsplätze schaffen und diesen Klickarbeitern aus der Armut verhelfen, ist einfach nur schwach. Wie können wir diese Menschen Dingen aussetzen, die für uns im globalen Norden und Westen unzumutbar wären?

Es ist höchst ironisch, geradezu höhnisch, dass sich Firmen wie Sama das Label »ethische KI« zunutze machen. Unternehmen müssen sich ihrer Verantwortung bewusst sein und können das psychische Leid von Menschen nicht mit dem technologischen

Durchbruch als Erfolg legitimieren. Ohne moralischen Kompass ist das Zusammenleben in der digitalen Welt nicht lebenswert.

Ethik, Moral und Verantwortung – auch das noch?

Wie kommt es zu krassen Fällen wie jenen von OpenAI und Sama, aber auch bei großen Tech-Konzernen?

Auch wenn es vielleicht nicht auf den allerersten Blick ersichtlich ist: Dieses Thema zahlt auf das Diversitätsproblem von Tech-Unternehmen ein. Der Grund, warum wir solche Schlagzeilen ständig sehen, ist das fehlende Bewusstsein oder mangelnde Priorität für Tech-Unternehmen, die sich stark auf Profitmaximierung und Entwicklungsgeschwindigkeit fokussieren. Ethik, Nachhaltigkeit oder Fairness nehmen zu wenig Raum in den Organisationen ein und werden bestenfalls als Zuckerstreusel auf der Gewinnmaximierungstorte betrachtet.

Viele Unternehmen haben das Gefühl, dass ihr Teil der Arbeit getan ist, wenn sie am Internationalen Weltfrauentag oder Pride Day eine öffentlichkeitswirksame Kampagne launchen. Das ist zwar alles schön und gut, um Bewusstsein für die Problematik zu schaffen. Allerdings müssten weitere Schritte eingeleitet werden, um die Organisation von innen heraus zu verändern.

Wenn wir nur mehr Frauen in die Tech-Teams einstellen, wird es das Problem alleine nicht lösen. Wir brauchen nicht zwangsläufig ein diverses Tech-Team, um inklusive Technologien zu entwickeln. Wenn Methodiken wie Bias Detection eingeführt werden, können wir einen algorithmischen Bias verhindern. Jedoch ist die Chance, dass wir algorithmische Fairness stärker im Team diskutieren und forcieren, höher, wenn wir im Team unterschiedliche Personen haben, die ihre Perspektiven einbringen und damit auch die Vielfalt der User und ihrer Interessen widerspiegeln.

Es ist aber nicht nur die Diversität der Geschlechter, der Ethnien oder Religionen, die wir beachten müssen. Wir brauchen auch interdisziplinäre Teams, in denen unterschiedliche Fachdisziplinen von Politikwissenschaften über Computerlinguistik bis hin zu Neurowissenschaften zusammenwirken. Beispielsweise hätte die Entwicklung der Gesichtserkennung davon profitiert, wenn Ethnologen, Psychologen und Philosophen miteinbezogen gewesen wären. So hätte man z. B. berücksichtigen können, dass Personen aus unterschiedlichen Regionen andere Gesichtsausdrücke zur Kommunikation verwenden oder Menschen je nach kultureller Prägung unter Stressbedingungen unterschiedlich reagieren.

Ethische KI: Ein langer Weg mit Hoffnungsschimmern

Haben wir aus den Fehlern der Vergangenheit gelernt? Mein persönliches Fazit lautet: Jein.

In all den Jahren, die ich in der Tech-Industrie tätig bin, habe ich noch nie von einem der Machine-Learning- oder Data-Science-Teams gehört, dass sie sich mit Biases beschäftigt oder proaktiv etwas unternommen hätten. Bias wird immer am Rande betrachtet. Es wird durchaus anerkannt, dass es ein wichtiges Thema ist. Aber dabei bleibt es auch.

Aufgrund der wirtschaftlich schwierigen Lage sehen sich Unternehmen auch genötigt, Kosten zu sparen. Und genau an dieser Stelle wird schnell gespart.

Darüber hinaus wird die Arbeit von KI-Ethik-Experten oder auch von Inclusive Tech als Charity gesehen. Ich erinnere mich noch daran, wie eine der größten Banken der Welt mich in meiner Zeit als Selbstständige anfragte, für ihr gesamtes Data-Science-Team aus mehr als 500 Personen weltweit einen Workshop zu geben. Als ich nach dem Honorar fragte, wurde mir erklärt, dass sie für so etwas kein Geld ausgeben könnten bzw. sich keine Abteilung bereit erklären wollte, die Kosten zu übernehmen – obwohl es ihrer Meinung nach wichtig sei. Und genau das ist das Problem: Jeder findet das Thema irgendwie wichtig, und als verantwortungsvoller Manager muss man sich damit auseinandersetzen – was im

Übrigen für die gesamte Belegschaft gilt –, aber niemand möchte dafür Geld ausgeben. Das Thema ist ja eher »soft« im Vergleich zu einer IT-Beratung, die eine KI-Strategie entwickelt. Warum sollte nur für die KI-Strategie, aber nicht für die KI-Ethik-Strategie bezahlt werden? Oder anders gefragt: Warum wird KI-Ethik nicht von Anfang an in der KI-Strategie mitgedacht? Wenn Unternehmen hier nicht ihre Einstellung ändern, werden wir weiterhin mit Negativschlagzeilen und Misstrauen konfrontiert sein.

Gewinnziele sind ungeachtet der negativen Presse immer noch wichtig. Zwar wurde die Gesichtserkennung von Amazon und weiteren Firmen vom Markt genommen, aber das hält die Konzerne nicht auf, einen zweiten Anlauf zu wagen. Venture-Capital-Firmen, die sich an jungen Unternehmen mit Risikokapital beteiligen, investieren wieder verstärkt in Gesichtserkennung, da es sich um einen Milliardenmarkt handelt.

Es gibt allerdings durchaus Lichtblicke, nämlich Unternehmen, die sich proaktiv mit KI-Ethik auseinandersetzen und hierfür auch Ressourcen einplanen. Dazu gehört die Online-Jobplattform StepStone, die sogar eine Data Ethics Managerin hat, die sich dem Thema dezidiert widmet und gemeinsam mit dem Product-Technology-Team arbeitet[53]. Und auch Meta hat zahlreiche Maßnahmen ergriffen, bei denen sie auf Datentransparenz setzen und den Usern die Kontrolle über ihre Daten geben.[54]

Wie Technologie Diskriminierung bekämpfen kann

Wir dürfen bei dieser Debatte nicht vergessen, dass wir mithilfe von Technologie Ungerechtigkeiten, die in unserer Gesellschaft Realität sind, aufdecken und dagegen vorgehen können. Daher soll an dieser Stelle einmal die Utopie wirksam werden, indem wir fragen: Was kann Technologie Gutes tun? Wo kann sie unsere Lebenswelten verbessern? Wo kann sie Ungerechtigkeiten aufdecken und beheben? Was kann FairTech?

Keine Wohnung für Fatima

Rassistische Diskriminierung auf dem Wohnungsmarkt ist Alltag in Deutschland. Jeder dritte Mensch mit Migrationshintergrund wird laut einer Umfrage der Antidiskriminierungsstelle auf dem Mietmarkt rassistisch diskriminiert.[55]

Mithilfe von Technologie können wir aufdecken, an wen ein Vermieter oder eine Wohnungsgesellschaft Immobilien vermietet oder verkauft. Werden dort alleinstehende Männer bevorzugt, werden Wohnungen ungern an alleinerziehende Frauen oder Menschen mit nicht deutsch klingenden Namen vergeben? Eine solche Auswertung könnte helfen, Muster im Entscheidungsverhalten zu erkennen und sogar Vermieter zur Verantwortung zu ziehen.

Weibliche Expertise? Fehlanzeige

Frauen tauchen in der öffentlichen Sphäre kaum als Expertinnen auf, insbesondere in den Medien. Genau deshalb hat das schweizerische Verlagshaus Ringier die EqualVoice-Initiative ins Leben gerufen,[56] die mittels einer KI-basierten Technologie den prozentualen Anteil von Frauen, die in Form von Bildern im Artikel vorkommen, wie auch die Nennung weiblicher Namen im Textkorpus oder Titel berechnet. Ziel ist es, die Repräsentanz von weiblichen Expertinnen zu erhöhen. Und genau solche Maßnahmen zeigen, wie es richtig funktioniert, wenn Technologie zum Wohle der Menschen eingesetzt wird, indem KI-Ethik priorisiert wird.

Warum ein Zeigefinger gegen Big Tech uns nicht weiterhilft: Perspektivwechsel mit KI-Expertin Kenza Ait Si Abbou

Um die Perspektive von Big-Tech-Unternehmen und ihren Versäumnissen nachzuvollziehen, spreche ich mit Kenza Ait Si Abbou, KI-Expertin und Publizistin. Ich möchte von ihr erfahren,

106

warum Big-Tech-Unternehmen, die über talentierte Mitarbeitende, hohe Entwicklungsbudgets und skalierbare Infrastrukturen verfügen, furchterregende Schlagzeilen rund um diskriminierende Algorithmen hinnehmen und was sie aus den Fehlern der Vergangenheit gelernt haben.

Sie berichtet mir, dass drei zentrale Gründe zu diesen Ergebnissen geführt haben:

Die Änderung des Entwicklungsprozesses vom Wasserfallmodell zu userzentrierter Produktentwicklung

Kenza Ait Si Abbou erzählt mir, dass es in ihrer Anfangszeit lange Planungsphasen gab, wo alle Eventualitäten geprüft wurden. Mittlerweile gebe es dieses Wasserfallmodell für die Entwicklung weniger, da inzwischen alles agil ist. Das bedeute vor allem, dass die Art und Weise, wie Software entwickelt wird, sich fundamental ändert. Es werden Sachen ausprobiert, um dann festzustellen: O nein, das läuft doch nicht so gut. Und da sind ja auch die User. Auf einmal müsse man sich Gedanken um soziologische Aspekte machen, die bisher nicht wirklich Bestandteil der Softwareentwicklung waren. Und dann merke man im Live-Betrieb: Es gibt tatsächlich so etwas wie Diskriminierung durch Algorithmen.

Sie atmet erleichtert auf und erklärt mir, dass dies inzwischen gestoppt und korrigiert wurde und es inzwischen Tools gebe, um den Bias in den Daten zu identifizieren. Man könne diesen Bias im Modell, in den Algorithmen und auch im laufenden Betrieb kontinuierlich identifizieren und neutralisieren. Auch die Big-Tech-Unternehmen beteiligen sich daran und stellen Tools zur Erkennung von Biases der Open Source Community zur Verfügung. Dies ist nur kommerziell und für alle KI-Entwicklerinnen frei verfügbar.

KI als Symptombehandlung, aber nicht Bekämpfung der Ursache, die auf strukturelle Probleme innerhalb unserer Gesellschaft zurückzuführen ist

Der Ursprung der Diskriminierungen kommt ja nicht von der KI, sondern von den Menschen. D. h.: Indem wir Tools bauen, den Bias identifizieren und Metriken entwickeln und testen, um diesen Bias zu neutralisieren, behandeln wir nur die Symptome, nicht die Ursache. Die Bekämpfung der Ursache bleibt weiterhin eine gesellschaftliche Aufgabe. Hier bringt uns die KI sogar eine Chance, weil sie darauf aufmerksam macht. Es wird uns ein Spiegel vor Augen gehalten, wie die Gesellschaft funktioniert und wie sie nicht gut funktioniert, und in der Vergrößerung, weil die KI Lösungen so schnell skaliert, merken wir jetzt, dass das Thema wichtig ist. Wir müssen uns darum kümmern und ein gesellschaftliches Bewusstsein dafür schaffen, dass Rassismus ein strukturelles Problem ist und dass Gleichberechtigung immer noch nicht erreicht wurde. Es sind keine soften Faktoren mehr, sondern klar erkennbare strukturelle Probleme, die wir beseitigen müssen.

Die fehlende Interdisziplinarität der Softwareentwicklung

Darüber hinaus, so Kenza Ait Si Abbou, müsse man berücksichtigen, wie Software entwickelt wird. In der Vergangenheit wurden Anforderungen unterschiedlicher Abteilungen wie Marktforschung, Vertrieb und Marketing als Lastenheft zusammengetragen, und die Softwareentwicklung hat diese Anforderungsspezifikation nacheinander abgearbeitet. Diese Lastenhefte gehören in vielen Organisationen der Vergangenheit an und wurden durch Backlog und Storys ersetzt. Mit der KI, so Kenza, wurde festgestellt, dass dieser Prozess nicht ausreiche. Und darüber solle man sich nicht wundern und die Data Scientists und Entwicklerinnen dafür verantwortlich machen. Diese mussten sich nie Gedanken zu dem Thema machen, weil es nie zum Berufsbild gehört habe.

Entsprechend fordert Kenza einen Diskurs zwischen Geisteswissenschaften und Tech. Es braucht Zeit und Druck für diese Veränderung, das werde nicht von heute auf morgen passieren. Es müsse auch eingesehen werden, dass zusätzliches Geld in die Hand genommen werden muss, um Leute einzustellen, die bisher überhaupt nicht im Budget von einem Tech-Unternehmen einkalkuliert waren. Konkret brauche es mehr Interdisziplinarität in der Entwicklung – Linguistik, Psychologie, Neurowissenschaft, Wissenssoziologie müssten einbezogen werden, damit die Mensch-Maschinen-Interaktion ethisch gestaltet werden kann.

Kenza erklärt mir, dass es nicht einfach sei, für eine Abteilung solch eine Expertin einzustellen, da bei Ausgaben immer ein direkter Return on Investment erwartet wird, der gegenüber dem höheren Management nachgewiesen werden muss. Wenn sie einen Anthropologen einstellen wolle, bräuchte sie hierfür ein Budget für eine neue Kostenstelle. Auch wenn sie es selber als sinnvoll erachtet, muss dies vom Top-Management nicht so betrachtet werden. Diese Veränderung müsse von ganz oben angestoßen werden und nicht als unbeliebte Notwendigkeit gesehen werden.

Der Mensch bestimmt die Zukunft von Tech

Letztendlich hängt es von uns Menschen ab, ob wir Technologie verwenden, um Diskriminierung zu bekämpfen oder zu verstärken. Der Informatiker Oren Etzione sagte einmal: »AI is neither good or evil. It's a tool. It's a technology for us to use.«[57]

Daten bilden unsere Realität ab, und wir haben die Möglichkeit, Ungleichheiten aufzudecken oder diese zu reproduzieren, indem sie in der Technologie manifestiert werden.

Aktuell gibt es kaum Regularien in diesem Bereich, der noch in den Kinderschuhen steckt. Es braucht mehr Aufklärung zum bewussten Umgang mit KI und insbesondere Technologiekompetenz.

Kapitel 5 | Diskriminierung statt Effizienz: Wenn KI im Recruiting falsch entscheidet

Während meiner Bewerbungen um verschiedene Positionen wurde mir bewusst, dass Recruiting-Software und Algorithmen hinter den Kulissen darüber mitbestimmen, ob ich überhaupt die Chance erhalte, mich persönlich vorzustellen. Es fühlt sich oft so an, als ob meine Identität und Herkunft schon im Voraus als weniger vielversprechend eingestuft werden, bevor ein Mensch überhaupt meine Fähigkeiten und Erfahrungen in Betracht ziehen kann.

Es ist beunruhigend zu wissen, dass meine Bewerbungen möglicherweise nicht einmal von echten Personalverantwortlichen gesichtet, sondern von Algorithmen aussortiert werden, die bestimmte Muster und Merkmale bevorzugen oder benachteiligen. Diese Erfahrungen haben mich dazu gebracht, die Rolle und Auswirkungen von Technologie im Arbeitsmarkt kritisch zu hinterfragen.

Wir reden oft über die Jobs von morgen, aber wer verschafft uns Zugang zu diesen Jobs? Wer entscheidet eigentlich darüber, ob die vakante Position von einer Frau oder einem Mann, einem jüngeren oder älteren Menschen, einer Person mit Migrationshintergrund oder nicht besetzt wird? Wie bereits im vorigen Kapitel beschrieben: Es ist nicht die Jobbeschreibung, nicht der oder die künftige Vorgesetzte, es ist nicht einmal die Personalleitung. Oftmals, und je größer das Unternehmen, desto häufiger, entscheidet eine Recruiting-Software mit darüber, welchen Job wir ergreifen können – oder eben auch nicht.

Dabei geht es bei Arbeit nicht nur um unsere Existenz, die Absicherung unserer materiellen Lebensumstände, das Überleben. Es geht auch um Identität, Chancen und Lebensqualität. Unsere Lebenserfahrung, Gefühle und Perspektiven machen uns Menschen aus. Als solche wollen wir auch in einem Recruitingprozess wahrgenommen werden, neben unseren fachlichen Qualifikationen, Berufserfahrung, Motivationen. Dafür braucht es ein empathisches Gegenüber, das uns in unserer fachlichen ebenso wie unserer menschlichen Qualifikation erkennt und einschätzt: Passt diese Person in unser Team, an die Position, für die sie sich bewirbt? Was aber passiert, wenn eine Maschine den Recruitingprozess in die Hand nimmt? Da die KI nur so klug sein kann wie die Daten, mit denen sie programmiert wurde, ist sie notwendigerweise rückwärts gerichtet – man könnte auch sagen: erfahrungsgesteuert – und damit innovationsfeindlich. Ein Unternehmen, das in der Vergangenheit stets Menschen unter dreißig eingestellt hat, bekommt von der KI ebensolche vorgeschlagen, während Bewerber über dreißig aussortiert werden. Ebenso klar sortiert die KI nach vielen weiteren Merkmalen wie Geschlecht, Wohnort oder Sprachkenntnissen aus. Eine Maschine hingegen kann dies anhand von Mustern in bestimmten Fällen erkennen, aber nie nachempfinden.

Auch können wir Menschen Vorurteile entwickeln, die nicht nur unser individuelles Handeln, sondern auch das Kollektiv beeinflussen. Ohne dass es mir bewusst ist, kann ich meine südländischen Kollegen als herzlich, aber faul empfinden. Oder ich sehe Asiaten als fleißige Arbeiter an, aber keine Führungsqualitäten in ihnen. Genau das sind Vorurteile, die ich unbewusst haben mag, ohne diese zu reflektieren: Unconscious Bias. Diese kognitiven Wahrnehmungsverzerrungen, derer wir uns nicht bewusst sind, entstehen aufgrund von Stereotypen und von gesellschaftlichen Prozessen der Diskriminierung. Sie machen mich nicht per se zu einem Rassisten oder schlechten Menschen. Vielmehr müssen wir uns bewusst werden, dass wir in einem diskriminierenden System

III

aufwachsen und viele Faktoren unser Denken prägen – sei es die Erziehung durch das Elternhaus, die mediale Berichterstattung über Minoritäten oder die gesellschaftliche Stimmung. Und jedes Mal müssen wir unsere eigenen Vorurteile hinterfragen, um uns nicht von ihnen blenden zu lassen.

Vorurteile haben den Zweck, uns von anderen abzugrenzen. Sie erzeugen jedoch auch eine Art Bindung innerhalb der Gruppe, die andere ausschließt. Zudem steigern sie das Selbstwertgefühl derjenigen, die sich durch Vorurteile über andere erheben. Dies ist einer der Gründe, warum Vorurteile in Menschen verankert werden. Auf den ersten Blick bieten Vorurteile denjenigen, die sie haben oder übernehmen, gewisse »Vorteile«: Zugehörigkeit zu einer Gruppe, extrem vereinfachte Meinungsbildung, Orientierung, Gefühl der Zusammengehörigkeit und Überlegenheit gegenüber denjenigen, die herabgesetzt werden. Natürlich ist dies eine sehr oberflächliche Betrachtung, aber sie zeigt, warum wir Menschen anfällig für Vorurteile sind.

Seit jeher beschäftigt mich die Frage, ob Technologie für mehr Chancengerechtigkeit sorgt oder diese sogar verhindert, wenn es um die Frage von Arbeit geht. Da ich die unterschiedlichsten Erfahrungen gemacht habe, geht mir diese Frage nicht mehr aus dem Kopf.

Heutzutage liest sich mein Werdegang wie eine klassische Aufstiegsgeschichte, aber meine berufliche Laufbahn war alles andere als einfach. Als Quereinsteigerin in der Tech-Industrie musste ich viele Hürden überwinden, und es hat lange Zeit gedauert, bis ich mich als Expertin in meiner Branche etabliert hatte. Es ist noch nicht so lange her, dass ich trotz guter Qualifikation und Praxiserfahrung manchmal keine Einladung zum Bewerbungsgespräch erhielt. Entweder bekam ich eine Absage oder gar keine Rückmeldung auf einige meiner Bewerbungen. Bei Nachfragen reagierten manche der Recruiter verwundert, dass ich so gut Deutsch sprach. Dann wurde mir klar, dass aufgrund meines komplizierten Nachnamens – trotz Angabe meiner muttersprachlichen Deutschkenntnisse, deutscher Staatsbürgerschaft und meines Werdegangs in Deutschland – angenommen wurde, dass ich kein Deutsch sprach. Ein Recruiter für Top-Führungspositionen gab mir den – womöglich gut gemeinten – Tipp, dass ich unbedingt ein Foto mitliefern müsse, damit ja niemand auf die Idee käme, dass ich »eine dieser Kopftuchträgerinnen« sei.

Und diese Vorurteile, die mir begegnet sind, waren keine Einzelfälle. Die Ökonomin Doris Weichselbaumer von der Universität Linz führte ein Experiment durch: Sie verschickte 1.474 fiktive Bewerbungen an Unternehmen in Deutschland.[58] Dabei bewarb sie sich abwechselnd mit einem deutschen und einem türkischen Namen und variierte bei den Bewerbungsbildern derselben Frau, indem sie mal eins mit, mal ohne Kopftuch verwendete.

Das Ergebnis war erschreckend, aber nicht überraschend: Die fiktive Deutsche Sandra Bauer wurde in 18,8 Prozent der Fälle zum Vorstellungsgespräch eingeladen, die fiktive Türkin Meryem Öztürk in nur 13,5 Prozent der Fälle – bei gleicher Qualifikation. Wenn die fiktive Türkin auf dem Bild ein Kopftuch trug, sank die Rate von 13,5 Prozent auf 4,2 Prozent. Dabei wurde das Kopftuch eher modern gebunden, sodass sowohl das Gesicht als auch der Hals gut sichtbar waren, um zu signalisieren, dass die Bewerberin nicht streng religiös ist. Ob das Unternehmen national oder international tätig war, spielte übrigens keine Rolle.

Eine weitere Beobachtung: Je höher der berufliche Status, desto größer ist die Diskriminierung. Ungeachtet ihrer Qualifikationen werden laut einer Studie Musliminnen für Positionen mit höherem Qualifikationsniveau weniger häufig in Betracht gezogen. Weichselbaumer kritisiert, wie muslimische Migrantinnen im Arbeitsmarkt behandelt werden: »Es wird oft angenommen, dass die Arbeitsmarktposition von muslimischen Migrantinnen das Ergebnis fehlender Bildung, Arbeitserfahrung und Hingabe ist. In diesem Versuch hatten die Migrantinnen die exakt gleichen

Qualifikationen wie die Bewerberinnen ohne Migrationshintergrund.«

Wenn Menschen Bewerbungen vor sich haben, urteilen sie nach Qualifikation, Arbeitserfahrung und Abschlüssen, aber auch nach Namen, Aussehen und Herkunft. Kann eine KI-getriebene Recruiting-Software eine Lösung sein, um Diskriminierung zu bekämpfen – oder kann sie sie sogar verstärken? Weiter gefragt: Wie entsteht die Diskriminierung durch Algorithmen in der Personalauswahl, und was muss sich ändern, damit wir sie verhindern?

KI als Allheilmittel für überarbeitete Recruiterinnen

Menschen und die Talente, die sie in eine Organisation einbringen, sind die wichtigsten Zutaten für den Erfolg eines Unternehmens. Um die richtige Person einzustellen, braucht es Fingerspitzengefühl und vor allem menschliche Erfahrung. Künstliche Intelligenz ist noch nicht bereit, den Menschen in diesem wichtigen Prozess zu ersetzen. Sie kann jedoch ein nützliches Instrument sein, um den Zeitaufwand für sich wiederholende und banale Aufgaben zu verringern, die einen Großteil der Zeit eines Personalverantwortlichen in Anspruch nehmen. Die Technologie kann nahtlos in den Einstellungsprozess integriert werden, indem Software eingesetzt wird, die die Planung von Vorstellungsgesprächen verwaltet, oder indem der Bewerbungsprozess automatisiert wird, wenn KI verwendet wird, um Lebensläufe auf Schlüsselwörter zu prüfen.

Anhand von Schlüsselwörtern wie »Projektleitung« oder »Microsoft Office« kann festgestellt werden, ob die notwendigen Fähigkeiten und Erfahrungen für das Anforderungsprofil vorhanden sind. Darüber hinaus kann herausgefunden werden, ob eine Kandidatin für eine andere Stellenausschreibung (das sogenannte Talent Rerouting) oder ob bestehende Mitarbeitende hier in Frage kommen (internes Job-Matching). Dabei muss man sich die Kandidatin mit ihren Skills wie ein Produkt mit Eigenschaften vorstellen. Je spezifischer die Produktbeschreibung, desto besser kann das Produkt einer geeigneten Kategorie zugeordnet werden. Ähnlich ist es mit Jobs: Je mehr Informationen ich aus dem Lebenslauf entnehmen kann, desto besser kann die Software einen geeigneten Job im Portal finden und entsprechend matchen.

Bei einer Belegschaft von mehreren tausend Personen und dem Druck, Stellen zeitnah zu besetzen, ist das hohe Interesse, diesen Prozess zu automatisieren, verständlich. Laut einer Studie des Personaldienstleisters Preptel werden ganze 75 Prozent der Lebensläufe nicht einmal von menschlichen Augen gesehen.[59] Stattdessen durchlaufen sie den Scanner einer Software, die als Applicant Tracking System bekannt ist. Das Applicant Tracking System (kurz: ATS) ist eine Software, die Unternehmen bei der Verwaltung von Bewerbungen unterstützt. Es erfasst und organisiert Bewerbungsunterlagen elektronisch, analysiert relevante Informationen wie Qualifikationen und Erfahrungen. Dadurch ermöglicht es eine effiziente Vorauswahl von Bewerbern. Allerdings kann es vorkommen, dass Bewerber übersehen werden, wenn sie nicht die richtigen Schlüsselwörter oder Formatierungen verwenden.

Bis zu 40 Prozent der Zeit eines Personalverantwortlichen kann mit der Eingabe von Daten in ein ATS oder das Sortieren von Lebensläufen verbracht werden.[60] Diese Zeit kann viel besser genutzt werden, um mit den Bewerbern in Kontakt zu treten, Beziehungen aufzubauen und die Kandidatenerfahrung zu verbessern. Also her mit der KI im Recruiting?

Das hört sich erst mal gut an, aber es gibt auch zahlreiche Probleme. Oft werden Personalverantwortliche mit dem neuesten und besten Trend bombardiert, der genauso schnell wieder verschwindet. So müssen sie sich auf einmal mit TikTok beschäftigen, damit Gen Z sie als Traum-Arbeitgeber wahrnimmt, am nächsten Tag mit der Entwicklung von Angeboten zur Menopause, um weibliche Führungskräfte zu unterstützen.

Es ist verständlich, dass Führungskräfte in der Talentakquise skeptisch gegenüber jeder Technologie sind, die verspricht, ihnen die Arbeit zu erleichtern und die Fähigkeiten ihres HR-Ökosystems zu verbessern. Durch ihre jahrelange Erfahrung haben sie ein Gespür dafür entwickelt, wo sie suchen und finden können, aber das kostet eben Zeit. Sie wollen sicher sein, dass jede Software, die eine ihrer Aufgaben automatisiert, genauso gute Arbeit leistet wie sie selbst. Und das ist nicht immer der Fall, wenn sie Recruiting-Software einsetzen, die mit KI betrieben wird.

Ich habe heute leider kein Foto und keinen Job für dich

Wer *Germany's Next Top Model*, auch bekannt als GNTM, schaut, kennt den berühmten Satz »Ich habe heute leider kein Foto für dich« von Model-Mama Heidi Klum, womit die Reise für die Kandidatinnen beendet ist. Heutige Bewerbungsprozesse fühlen sich manchmal genauso aufregend und nervenaufreibend an wie die ein oder andere GNTM-Challenge. Wie entscheiden Algorithmen im Recruiting, wer eine Runde weiterkommt? Eine KI, die maschinelles Lernen einsetzt, benötigt viele Daten, um zu lernen, wie man Lebensläufe so genau prüft, wie ein menschlicher Personalverantwortlicher. Dies kann mehrere Hundert bis mehrere Tausend Lebensläufe für eine bestimmte Stelle bedeuten.

Zwar verspricht KI für die Rekrutierung, unbewusste Voreingenommenheit zu reduzieren, indem Informationen wie Alter, Geschlecht und Ethnie eines Bewerbers ignoriert werden. Aber genau dies ist ein Widerspruch in sich: KI ist darauf trainiert, Muster aus vergangenen Verhaltensweisen zu erkennen, und dabei werden genau diese Informationen verwendet.

Stellen wir uns vor, ein Unternehmen verwendet ein KI-basiertes Bewerbungssystem, das behauptet, unbewusste Vorurteile zu minimieren. Nehmen wir an, es gibt historische Daten, die darauf hindeuten, dass Bewerber mit einem bestimmten ethnischen

Hintergrund in der Vergangenheit benachteiligt wurden. Das Unternehmen trainiert die KI mit diesen Daten, um sicherzustellen, dass zukünftige Entscheidungen auf objektiven Kriterien basieren und nicht von Vorurteilen beeinflusst werden. Jedoch hat die KI aufgrund des Trainings gelernt, dass Bewerber mit bestimmten Fähigkeiten, die oft in einer bestimmten Altersgruppe vorkommen, erfolgreich waren. Obwohl die KI offiziell keine Informationen zum Alter der Bewerber berücksichtigt, erkennt sie Muster und verknüpft bestimmte Fähigkeiten mit einem bestimmten Altersbereich. Dadurch werden Bewerber anderer Altersgruppen benachteiligt, obwohl dies nicht beabsichtigt war und das System vorgibt, frei von Vorurteilen zu sein.

Dieses Beispiel verdeutlicht, wie KI-gestützte Recruitingsysteme, obwohl sie den Anspruch haben, vorurteilsfrei zu sein, dennoch indirekt von vorhandenen Vorurteilen beeinflusst werden können, die in den Trainingsdaten versteckt sind.

Das bedeutet, dass jede menschliche Voreingenommenheit, die möglicherweise bereits im Rekrutierungsprozess vorhanden ist – selbst wenn sie unbewusst ist –, von der KI erlernt werden könnte, auch wenn sie offiziell nicht berücksichtigt werden soll.

Um zu vermeiden, dass bereits vorhandene Voreingenommenheiten reproduziert werden, muss sichergestellt werden, dass der Anbieter des Tools Maßnahmen ergriffen hat, um zu gewährleisten, dass die KI kontinuierlich auf Muster potenzieller Voreingenommenheit überwacht wird. Beispielsweise kann eine Voreingenommenheit entstehen, wenn in der Vergangenheit überwiegend Bewerber von der Hochschule München eingestellt wurden und der Algorithmus von den Trainingsdaten logischerweise gelernt hat, dass diese Kandidaten besonders erfolgversprechend sind. Die KI würde also Kandidaten mit diesem Merkmal bevorzugt vorschlagen.

Herausgefiltert und nicht eingeladen

Amazon ist nicht unbekannt, wenn es darum geht, Aufgaben zu automatisieren, die früher von Menschen erledigt werden mussten. Von der Optimierung von Empfehlungsmaschinen zur Steigerung der Verkaufszahlen über die Einrichtung von Geschäften ohne Kassierer bis hin zum Einsatz von Robotern in großem Umfang als Ersatz für menschliche Arbeitskräfte in seinen Lagern – der Tech-Gigant hat immer stark in die Automatisierung investiert.

Amazon und andere Unternehmen, die KI in die Personalbeschaffung integriert haben, streben an, den Prozess so weitgehend wie möglich zu rationalisieren. Bei der Automatisierung eines Prozesses, der auf Menschen basiert, werden aber die menschlichen Fähigkeiten wie Intuition oder der Beziehungsaufbau missachtet, da sie sich nicht einfach mechanisch reproduzieren lassen.

Reuters berichtet, dass Amazons KI attraktive Bewerber durch ein Fünf-Sterne-Bewertungssystem identifiziert.[61] Das Ganze funktioniert wie die Produktbewertungen von Käufern auf Amazon. Wer braucht schon so etwas wie Einfühlungsvermögen, wenn man fünf Sterne vergeben kann?

Laut eines vertraulichen internen Dokuments, das Recode vorliegt, experimentiert Amazon seit 2021 mit einer KI-Technologie, die möglicherweise einige Mitarbeitende ersetzen könnte.[62] Diese Technologie, bekannt als »Automated Applicant Evaluation« (kurz: AAE), soll Vorhersagen über den Erfolg von Bewerbern für bestimmte Stellen treffen und sie ohne Personalvermittler zu Vorstellungsgesprächen weiterleiten. Die AAE findet Gemeinsamkeiten zwischen den Lebensläufen erfolgreicher Amazon-Mitarbeitender und den Bewerbern für ähnliche Positionen. Frühere Versuche von Amazon, solch eine Technologie zu verwenden, wurden wegen Geschlechterdiskriminierung eingestellt.

Mit der AAE-Technologie bei Amazon entfällt eine zentrale

Aufgabe der Personalvermittler: die Bewertung und Auswahl von Bewerbern für Vorstellungsgespräche. Die Technologie nutzt Leistungsbeurteilungen aktueller Mitarbeitender, Lebenslaufinformationen und Online-Assessments, um Bewerber für ähnliche Positionen zu bewerten.

Laut eines internen Papiers von 2021 erzielt das Modell eine vergleichbare Genauigkeit wie das manuelle Verfahren, ohne negative Auswirkungen. Ursprünglich für medizinische Fachangestellte im Lagerbereich getestet, wird die Technologie nun auch bei der Auswahl von Bewerbern für Positionen in der Softwareentwicklung bis hin zu technischen Programmmanagern eingesetzt. Dies eröffnet die Möglichkeit einer zukünftigen umfassenden Anwendung im gesamten Unternehmen und zeigt auch, dass die fetten Zeiten in der Big-Tech-Industrie vorbei sind. Denn wenn die KI etwas günstiger und effizienter als der Mensch erledigen kann, warum braucht es hierfür den Menschen? Das ist ein legitimer Punkt, der nicht ignoriert werden darf.

Was wir allerdings bei der Debatte rund um KI im Recruiting vergessen, ist die Vorstufe und wichtige Komponente: das sogenannte Sourcing, also die Frage, wie und wo Unternehmen nach qualifizierten Kandidaten für offene Stellen suchen. Dazu gehört auch die gezielte Ansprache potenzieller Kandidaten über unterschiedliche Kanäle und die Ausspielung der passenden Jobanzeige. Wenn ich auf Instagram scrolle, dann kann mir eine Jobanzeige basierend auf meinen Interessen und meinem Standort angezeigt werden. Die Ausspielung dieser Jobanzeigen hat einen maßgeblichen Einfluss darauf, wie Menschen sich selbst und ihre Chancen wahrnehmen.

Um Talente zu gewinnen, nutzen viele Arbeitgeber algorithmische Anzeigenplattformen und Stellenbörsen, um die »relevantesten« Arbeitssuchenden zu erreichen. Diese Systeme, die den Arbeitgebern eine effizientere Nutzung der Einstellungsbudgets versprechen, machen aber oft sehr oberflächliche Vorhersagen: Sie sagen nicht voraus, wer in der jeweiligen Position erfolgreich sein wird, sondern wer am ehesten auf die Stellenanzeige klicken wird.

Diese Vorhersagen können dazu führen, dass Stellenanzeigen in einer Art und Weise geschaltet werden, die aufs Geschlecht und die ethnische Herkunft bezogene Stereotypen verstärkt, auch wenn die Arbeitgeber dies nicht beabsichtigen. In einer Studie der Northeastern University aus dem Jahr 2022 wurde herausgefunden, dass breit angelegte Anzeigen auf Facebook für Supermarktkassierer-Stellen einem Publikum von 85 Prozent Frauen gezeigt wurden, während Stellen bei Taxiunternehmen an ein Publikum gingen, das zu etwa 75 Prozent schwarz war.[63] Dies ist ein typischer Fall eines Algorithmus, der ohne menschliches Zutun Vorurteile aus der realen Welt reproduziert.

Personalisierte Jobbörsen wie ZipRecruiter hingegen erlernen automatisch die Vorlieben von Personalverantwortlichen, erstellen daraufhin Vorhersagen und nutzen diese, um ähnliche Bewerber anzusprechen.[64] Wie Facebook sind solche Empfehlungssysteme darauf ausgerichtet, Muster im Nutzungsverhalten zu finden und zu reproduzieren, sie aktualisieren die Vorhersagen dynamisch, wenn Arbeitgeber und Arbeitssuchende interagieren. Wenn das System feststellt, dass Personalverantwortliche häufiger mit weißen Männern interagieren, kann es durchaus Stellvertreter für diese Merkmale finden (wie z. B. den Namen Yama oder das Spielen von Fußball) und dieses Muster nachbilden. Diese Art von nachteiligen Auswirkungen kann ohne ausdrückliche Anweisung geschehen, und schlimmer noch, ohne dass es jemand merkt.

Die meisten Menschen denken bei Künstlicher Intelligenz im Recruiting nicht sofort an Sourcing-Algorithmen. Aber automatisierte Entscheidungen in diesem frühen Stadium des Einstellungsprozesses sind weit verbreitet. Sourcing-Algorithmen lehnen Bewerber vielleicht nicht offen ab, aber das Nicht-Informieren über eine Arbeitsmöglichkeit ist ein äußerst wirksames Hindernis für Menschen, die einen Arbeitsplatz suchen. Diese Tools mögen nicht immer für dystopische Schlagzeilen in den Medien sorgen, aber sie spielen eine entscheidende Rolle bei der Frage, wer überhaupt Zugang zu Einstellungsverfahren hat. Jeder sollte relevante Informationen über offene Stellen, Anforderungen, Prozesse und Möglichkeiten erhalten. Informationen sind ein Grundrecht, auf das jeder einen Anspruch hat.

Einen Lichtblick gibt es in dieser Debatte: Durch die Kritik an Sourcing-Algorithmen wurden Regulierungen eingeführt, um Bürgerinnen und Bürger vor potenziell unrechtmäßiger Diskriminierung bei Anzeigen für Wohnungs-, Arbeits- und Kreditangebote zu schützen. Dazu gehört auch, dass die Erhebung bestimmter persönlicher Daten wie Alter, Geschlecht und Standort beim Erstellungsprozess von Anzeigen und Lead-Ads zur Lead-Generierung im Facebook Messenger für Werbetreibende innerhalb Europas seit Dezember 2021 nicht mehr erlaubt ist.[65]

Warum KI im Recruiting keine Lösung ist

Die Betreiber von Recruiting-Software, die KI verwendet, werben mit dem Versprechen, dass durch den Einsatz ihrer Tools der Bias erheblich minimiert wird und Kandidaten mit diverserem Hintergrund wie Frauen oder Menschen mit Migrationshintergrund eingestellt werden. Die Wissenschaft hingegen kommt zu anderen Ergebnissen: Eine aktuelle Studie der Cambridge University warnt davor, dass der Einsatz von KI-basierten Recruiting-Tools den Bias nicht reduziert.[66]

Die Forschungsgruppe argumentiert, dass Anti-Bias-Maßnahmen in KI-Technologien für die Personalbeschaffung ein vorherrschendes Missverständnis darüber offenbaren, was Ethnie und Geschlecht sind und ob sie als isolierbare und entfernbare Attribute bei der Personalbeschaffung definiert werden können. Indem sie implizieren, dass ihre Produkte in der Lage sind, Geschlecht und Ethnie aus dem Einstellungsprozess auszumerzen, verschleiern die KI-Unternehmen, wie ihre Tools in geschlechtsspezifischen und rassistischen Machtverhältnissen funktionieren. Dieses Ausweichen behindert die Versuche, die Probleme der Voreingenommenheit bei Einstellungsprogrammen zu lösen und birgt erhebliche Risiken für Gruppen, die bereits unverhältnismäßig stark gefährdet sind, negative Auswirkungen durch den KI-Einsatz zu erfahren. Daher plädieren die Forschenden für ein anderes Verständnis davon, wie KI bei der Personalauswahl durch die Konstruktion idealer Kandidatenprofile in den Systemen von Geschlecht und Ethnie geprägt ist.

Es ist befremdlich zu wissen, dass eine Software darüber entscheidet, wie hoch meine Erfolgsaussichten auf eine Einladung zum Bewerbungsgespräch sind. Einen diskriminierenden Algorithmus kann ich viel schwerer bloßstellen als einen rassistischen oder sexistischen Personalverantwortlichen.

Schnell kommt das Plädoyer von anonymisierten Bewerbungsverfahren auf, aber das kann nicht die Lösung sein: Wenn wir unseren Namen, unser Geschlecht, Herkunft, Bildungsgang und ehemalige Arbeitgeber anonymisieren, wie hoch ist dann noch die Aussagekraft des Lebenslaufs? Und was ist, wenn ich gar nicht jemand bin, der diskriminiert, sondern als Arbeitgeber unterrepräsentierte Gruppen fördern möchte? Sind anonymisierte Bewerbungsverfahren dann nicht kontraproduktiv, da der »Struggle« verschleiert wird?

Auch werden anonymisierte Bewerbungsverfahren kein Mittel gegen Diskriminierung sein, sondern diese nur auf einen späteren Zeitpunkt verschieben: Spätestens wenn ich zum Bewerbungsgespräch eingeladen werde, kann ich Diskriminierung durch den Personalverantwortlichen ausgesetzt sein. Wir verschieben das Problem der Diskriminierung auf die Technologie, statt bei uns selbst anzufangen, denn wir sind das eigentliche Problem. Letztendlich müssen wir uns mit unseren Vorurteilen und Voreingenommenheiten auseinandersetzen. Keine Technologie dieser Welt kann uns das ersparen.

Wir haben es selbst in der Hand, wie inklusiv die Beschreibung von Stellenanzeigen ist, wie der Recruiting-Prozess gerecht gestaltet wird und wie divers der Talentpool ist. Technologie ist lediglich ein Werkzeug, aber keine Lösung für das eigentliche Problem, nämlich Diskriminierung.

Das war der Algorithmus, nicht ich: Die neue Ausrede im KI-Zeitalter

2030: Ich bewerbe mich für einen Job als Director Data Strategy bei einem Konzern. Nach langjähriger Erfahrung und Expertise bin ich endlich bereit für diesen Schritt. Wenig später erhalte ich eine Absage. Und ich frage mich: Wer hat mich wirklich abgelehnt – der Algorithmus oder die Recruiterin? Und wie kann ich einen Algorithmus bloßstellen, von dem ich nicht weiß, wie er funktioniert?

Diese Fragen stellen wir uns nicht im Jahr 2030, sondern schon jetzt.

Leider ist Diskriminierung durch Künstliche Intelligenz ein Thema, dem immer noch viel zu wenig Beachtung in der KI-Community gewidmet wird, und dementsprechend ist es nicht verwunderlich, dass in diesem Bereich wenig reguliert wurde. Den ersten Anlauf für Regulierungen von Recruiting-Tools, die durch Künstliche Intelligenz betrieben werden, hat der New York City Council im November 2021 vorgenommen, indem ein Gesetz zur Verwendung von »automatisierten Entscheidungshilfen« durch Arbeitgeber und Arbeitsvermittler bei Einstellungsentscheidungen verabschiedet wurde.[67] Das neue Gesetz ist Teil eines wachsenden Trends zur Prüfung und Regulierung des Einsatzes Künstlicher Intelligenz bei Einstellungs-, Beförderungs- und anderen Beschäftigungsentscheidungen.

Auch die Europäische Union hat im Rahmen des AI Acts den Einsatz von Recruiting-Software mit Künstlicher Intelligenz als hochriskante Anwendung eingestuft. Das wirft die Frage auf, was die Regulierungen zwingend abdecken müssen, wie weit sie gehen dürfen und ab wann sie ins Absurde führen und unsere Freiheit einschränken. Wir können uns der Verantwortung der Konsequenzen von algorithmischen Entscheidungssystemen nicht entziehen.

Andreas Mundt, Präsident des Bundeskartellamts, äußerte sich gegenüber der *SZ* im Dezember 2017 wie folgt: »Solche Algorithmen werden ja nicht im Himmel vom lieben Gott geschrieben. Unternehmen können sich nicht hinter Algorithmen verstecken.«[68] Es ging dabei um die Prüfung von Kundenbeschwerden, wo Lufthansa seine Preismacht missbrauchte und bei Kritik auf die Algorithmen für die dynamische Preisentwicklung hinwies. Unternehmen können sich nicht dieser Verantwortung entziehen und bei jeder Fehlentscheidung – sei es die Ablehnung von Kandidaten aufgrund eines Bias, die unkontrollierte Preissetzung zum Nachteil von Verbraucherinnen oder die Fehldiagnose von Patientinnen – erwidern, dass es am Algorithmus liege, nicht an ihnen. Diese Logik würde bedeuten, dass Unternehmen nie wieder für etwas verantwortlich gemacht werden können. »Es war der Algorithmus, nicht ich« ist die Ausrede des KI-Zeitalters.

In Kapitel 6 »Innovationskiller oder Chance für digitale Verantwortung? Regulierung für vertrauenswürdige KI« gehe ich näher darauf ein und beschreibe auch die rechtliche und philosophische Perspektive dieses Phänomens.

Wenn wir Technologien für einen Großteil der Bevölkerung entwickeln, geht damit auch eine gesellschaftliche Verantwortung und moralische Verpflichtung einher, der wir uns nicht entziehen können. Eine Schuldzuweisung gegenüber dem Algorithmus, statt die Konsequenzen zu tragen, ist nicht nur rufschädigend, sondern moralisch verwerflich. Wir müssen bei den Menschen ansetzen, die diese Algorithmen entwickeln, und letztlich bei uns selbst.

Wie Technologie zu gerechterem Recruiting beiträgt: Perspektivwechsel mit HR Tech-Gründerin Sandra Zemke

Da ich anonymen Bewerbungsverfahren skeptisch gegenüberstehe, frage ich die Gründerin Sandra Zemke an, die genau die gegenteilige Meinung vertritt. Sie hat das Unternehmen anonyfy gegründet, das sich darauf spezialisiert hat, Organisationen dabei zu helfen, anonymisiertes Recruiting durchzuführen. Auch bietet diese Firma ein technisches Tool an, das es ermöglicht, ein Matching zwischen dem Profil der Bewerber und der ausgeschriebenen Rolle vorzunehmen. Dadurch wird das Risiko des Unconscious Bias eliminiert.

Sandra Zemke kennt die Vorbehalte gegenüber anonymisierten Bewerbungsverfahren nur zu gut. So erzählt sie: »Sehr viele Bewerberinnen und auch Hiring Managerinnen mögen den Gedanken nicht besonders, dass eine Künstliche Intelligenz eine solch wichtige, zentrale Entscheidung übernimmt. Es gibt hier – berechtigterweise – Vorbehalte gegen die Diskriminierungsfreiheit von Algorithmen und KI.« Deshalb sieht sie die Rolle von solchen Technologien im HR-Sektor als Unterstützung, nicht als Ersatz für Personalentscheidungen. Sie ist fest davon überzeugt, dass KI helfen kann, die Entscheidung diskriminierungsärmer zu gestalten, z. B. durch unterstützende Hinweise, effiziente Prozessgestaltung und automatisierte Entfernung von Aspekten, die zu Bias führen können.

Trotzdem frage ich mich weiterhin, ob anonyme Bewerbungsverfahren nicht sogar dafür sorgen können, dass Chancengerechtigkeit und Inklusion gemindert werden, da wir nicht mehr in der Lage sind, den Menschen hinter dem Lebenslauf zu erkennen. Auf meine Bedenken und Frage hin antwortet Sandra: »Anonyme

Bewerbungsverfahren sorgen zunächst einmal für Gerechtigkeit, indem alle Aspekte, die zu Diskriminierung führen, entfernt werden. Hier ist sich die Wissenschaft einig. Somit sehen wir die Dinge, die vor allem relevant für den Job sind. Es ist richtig, dass dadurch viele Aspekte, die den Menschen ausmachen, ausgeblendet werden. Dies ist jedoch hier explizit gewollt, zumindest, solange es keinen Einfluss auf die Eignung für den Job hat.« Durch die anonyme Bewerbung wird zunächst die Vorauswahl beeinflusst und Sandra zufolge in eine fairere Richtung. Sie beschreibt folgendes Szenario: »Wenn nun in der nächsten Runde der Kandidat oder die Kandidatin vor einer Person im Unternehmen sitzt, haben wir im Idealfall den ersten Eindruck der Person bereits geprägt. Und wir wissen, dass diese ersten Eindrücke entscheidend sind. Somit können wir den ersten persönlichen Eindruck entsprechend abmildern und beeinflussen.«

Was muss sich ändern, um Diskriminierung durch KI im Recruiting zu verhindern?

Wenn ich mich für einen Job bewerbe, dann habe ich das Recht zu wissen, wer wie mit meiner Bewerbung verfährt. Und es macht einen Unterschied, ob ein Mensch oder eine Software diese verwaltet.

Transparenz zu schaffen, wie mit Bewerbungen verfahren wird, ist den Menschen gegenüber fair, die ihre Zeit, Hoffnung und Energie in ihre Bewerbungsunterlagen investieren. Und es gilt auch Mechanismen zu durchschauen, um zu wissen, wie potenzielle Hürden umgangen werden können. Denn Ziel ist es nicht, einen noch größeren Stapel aussortierter Bewerbungen zu haben, sondern wirklich geeignete Kandidaten zu identifizieren.

Damit geht die Frage einher, ob Bewerber überhaupt über den Einsatz von Künstlicher Intelligenz im Recruiting und die entsprechenden Ergebnisse informiert werden sollen. Es ist wie mit der Schufa: Wenn Verbraucherinnen im Konsumentenkreditgeschäft agieren, haben sie ein Auskunfts- und Informationsrecht darüber, welche Daten über sie gespeichert sind und welche im Zweifelsfall angefochten werden können. Genau dieses Verfahren hat sich aber noch nicht mit unseren persönlichen Daten etabliert, wenn Recruiting-Software verwendet wird.

Daher ist es wichtig, seitens der Arbeitgeber, die die Stellen ausschreiben, Bewerber über den Einsatz von KI und das Verfahren aufzuklären, um Vertrauen und eine positive Kandidatenerfahrung zu schaffen. Auch Sandra Zemke stimmt dem zu: »Möchten Unternehmen KI im Recruiting einsetzen, dann sollten sie sich regelmäßig damit beschäftigen, inwieweit die eingesetzten Verfahren Akzeptanz bei Kandidaten finden.« Sie weist auf die Verantwortung der Unternehmen hin, die KI bezüglich einer diskriminierungsfreien Entscheidung zu auditieren und zu überwachen, was auch von der Ethikrichtlinie des Ethikbeirats für HR Tech gefordert wird. »Mit wachsendem Gewicht von Corporate Digital Responsibility werden unternehmensethische Grundsätze in Zukunft eher noch wichtiger werden«, ergänzt sie.

Neben dem Schufa-Prinzip für KI ist es wichtig, zwischen zwei Verfahren bei Recruiting-Software, die mit KI betrieben wird, zu unterscheiden: Entweder kann mithilfe maschinellen Lernens das Auswahlverfahren imitiert werden, das für Ausschlüsse sorgt, oder die Software kann mithilfe von Eignungsdiagnostik die Bewerberinnen nach objektiven Kriterien beurteilen, wie es beispielsweise bei einem Assessment-Center, Intelligenztest oder bei der Bearbeitung einer Fallstudie passiert. Bei Letzterem handelt es sich um »Unbiased Tests«, für die Studien nachgewiesen haben, dass diese für mehr Chancengerechtigkeit sorgen.

Künstliche Intelligenz und gutes Recruiting müssen kein Widerspruch sein, im Gegenteil: Richtig angewendet bringt sie große Vorteile mit sich.

Bei der Formulierung von Stellenausschreibungen kann

Künstliche Intelligenz mithilfe von Computerlinguistik erkennen, ob Wörter männlich oder weiblich kodiert sind, und Alternativen für alle geschlechter-kodierten Wörter aufzeigen. StepStone, einer der weltweit größten Betreiber von Stellenbörsen, hat einen »Genderbias Decoder« entwickelt, der Stellenanzeigen auf geschlechterspezifische Vorurteile (Genderbias) untersucht und dabei hilft, ansprechendere Stellenanzeigen zu verfassen, sodass sich alle angesprochen fühlen und sich die Chancen erhöhen, mehr passende Bewerbungen zu erhalten.[69]

Beim Kauf von KI-Software ist es wichtig, mit Datenexpertinnen zusammenzuarbeiten, um sicherzustellen, welche Art von Eingriffen erforderlich ist, um algorithmische Verzerrungen zu beseitigen. So kann die Software beispielsweise so programmiert werden, dass Informationen wie Geschlecht, Ethnie und Alter ignoriert werden. Es gibt Anbieter, bei denen gewählt werden kann, ob bestimmte Eigenschaften wie Ethnie oder Geschlecht eingegeben werden können oder nicht. Indem diese Eigenschaften aus dem Modell entfernt werden, kann das Risiko einer Verzerrung verringert werden. Anbieter, die gewissenhaft arbeiten, teilen ihren Kunden auch die Validierungsergebnisse der Algorithmen regelmäßig mit. So kann festgestellt werden, ob es bei den Ergebnissen Verzerrungen gab oder nicht. Jedoch muss hier beachtet werden, dass sowohl das Testen als auch die anschließende Kontrolle dieser Ergebnisse bei komplexen Dateneingaben sehr schwierig sein können. Der Algorithmus von Amazon arbeitet beispielsweise mit Dateneingaben wie Schlüsselwörtern, die eine Indikation auf das Geschlecht enthalten (z. B. »Frauenfußballclub«). Solch komplexe Dateneingaben sind viel schwieriger zu kontrollieren als die einfache Angabe des Geschlechts.

Als ich nach Best-Practice-Beispielen von Unternehmen recherchiere, die erfolgreich Künstliche Intelligenz im Recruiting einsetzen, finde ich so gut wie nichts. Deshalb frage ich Sandra Zemke nach geeigneten Beispielen, und sie erzählt mir, dass das einzige Verfahren, das erprobt und auch weitestgehend akzeptiert ist, Chatbots zur schnelleren Beantwortung von Fragen und zur Koordination von Terminen sind. Sie gibt zu: »Ich suche noch die wirklich guten Beispiele für – belegbar – gerechten Einsatz von KI im Recruiting.«

Zwar gäbe es diverse Ansätze zur Vorauswahl von Bewerbern durch KI, um diese aufwandsärmer und effektiver zu gestalten, aber diese fallen unter die ethisch kritischen Entscheidungen. Somit sind sie eng zu überwachen. Auch sagt Sandra, es bleibe abzuwarten, ob Aufwand und Verantwortung die Effizienz aufwiegen können.

Weitere nennenswerte Einsatzbereiche seien im Bereich der Analyse von Körpersprache, Mimik, Gestik und Sprache der Kandidaten zu finden. »Ob diese Analysen einer wissenschaftlichen Prüfung standhalten, ist noch abzuwarten. Einige Analysen weisen auf das Gegenteil hin«, berichtet Sandra kritisch.

Letztendlich müssen Personalverantwortliche vor dem Einsatz von KI sicherstellen, dass sie eine Technologie auswählen, die ordnungsgemäß getestet und validiert wurde – und auch in Zukunft wird.

Der größte Unterschied zwischen menschlichem Urteilsvermögen und KI besteht darin, dass Algorithmen binär oder probabilistisch sind – die Ethik ist es nicht. Angenommen, eine Bank verwendet einen KI-Algorithmus zur Bewertung von Kreditanträgen. Der Algorithmus basiert auf finanziellen Faktoren und trifft eine binäre Entscheidung. Wenn eine alleinerziehende Mutter einen Kredit beantragt, könnte der Algorithmus aufgrund ihrer finanziellen Situation eine Ablehnung aussprechen. Im Gegensatz dazu kann ein menschlicher Kreditanalyst ethische Aspekte berücksichtigen und eine differenziertere Entscheidung treffen. Der Analyst kann die Bemühungen der Mutter, ihre Familie zu versorgen, würdigen und ihr eine Chance geben, ihre finanzielle Situation zu verbessern. Hier zeigt sich der Unterschied: Algorithmen sind nicht in der Lage, ethische Überlegungen einzubeziehen, wie es das menschliche Urteilsvermögen kann.

Dennoch könnte durchaus der Tag kommen, an dem KI-Systeme ethische Entscheidungen treffen können. Expertinnen haben vorausgesagt, dass KI in etwa 45 Jahren »mehr oder weniger alles« besser können wird als der Mensch.[70] In der Zwischenzeit werden wir jedoch den Menschen in der Schleife brauchen. Auf diese Weise können KI-Systeme die menschliche Entscheidungsfindung unterstützen, nicht beherrschen – und wo wir die meiste Hilfe brauchen, ist wohl bei den Urteilen, die wir über andere Menschen fällen.

Kapitel 6 | Innovationskiller oder Chance für digitale Verantwortung? Regulierung für vertrauenswürdige KI

Wenn es um KI geht, sollten Unternehmen das Wohlbefinden der Nutzer und die Menschenrechte in den Vordergrund stellen, indem sie den Einsatz mithilfe von KI automatisierter Tools transparent machen und sicherere Produkte für den Markt entwickeln. Um dies zu gewährleisten, besteht die Notwendigkeit eines Gesetzes.

Deshalb schlug die Europäische Kommission im April 2021 das Gesetz über Künstliche Intelligenz (Englisch: EU AI Act) vor. Es ist weltweit der erste Versuch, ein Gesetz zur Regulierung von Künstlicher Intelligenz umzusetzen. Bei diesem Vorstoß hofft die Europäische Kommission, dass Nachahmer im Ausland folgen – ähnlich wie bei der seit Mai 2018 geltenden Datenschutz-Grundverordnung.

Was die europäische KI-Verordnung vorsieht

Der Geltungsbereich für die europäische KI-Verordnung umfasst alle Sektoren – außer dem militärischen Bereich – und alle Arten von KI. Hierbei verfolgt die Europäische Kommission ein klares Ziel: Künstliche Intelligenz sicher, transparent, ethisch und vertrauenswürdig zu gestalten.

Der Gesetzesvorschlag betrachtet verschiedene Anwendungsbereiche und unterteilt KI-Systeme in insgesamt vier Risikoklassen (inakzeptables Risiko, hohes Risiko, limitiertes Risiko, geringes oder kein Risiko), woran jeweils unterschiedliche Anforderungen geknüpft sind.[71] Es gilt der Grundsatz: Je riskanter die KI, desto höher die Anforderungen. So muss ein Hochrisiko-System strengere Anforderungen erfüllen im Vergleich zu einem KI-System mit einer niedrigen Risikoklasse.

Die vier Risikoklassen unterteilen sich wie folgt:[72]

- **Inakzeptables Risiko:** KI-Systeme, welche imstande sind, Menschen zu unterdrücken und demnach den ethischen Grundsätzen der EU widersprechen, sollen auf dem europäischen Markt komplett verboten werden. Dies umfasst »Social Scoring«[73]-Systeme, die das Verhalten von Menschen bewerten, die automatisierte Erkennung von Emotionen, z. B. bei der Vernehmung von Verdächtigen, sowie eine umfassende Überwachung der Öffentlichkeit mit biometrischen Echtzeitdaten.

- **Hohes Risiko:** Zu den hochriskanten KI-Systemen zählen jene, die trotz fehlender expliziter Verbote ein erhebliches Risiko für Gesundheit, Sicherheit oder Grundrechte darstellen. Im Gesetzesvorschlag werden KI-basierte Anwendungen im Bereich Personalmanagement, im Management kritischer Infrastruktur, bei der Strafverfolgung, Grenzkontrolle oder Rechtspflege explizit genannt. Für Unternehmen sind Anwendungen relevant, die als hochriskant eingestuft werden, da diese künftig strengen Anforderungen unterliegen. Sie müssen ein umfassendes Qualitäts- und Risikomanagementsystem einrichten, in dem unter anderem Entscheidungsvorgänge, Datenqualität und Transparenz dokumentiert und nachgewiesen werden müssen.

- **Limitiertes Risiko:** In die Kategorie »limitiertes Risiko« fallen KI-Systeme, die direkt mit Menschen interagieren. Hierzu gehören Systeme zur Emotionserkennung, biometrische Kategorisierungssysteme und KI-generierte oder veränderte Inhalte, die täuschend echt wirken und als

»Deepfakes« bekannt sind. Der vorgesehene Gesetzesentwurf sieht vor, dass Verbraucher über den Einsatz Künstlicher Intelligenz informiert werden müssen. Dadurch wird es den Verbrauchern ermöglicht, bewusst über die Nutzung solcher Systeme zu entscheiden. Zudem wird die Empfehlung eines Verhaltenskodex ausgesprochen, um den verantwortungsvollen Umgang mit diesen Technologien zu fördern.

- **Geringes oder kein Risiko:** In die Kategorie »geringes Risiko« fallen zahlreiche KI-Systeme wie beispielsweise Predictive-Maintenance,[74] Spamfilter oder KI im Gaming-Bereich. Unternehmen, die ausschließlich solche KI-Lösungen anbieten oder nutzen, werden von der KI-Verordnung voraussichtlich nur minimal betroffen sein, da für solche Anwendungen bisher keine spezifischen rechtlichen Auflagen vorgesehen sind. Es wird lediglich die Empfehlung eines Verhaltenskodex ausgesprochen, um den verantwortungsvollen Einsatz dieser KI-Technologien zu fördern.

- **Sonderregelungen für Generative KI wie ChatGPT:** Die Regulierung von Generativen KI-Modellen und Allzweck-KI-Systemen[75] (Englisch: General Purpose AI) wurde im ursprünglichen Gesetzesentwurf nicht berücksichtigt, was zu einer verstärkten Diskussion über die Regulierungsmöglichkeiten solcher KI-Modelle seit der Einführung von ChatGPT durch OpenAI geführt hat.

Warum Unternehmen sich vor der KI-Verordnung in Acht nehmen sollten

Das Schicksal der vorgeschlagenen rechtlichen Auflagen bleibt vorerst ungewiss und hängt von zukünftigen Entwicklungen ab. Eins ist klar erkennbar: Der risikobasierte Ansatz zur Regulierung von Künstlicher Intelligenz findet breite Zustimmung innerhalb der EU-Institutionen. Auf gut Deutsch: Es lässt sich nichts mehr machen. Denn die Aussicht auf eine Verabschiedung der KI-Verordnung mit den festgelegten Risikoklassen ist ziemlich hoch.

Sobald der Gesetzesvorschlag offiziell verabschiedet wurde, beginnt eine zweijährige Übergangsphase für Unternehmen. Danach müssen sämtliche KI-Systeme und die damit verbundenen Prozesse den gesetzlichen Vorgaben entsprechen. Angesichts der möglichen Bußgelder in Millionenhöhe bei Nicht-Konformität sollten Unternehmen nicht lange fackeln und sich schon auf das Schlimmste vorbereiten, d. h. frühzeitig die eigenen Anforderungen bewerten und entsprechend anpassen. Denn wer nicht hört, muss ganz schön tief in die Tasche greifen.

Mit dem Vorschlag des EU-Parlaments werden die möglichen Strafen für Verstöße gegen die KI-Verordnung kräftig nach oben geschraubt. Unternehmen, die verbotene Praktiken anwenden, könnten nun mit Bußgeldern von bis zu unglaublichen 40 Millionen Euro oder 7 Prozent ihres weltweiten Jahresumsatzes zur Kasse gebeten werden – je nachdem, welcher Betrag höher ausfällt. Da werden sogar die Strafen der Datenschutz-Grundverordnung, die sich auf maximal 4 Prozent des Umsatzes beschränken, blass vor Neid.[76]

Auch Anbieter von Stiftungsmodellen sollten aufpassen: Bei Verstößen drohen ihnen saftige Strafen von bis zu 10 Millionen Euro oder 2 Prozent ihres Jahresumsatzes. Diese beispiellos hohen Sanktionen der KI-Verordnung lassen diejenigen, die mit den Regeln spielen wollen, sicherlich zweimal überlegen, ob es das Risiko wert ist.

KI-Verordnung als Chance für eine bessere digitale Zukunft?

Als ich mit der KI-Expertin Kenza Ait Si Abbou über ihren Standpunkt sprach, war ich überrascht von ihrer positiven Einstellung

134

gegenüber der KI-Verordnung. Sie erklärte mir, dass gerade Unternehmen dadurch mehr Klarheit gewinnen, um ihre Innovationen voranzutreiben. Auch denkt sie, dass der Gesetzesentwurf genug Freiraum für Entwicklung und Forschung bietet. »Ehrlicherweise teile ich gar nicht die Ängste der Unternehmen. Ich höre immer wieder: *Dann habe ich keine Luft mehr zum Atmen und mir wird die Innovationskraft genommen.* Das sehe ich ganz anders: In all den Jahren, wo ich in der KI-Produktentwicklung für Kunden tätig bin, habe ich gesehen, dass Projekte nicht an dem Entwurf der KI-Verordnung scheitern werden, sondern wegen des Datenschutzes.«

Vielmehr sieht sie die KI-Verordnung als Kompass für den eigenen Handlungsspielraum. Sie verweist auf die Debatte in den USA, wo ein Moratorium zum sechsmonatigen Stopp der Weiterentwicklung Generativer KI-Modelle ausgerufen wurde. Die Reißleine wurde erst gezogen, als ein Gefühl der Unkontrollierbarkeit aufkam, statt den Diskurs von Anfang an zu führen.

Warum gibt es so viel Widerstand gegen die KI-Verordnung?

Es hagelt viel Kritik zur KI-Verordnung, vor allem von Vertretern der digitalen Gründerszene, die sich bedroht fühlen und auf diverse Schwachstellen im aktuellen Gesetzesentwurf hinweisen. Bei genauerer Betrachtung des derzeitigen Entwurfs sind mir folgende Aspekte aufgefallen, die zu der berechtigten Kritik führen:

Kritikpunkt 1: Der Fokus liegt auf der Technologie, statt diese im Anwendungsfall einzuordnen.
Eine große Schwachstelle im aktuellen Gesetzesentwurf ist, dass der Fokus auf Technologie statt dem konkreten Anwendungsfall liegt. Wenn beispielsweise ein DeepTech-Unternehmen einen Algorithmus zur Bilderkennung entwickelt, kann dieser verwendet

135

werden, um Krebszellen schneller zu diagnostizieren. Allerdings kann derselbe Algorithmus für Kampfdrohnen genutzt werden.

Kritikpunkt 2: Die hohe Kostenlast für das Qualitätsmanagement und den Zertifizierungsprozess der KI-Anwendungen müssen von Unternehmen getragen werden, was Deutschland als Innovationsstandort unattraktiv macht.
In Bayern wurde bislang eine einzigartige Studie durchgeführt, um aufzuzeigen, vor welchen Hürden Unternehmen mit der KI-Verordnung stehen werden.[77] Es wurde festgestellt, dass mehr als die Hälfte der von den Unternehmen entwickelten KI-Anwendungen in den Hochriskobereich fallen. Damit ist für die betroffenen Organisationen ein signifikanter finanzieller und personeller Mehraufwand verbunden. Die Zusatzkosten können mehr als 350.000 Euro betragen, welche sich aus dem Aufbau eines notwendigen Qualitätsmanagements für den Zertifizierungsprozess (ca. 250.000 bis 330.000 Euro) und zusätzliche Konformitätskosten pro Anwendungsfall (ca. 40.000 bis 60.000 Euro pro Anwendung) zusammensetzen. Wenn sich die bereits zertifizierte Anwendung ändert, z.B. aufgrund einer Weiterentwicklung, fallen die Kosten für eine entsprechende Rezertifizierung bzw. Konformität erneut an.

Dies kann beispielsweise für eine Unternehmerin bedeuten, dass sie die Neuausgründung eines KI-Start-ups nicht mehr anstrebt. Für etablierte Unternehmen kann es eine zusätzliche Last darstellen, die dazu führt, weniger KI-Anwendungen für den Markt zu entwickeln – sei es für Konsumenten oder für Geschäftskunden.

136

Kritikpunkt 3: Beim risikofixierten Ansatz der KI-Verordnung gibt es immer noch zu viele Unklarheiten und Unsicherheiten, was mitunter an der fehlenden Praxisperspektive in Brüssel liegt.

Bislang ist die KI-Definition zu unscharf und muss konkreter gefasst werden, da fast jede Art von KI-Software unter diese Verordnung fällt. Dazu gehört die grundsätzliche Frage, was das »AI« in der KI-Verordnung bedeutet. Diese Frage ist alles andere als trivial. Da sich das Feld mit neuen Techniken und komplexen Eigenschaften und einer Breite von Anwendungsfällen ständig weiterentwickelt, entzieht sich KI einer einfachen Definition. Die meisten Regulierungsbehörden haben enge Definitionen vermieden, weil sie befürchten, dass diese zu wenig umfassen und schnell veraltet wären.

Die EU kann sich nicht den Luxus leisten, KI nicht zu definieren. Einen Rechtsrahmen vorzuschlagen, ohne eine Definition des zu regelnden Gegenstands zu liefern, wäre rechtlich nicht machbar. Gleichzeitig kann eine falsche Definition die positiv beabsichtigten Effekte der Regulierung – Schutz der Grundrechte und ein Referenzrahmen für zukünftige KI-Regulierungen – riskieren.

Eine Studie der Initiative for Applied Artificial Intelligence von März 2023 hat die Unklarheiten der Risikoklassifizierung von KI-Anwendungen analysiert und stellt fest, dass der Entwurf der KI-Verordnung zu risikofixiert ist.[78] Eine Studie zur KI-Verordnung vom Bayerischen Staatsministerium für Digitales und AppliedAI ergab, dass von den über 100 untersuchten KI-Systemen 18 Prozent zur Hochrisikoklasse gehörten und 42 Prozent als geringes Risiko eingestuft wurden. Für etwa 40 Prozent der untersuchten Anwendungen war eine eindeutige Klassifizierung nicht möglich, was bedeutet, dass möglicherweise fast 60 Prozent aller Anwendungen in den Hochrisikobereich fallen könnten, der mit strengen Anforderungen und Zertifizierungspflichten verbunden ist. Dies hat weitreichende Konsequenzen für die Planungssicherheit und für Deutschland als Unternehmensstandort für KI-Entwicklung.[79]

Darüber hinaus funktioniert solch ein Regelwerk in der Praxis nur bedingt und schadet langfristig der Wirtschaft, so das Fazit der Studie. Und genau diese Praxisperspektive fehlt den Gesetzesmachern in Brüssel.

Auch sollten wir die geforderten Standards von der KI kritisch hinterfragen: Die gestellten Anforderungen an die KI sind höher als jene an Menschen. Menschen machen auch Fehler, und da sagen wir: »Das ist menschlich.« Interessanterweise tun wir dies bei KI nicht. Einen ähnlichen, aber nicht höheren Standard sollten wir auch für KI festlegen.

Kritikpunkt 4: Es besteht die Gefahr, dass Neugründungen von Tech-Start-ups ins Ausland abwandern.
Zukunftslobbyist Wolfgang Gründinger ist nicht so begeistert wie KI-Expertin Kenza Ait Si Abbou über die KI-Verordnung. Er teilt seine Befürchtungen mit mir: »Die strengen Regulierungen der KI-Verordnung können auch eine Innovationsbremse darstellen und dazu führen, dass Unternehmen aus der EU abwandern, um in weniger regulierten Ländern zu agieren. Es besteht auch die Gefahr, dass kleine Unternehmen oder Start-ups durch die hohen Kosten und den bürokratischen Aufwand, der mit der Einhaltung der Vorschriften verbunden ist, benachteiligt werden.« Er resümiert, dass es letztendlich von der genauen Ausgestaltung der KI-Verordnung abhängt, ob sie eine Chance oder ein Hindernis darstellt.

Kritikpunkt 5: »General Purpose AI«-Systeme, die mehrere Anwendungsfälle abdecken, können nach der KI-Verordnung nicht einer Risikoklasse zugeordnet werden.
Die KI-Verordnung wurde erstmals im Jahr 2021 verfasst, zu einer Zeit, als KI in erster Linie eng für einige wenige Anwendungsfälle gefasst war. Doch in den letzten Monaten beobachten

wir leistungsstarke »General Purpose AI Models« wie OpenAIs ChatGPT, die harmlose Aufgaben – wie das Schreiben von Gedichten – ausführen können, aber auch die Fähigkeit zu weitaus riskanterem Verhalten besitzen. Und diese Allzweck-KI-Systeme spezialisieren sich nicht auf einen Anwendungsfall, sondern decken mehrere ab, sodass es schwierig ist, diese korrekt zu klassifizieren.

Wie geht Big Tech mit dem regulatorischen Druck um?

Dass große Tech-Unternehmen hinsichtlich des strengeren Datenschutzes, der Transparenz in algorithmischen Entscheidungen und des Verbraucherschutzes stärker reguliert werden sollen, wird immer wieder diskutiert – als es beispielsweise um den Digital Markets Act (Gesetz über digitale Märkte) oder Digital Services Act (Gesetz über digitale Dienste) ging. Aber wie gehen die Tech-Giganten selbst damit um? Eine Studie des gemeinnützigen Vereins Lobbycontrol vom August 2021 zeigt, dass sehr viel Lobbyarbeit von US-Techkonzernen in Europa geleistet wird.[80] Lobbyarbeit ist ein Spiel der Macht, bei dem Interessengruppen politische Entscheidungsträger beeinflussen und ihre eigenen Interessen durchsetzen. Es ist ein Schachspiel im Hintergrund, bei dem diejenigen mit den besten Zugängen und den schlagkräftigsten Argumenten die Fäden ziehen, um das politische Geschehen nach ihren Wünschen zu lenken. Es ist ein Tanz zwischen Einfluss und Kontrolle, der die Grundfesten der Demokratie herausfordert und den Kurs von Regierungen und Gesellschaften formt.

Mehr als 97 Millionen Euro gibt die Digitalindustrie für Lobbyarbeit in Europa aus und sie beschäftigt 1.452 Lobbyisten. Im Vergleich der zehn größten Lobbyakteure ist die Digitalbranche derzeit der Sektor mit den höchsten Lobbyausgaben in der EU. Damit übertrifft sie sogar die mächtige Auto-, Pharma- oder Finanz-Lobby. Die zehn Unternehmen mit den meisten Lobbyausgaben machen dabei bereits ein Drittel der gesamten Lobbyausgaben der Digitalindustrie aus, darunter Google, Amazon, Meta, Apple und Microsoft. Damit ist Big Tech inzwischen die Branche mit den höchsten Lobbyausgaben. Allein in Brüssel arbeiten mehr als 140 Lobbyisten für Big Tech, um politischen Einfluss auf die geplanten Gesetze zu nehmen.

Kann es überhaupt eine Regulierung geben, wenn die Big-Tech-Unternehmen eine unfaire Marktdominanz aufweisen? Und inwieweit untergraben diese unsere Demokratie? Zudem sind die Lobbybemühungen seitens der Tech-Unternehmen ein schwieriges Unterfangen, da sie alle ihren Hauptsitz in den USA haben. Bei der Automobilindustrie sieht es ganz anders aus: Da ihr Standort in Deutschland ist, hat sie jahrzehntelange, enge Beziehungen zur Bundesregierung aufgebaut und mit ihrer Rolle als wichtige Industrie zur Beschäftigung der Bevölkerung ein politisches Druckmittel in der Hand.

Aufgrund fehlender Verbindungen und beunruhigt durch den politischen Druck greifen sie tief in die Tasche und haben dabei nicht zuletzt zweifelhafte Praktiken angewandt. So berichtete *POLITICO* im Oktober 2022 darüber, wie große Technologieunternehmen führende Gesetzgeber in Brüssel getäuscht haben, indem sie über kleinere Tarnorganisationen Lobbyarbeit betrieben haben.[81] Sozialdemokratische Abgeordnete reichten Beschwerden gegen acht Unternehmen und Lobbygruppen beim EU-Transparenzregister ein.

Den Beschwerden der Gesetzgeber zufolge haben die Big-Tech-Unternehmen die europäischen Gesetzgeber während der Verhandlungen über den Digital Markets Act und den Digital Services Act getäuscht, indem sie sich hinter einer Fassade versteckten: Sie gaben sich als Lobbyisten aus, die kleine und mittelständische Unternehmen vertraten, während sie gleichzeitig die Geschäftsinteressen von Big Tech förderten und verteidigten, ohne ihre Verbindungen offenzulegen.

140

Die Besorgnis über antidemokratische Taktiken, mit denen Tech-Giganten versuchten, das Regulierungswerk der EU zu beeinflussen, führte zur Einrichtung einer Tipp-Hotline, über die Mitarbeitende der Europäischen Kommission zweifelhafte Versuche der Einflussnahme melden können.[82]

»General Purpose AI« von Big Tech: Technologisches Wettrennen, aber gemeinsame politische Lobby

Auch bei der KI-Verordnung kennt die Tech-Lobby keine Hemmungen: Zwar liefern sich alle – OpenAI und Microsoft mit Bing, Google mit Bard AI – einen technologischen Wettbewerb, wer schneller am Markt ist, das bessere Feature anbietet und mehr Menschen erreicht. Wo sie aber nicht an Wettbewerb, sondern an Zusammenarbeit glauben, ist die politische Einflussnahme für die Big-Tech-Unternehmen in der EU, vor allem wenn es um »General Purpose AI« geht. Es handelt sich hierbei um generative Modelle, die – anders als spezifische KI-Systeme, die für begrenzte Zwecke entwickelt werden – als wahre Tausendsassas vielfältige Aufgaben übernehmen können. Diese technologischen Wunderwerke, zu denen auch ChatGPT gehört, sind noch relativ jung, und bisher fehlt eine einheitliche gesetzliche Regelung ihrer Nutzung auf EU-Ebene.

Doch die EU hat mit der KI-Verordnung bereits die Weichen gestellt, um dies zu ändern. Der AI Act strebt danach, »General Purpose AI« durch zahlreiche Anforderungen sicherer zu gestalten und den Missbrauch dieser Technologie zu verhindern. Ein bedeutsamer Schritt, um die Technologie verantwortungsbewusst einzusetzen. Allerdings sind die Anforderungen, die aktuell an diese KI-Systeme gestellt werden, kaum zu erfüllen und stellen eine besondere Herausforderung für Entwickler und Regulatoren gleichermaßen dar.

Umso weniger überraschend ist es, dass Big-Tech-Unternehmen sich zusammengeschlossen haben und durch zahlreiche Maßnahmen versuchen, die Regulierung in diesem Bereich zu unterbinden. Beispielsweise hat Microsoft sich über die 1998 gegründete Lobbygruppe »The Software Alliance« gegen die KI-Verordnung eingesetzt, weil diese »Innovationen übermäßig belastet«.[83] Die bevorstehenden Verordnungen, so argumentiert die Gruppe, sollten »den Nutzern zugewiesen werden, die die KI für allgemeine Zwecke in einem risikoreichen Anwendungsfall einsetzen«, und nicht den Entwicklern des allgemeinen Systems selbst. Damit wird der Versuch unternommen, sich der Verantwortung zu entledigen und diese an nachgelagerte Akteure wie die Nutzer weiterzugeben. Diesen fehlen aber sowohl das Knowhow als auch die Ressourcen, um die Risiken des Systems zu minimieren. Deshalb ist ein Standard-Haftungsausschluss seitens der Anbieter dieser Systeme, mit dem sie jede Verantwortung von sich abwälzen, kritisch zu betrachten.

AlgorithmWatch, eine unabhängige, gemeinnützige Organisation, die sich für Transparenz und ethische Standards von algorithmischen Entscheidungssystemen einsetzt, tritt solchen Tendenzen entgegen, indem sie sich für eine Regulierung dieser Systeme ausspricht und auf die realen Gefahren hinweist. Matthias Spielkamp, Geschäftsführer von AlgorithmWatch, gibt gegenüber der Presse bekannt: »GPAI [»General Purpose AI«] bergen Gefahren für Grundrechte, nämlich nicht diskriminiert und in unserer Privatsphäre geschützt zu werden. Firmen wie OpenAI schrecken nicht davor zurück, Menschen in Ländern des Globalen Südens auszubeuten, um ihre Modelle zu trainieren, und sie nehmen in Kauf, dass die Systeme enorme Energiemengen verbrauchen.«[84]

Desweiteren weist die Organisation auf die Verbreitung von Desinformation und potenzielle Gefahren für die demokratische Meinungsbildung hin: »Bereits jetzt machen die Systeme es zudem möglich, auf einfachste Art und Weise täuschend echt aussehende, irreführende, manipulative Bilder zu produzieren, gewaltige Mengen an Falschnachrichten sehr schnell und zu extrem geringen Kosten zu erzeugen und Menschen vorzugaukeln, die Systeme hätten Absichten und Intentionen. All das ist dazu geeignet, den Raum öffentlicher Debatten, der Basis demokratischer Willensbildung ist, zu vergiften und böswillige Akteure zu stärken.«

Unter anderem aus diesen Gründen hat sich AlgorithmWatch einer internationalen Expertengruppe angeschlossen, die die deutsche Bundesregierung und die EU auffordert, Anbieter solcher Systeme nicht aus der Verantwortung zu entlassen. Zu den prominenten Unterstützern gehört Timnit Gebru, Gründerin des Distributed AI Research Institutes, die als führende Expertin für ethische und soziale Auswirkungen von KI gilt und aufgrund ihrer Kritik an ihrem ehemaligen Arbeitgeber Google entlassen wurde. Es bleibt abzuwarten, inwieweit die Expertengruppe, bestehend aus 55 Experten und neun Organisationen, ihren Einfluss in Brüssel geltend machen kann. Was passiert, wenn keine klaren Richtlinien für die KI-Entwicklung existieren, kann gut in China beobachtet werden.

Globale Ethik und Regularien für KI: Können China und die EU auf einen Nenner kommen?

China war zu Anfang ein Niemandsland für Ethik und Regularien von Künstlicher Intelligenz, weshalb es eine perfekte Spielwiese für Deep-Tech-Unternehmen hergab. Aufgrund der geringen regulatorischen Vorgaben konnten Innovationen im Bereich Künstliche Intelligenz schnell entwickelt und auf den Markt gebracht werden. Als diese Unternehmen außerhalb der chinesischen Grenzen ihr Geschäft international expandieren wollten, beispielsweise nach Europa oder in die USA, mussten einige Tech-Gründer plötzlich feststellen, dass sie die Anforderungen zum Datenschutz und weitere Vorgaben gar nicht erfüllten. Aufgrund dieser fehlenden

Klarheit seitens der Gesetzgeber sahen sich einige Gründer in ihrer Handlungsfreiheit eingeschränkt und einer großen Ambiguität ausgesetzt. Mittlerweile hat sich die Haltung der chinesischen Regierung, die zuvor keine Rücksicht auf KI-Ethik genommen hatte, um 180 Grad gedreht: Im September 2021 wurde von einem Fachausschuss des Ministeriums für Wissenschaft und Technologie, welcher im Februar 2019 eingerichtet worden war, ein Ethikkodex zum Umgang mit Künstlicher Intelligenz vorgelegt.[85] Im selben Jahr veröffentlichte China seine Leitprinzipien für die KI-Regulierung. Und dahinter steckt Kalkül: China möchte bis 2030 zum weltweiten KI-Marktführer aufsteigen. Wenn man den Amerikaner Nicolas Chaillan, den ersten und ehemaligen Chief Software Officer des Pentagon fragt, wird dies schon früher der Fall sein. Er sei aus Protest gegen den langsamen technologischen Wandel im US-Militär zurückgetreten, weil er nicht mitansehen könne, wie China Amerika überhole. Gegenüber der *Financial Times* äußerte er im Oktober 2021, dass das Versagen der USA, auf chinesische Cyber- und andere Bedrohungen zu reagieren, die Zukunft seiner Kinder gefährde.[86] »Wir haben in 15 bis 20 Jahren keine konkurrenzfähige Chance gegen China. Im Moment ist es bereits eine beschlossene Sache; meiner Meinung nach ist es bereits vorbei«, sagte Chaillan und fügte hinzu, es gebe »guten Grund, wütend zu sein«.

Wenn Chaillans Prognose stimmt und China zur KI-Weltmacht aufsteigt, hat das auch Konsequenzen für uns: Die KI-Leitlinien der chinesischen Regierung werden dann auch für Europa bedeutend sein.

Inwieweit unterscheiden sich die Regulierung und die Prüfung von KI-Anwendungen nach ethischen Richtlinien zwischen China und Europa? Es gibt zahlreiche Gemeinsamkeiten zwischen den ethischen KI-Richtlinien der chinesischen Regierung und dem KI-Leitlinienpapier der EU, wo beispielsweise die Fairness und Erklärbarkeit von KI-Modellen angestrebt wird.

144

Allerdings ist China weiter in der Umsetzung: Die KI-Richtlinien gelten unmittelbar, während wir in der EU eine Bewertungsliste haben, die in der Praxis getestet wird und später in die KI-Verordnung einfließt.

Dennoch gibt es auch eklatante Differenzen. Diese Unterscheidung wird durch die Darstellung von Fairness, Vielfalt und Inklusion deutlich. Während die EU Fairness und Vielfalt in Bezug auf Personen aus bestimmten demografischen Gruppen (z. B. Geschlecht, ethnische Zugehörigkeit, Behinderung) betont, drängen die chinesischen Leitlinien auf die Aufwertung »aller Branchen«, den Abbau »regionaler Ungleichheiten« und die Verhinderung von Datenmonopolen. Während die EU auf den Schutz gefährdeter Personen und potenzieller Opfer besteht, fördern die Chinesen eine »integrative Entwicklung durch bessere Bildung und Ausbildung sowieUnterstützung«. Der kulturelle Unterschied in der Wahrnehmung von KI spielt eine Rolle, da sie in asiatischen Kulturen als positive Kraft betrachtet wird, während in der westlichen Welt eine tief verwurzelte Angst vor einer dystopischen technologischen Zukunft herrscht. In der utopischen chinesischen Vision sind Roboter Haustiere und Begleiter, während sie in den westlichen Medien, die stark vom Cyberpunk-Subgenre der Science-Fiction beeinflusst sind und durch Filme wie *Blade Runner, The Matrix* und die Fernsehserie *Black Mirror* repräsentiert werden, eher als aufsässige Maschinen dargestellt werden.

In Anlehnung an die Datenschutz-Grundverordnung (kurz: DSGVO) umfasst die europäische Förderung des Schutzes der Privatsphäre den Schutz der Daten des Einzelnen sowohl vor staatlichen als auch vor kommerziellen Einrichtungen. Die chinesischen Datenschutzrichtlinien zielen dagegen nur auf private Unternehmen und ihre potenziellen böswilligen Vertreter ab. Während personenbezogene Daten sowohl in der EU als auch in China vor kommerziellen Einrichtungen streng geschützt sind, hat der Staat in China uneingeschränkten Zugriff darauf. Für Europäer schockierend, wird diese Praxis von den chinesischen Bürgern, die daran gewöhnt sind, in einer geschützten Gesellschaft zu leben, und die ihrer Regierung stets höchstes Vertrauen entgegengebracht haben, ohne Weiteres akzeptiert. Chinesische Eltern haben routinemäßig Zugang zu den persönlichen Daten ihrer Kinder, um ihnen Anleitung und Schutz zu bieten. Dieser Unterschied geht auf die konfuzianische Tradition des Vertrauens und des Respekts gegenüber dem Staatsoberhaupt und der Familie zurück.

In Bezug auf die Sicherheit sind die chinesischen Leitlinien optimistisch, ganz im Gegensatz zu dem pessimistischeren Ton der EU. Sie betrachten die Sicherheit als etwas, was »kontinuierlich verbessert« werden muss, während die europäische Vision auf einen »Notfallplan« drängt und den Verlust der Kontrolle als eine Situation betrachtet, in der es keinen Weg zurück gibt.

In der EU sind die Adressaten des KI-Leitlinienpapiers alle Akteure, während sich die KI-Richtlinien in China nur an die Wirtschaft richten. Damit sind staatliche Behörden in China ausgenommen, sodass der Einsatz der automatisierten Gesichtserkennung, die biometrische Erkennung von Bürgern im öffentlichen Raum, erlaubt ist. Was in Europa als Eingriff in die Privatsphäre und Angriff auf die Menschen- und Bürgerrechte gewertet wird, ist in China gesetzlich erlaubt. Dieser Unterschied zwischen der EU und China macht deutlich, dass es keine globalen Moralvorstellungen, keine globale Ethik gibt. Realistischer ist es, grundlegende ethische Richtlinien zu entwickeln, die den Anspruch haben, global gültig zu sein, aber die kulturellen, historischen und geografischen Unterschiede berücksichtigen.

Fazit: Was ist die Alternative?

Genauso wie Gründinger sitze ich zwischen beiden Stühlen. In meinem Volkswirtschaftsstudium habe ich gelernt, dass es nicht gut läuft, wenn eine Industrie versucht, sich selbst zu regulieren, und genau das konnten wir ja auch im Finanzmarkt und während der Finanzkrise 2008 beobachten.

Die KI-Verordnung ist Segen und Fluch zugleich. Segen, weil wir uns endlich Gedanken um KI-Ethik machen und diese Gedanken in die Praxis umsetzen, während wir gleichzeitig Unternehmen zur digitalen Verantwortung verpflichten. Fluch, weil den Unternehmen durch die hohen Kosten mehr Lasten auferlegt werden und viele Unklarheiten entstehen können, die den Innovationsstandort Deutschland gefährden. Richtig umgesetzt kann die KI-Verordnung aber als solide Rechtsgrundlage dienen, um Entwicklerinnen, Produzenten, Kundinnen und Nutzern von KI-Systemen Rechtssicherheit zu geben.

Kapitel 7 | Deutschland, das digitale Hinterland: Versäumnisse der Politik

Wir waren einst das Land, in dem Goethe seine inspirierenden Verse schuf, Kant tiefgründige Gedanken formulierte und Dichter wie Schiller und Heine ihre Werke der Welt präsentierten. Ingenieure wie Siemens und Benz haben bahnbrechende Erfindungen hervorgebracht, die unsere Geschichte geprägt haben. Aber wer sind wir heute, im digitalen Zeitalter? Sind wir diejenigen, die mit einem Bein in der Vergangenheit gefangen sind und mit dem anderen USA, China und Israel hinterherhumpeln? Es geht nicht nur um eine existenzielle Frage, sondern auch um die Identität und unsere Zukunft, die wir derzeit leichtfertig aufs Spiel setzen.

In Zeiten von Pandemie, Ukraine-Krieg und Energiekrise sind die schwerwiegenden Versäumnisse der Politik in Bezug auf die Förderung der Digitalisierung kaum zu übersehen. Wir sind ein ressourcenarmes Land; die einzige natürliche Ressource, die wir haben, sind unsere Menschen und ihr Know-how.

Da ich Deutschland liebe, treibt mich das in die Verzweiflung und zur Weißglut. Denn ich möchte, dass wir das weltpolitische Parkett souverän betreten, statt von anderen globalen Mächten abgehängt zu werden. Aber wo stehen wir jetzt, und was muss getan werden, damit die Politik die aktuellen Herausforderungen der Digitalisierung adressiert und wir den Rückstand endlich aufholen können?

Funkloch Deutschland: Hilfe, ich habe kein Netz!

Das Elend beginnt schon, wenn ich mich nur ein paar Kilometer von meiner Wahlheimat Berlin wegbewege und direkt in einem Funkloch mitten in Ostdeutschland lande. Während hippe Groß-städter munter über Remote Work in ihrer urbanen Filterblase sprechen, sitzen kleine Betriebe auf dem Land, die nicht mal in der Lage sind, eine E-Mail zu verschicken. Statt den Wirtschafts-standort zu stärken, dürfen diese Betriebe die Fehler der Politik ausbaden.

Der Netzbau, die wichtigste Grundvoraussetzung für Digitales, hinkt massivst hinterher. Ziel der staatlichen Netzausbaupflicht war es, 98 Prozent Abdeckung bis Ende 2022 zu erreichen,[87] und dieser Wert bezieht sich auf jedes einzelne Bundesland, nicht auf den Bundesschnitt. Somit können hohe Werte in den Stadtstaa-ten nicht angerechnet werden, um die niedrigen Werte in dünn besiedelten Flächenstaaten auszugleichen. Bislang war die Bun-desregierung großzügig mit der Verlängerung der Fristen, aber mittlerweile hat sich dies geändert. Die Ausbauauflagen wurden verschärft, um die Funklöcher zeitnah zu schließen.

Gründe für den langsamen Ausbau sind lange Genehmigungs-verfahren, die mühsame Suche nach neuen Standorten und vorbe-reitende Planungsprozesse, so die Vodafone-Vorständin Richter.[88] Ende Dezember 2022 gaben Vodafone, Telefónica (O_2) und die Deutsche Telekom unabhängig voneinander bekannt, dass in allen Bundesländern mindestens 98 Prozent der Haushalte mit Band-breiten von 100 Megabit pro Sekunde oder mehr versorgt sind.[89]

Dennoch habe ich immer noch Situationen, wo ich im Funk-loch lande. Ich hatte während meiner Auslandsaufenthalte in Ostafrika und Südasien eine bessere Internetversorgung als in Deutschland. Wenn wir nicht mal mit dem Essenziellen wie mit Internetzugang versorgt sind, wie können wir ernsthaft über Digi-talisierung und den Innovationsstandort Deutschland sprechen?

Das ist genauso sinnlos wie Butter ohne Brot. Uns fehlt schlichtweg die Grundlage, wir irren mit unserem Handy am Ohr umher und sagen ständig: »Ich kann dich nicht hören, weil der Empfang hier so schlecht ist. Hörst du mich noch?«

Genauso fühle ich mich: Die Politik hört mich schlecht oder gar nicht, aber nicht, weil der Empfang so grottig ist, sondern weil sie den Blick für das Wesentliche verloren hat. Vielleicht ist schlechter Empfang auch nur eine Ausrede, um aufzulegen und alles beim Alten zu lassen. Es hat ja bisher auch alles funktioniert, und andere haben es ja noch schlechter als wir.

Jedoch müssen wir unsere Wut nicht nur an die Politik richten, sondern auch an Telekommunikationsunternehmen wie Telekom, Vodafone und Telefónica, die die Ausschreibung angenommen haben und ihrer Verantwortung einfach nicht gerecht werden. Es geht nicht nur um Umsatz, sondern um die Versorgung der Bürger mit dem essenziellsten Gut des digitalen Zeitalters, dem Netz, das uns alle unabhängig vom geografischen Standort miteinander verbindet.

Dieses Netz ist auch überlebenswichtig für Menschen, die Einsamkeit ausgesetzt sind. Sie sind darauf angewiesen, ihre Liebsten zu erreichen oder Online-Unterhaltungsangebote zu nutzen. Vor allem infrastrukturschwache Gebiete auf dem Land sind von Funklöchern betroffen. Sie werden doppelt abgehängt: als Unternehmensstandort wie auf privater Ebene.

Funklöcher sind aber lediglich die Spitze des Eisbergs, die zeigt, dass die Digitalisierung mit einer Vielzahl von Herausforderungen einhergeht. Sie sind nur ein Detail, das auf das größere Bild hinweist.

Unsere Abhängigkeit von der ständigen Vernetzung und dem Internet spielt dabei eine entscheidende Rolle. Wenn wir an technischen Innovationen arbeiten, mögen wir denken, dass wir nicht ständig mit dem Netz verbunden sein müssen und ein Intranet ausreichen könnte. Aber wo liegt das eigentliche Problem?

Es geht weit über die offensichtlichen Faktoren wie Recherche, Erreichbarkeit und Datenaustausch hinaus. Unsere enge Verbundenheit mit dem Netz ist größer, als wir es uns vorstellen. Wenn es fehlt, dann fehlt der Austausch, es fehlen Synergien, und unsere Recherchemöglichkeiten sind unzureichend. Dies hindert uns daran, das volle Potenzial technischer Neuerungen auszuschöpfen.

Funklöcher sind nur ein kleiner Teil eines viel größeren Problems. Sie sind ein Zeichen dafür, dass wir noch zahlreiche technologische und kommunikative Hürden überwinden müssen, um eine umfassende Digitalisierung zu erreichen.

»Too little to late«: Die Gigabitstrategie der Bundesregierung

Im Sommer 2022 verabschiedet die Bundesregierung die Gigabitstrategie, die gemeinsam von Bund, Ländern, Kommunen und den Unternehmen der Telekommunikationsbranche entwickelt wurde.[90] Geplant ist, die Zahl der Glasfaseranschlüsse bis Ende 2025 zu verdreifachen, sodass 50 Prozent der Haushalte und Unternehmen Glasfaser nutzen können. Zudem sollen Mobilfunknutzer bis 2026 überall im Land ohne Unterbrechung telefonieren und Daten austauschen können.

Das übergeordnete Ziel besteht darin, bis 2030 eine energie- und ressourceneffiziente Versorgung mit Glasfaseranschlüssen bis ins Haus sowie den neuesten Mobilfunkstandard im ganzen Land flächendeckend zu haben. Antennenstandorte für Mobilfunk benötigen in der Regel einen Glasfaseranschluss, deshalb bedingt das eine das andere. Das hört sich erst mal gut an, aber es hakt an der Umsetzung: Ende 2022 entfiel eine Schwelle für Förderprojekte. Bisher dürfen nur in Gegenden mit Übertragungsgeschwindigkeiten unterhalb von 100 Megabit pro Sekunde mit staatlichem Geld Glasfaserleitungen verlegt werden. Da diese Einschränkung entfallen ist, sind nun größere Fördergebiete möglich. Das bringt uns zu einem anderen Problem, nämlich, dass die staatlich geförderte Umsetzung in der Regel zwei- bis dreimal so lange dauert wie ein eigenwirtschaftlicher Ausbau.

Kein Geld mehr für schnelles Internet: Der fatale Stopp der Giga-Förderung

Ein Aspekt, der häufig unterschlagen wird, sind die hohen Kosten, die der Ausbau des Glasfasernetzes verursacht und die von den Telekommunikationsunternehmen kaum aufgebracht werden können.

Die Gigabit-Förderung ist für ländliche Kommunen gedacht, in denen sich der Ausbau des Glasfasernetzes wegen hoher Kosten für Telekommmunikationsunternehmen privatwirtschaftlich nicht rentiert. Insgesamt sind dafür zwölf Milliarden Euro vorgesehen, d. h. jährlich etwa drei Milliarden.

Blöd nur, dass das Geld wegen der hohen Nachfrage 2022 nicht bis zum Jahresende gereicht hat. Deshalb wird regelmäßig von diversen Verbänden auf den Missstand aufmerksam gemacht, dass es auf dem Land kein schnelles Internet gibt.

Der Großteil des Internetvolumens kommt durch Bereitstellung von Diensten und Inhalten großer Tech-Konzerne wie Amazon, Netflix oder Disney+ zustande, die durch das Videostreaming eine hohe Bandbreite beanspruchen. Doch wer trägt die Kosten des Netzausbaus und damit der Infrastruktur des Internets – der Markt oder der Staat? Und wenn der Markt sich beteiligt, müssen sich die Tech-Konzerne ebenfalls daran beteiligen? Und was bedeutet es für unsere Netzneutralität?

Wer zahlt die Rechnung — der Wirt oder der Gast?

Wenn ich in einer Kneipe ein Bier bestelle, bezahle ich als Gast dafür, nicht der Wirt, der das Bier ausschenkt. Wenn wir Tech-

Konzerne zur Kasse bitten, um den Netzausbau zu finanzieren, ist es genauso, als würde ich zum Wirt gehen und ihm sagen: »Du musst mir mein Bier bezahlen.« Die hitzige Debatte rund um den Netzausbau führt uns vor Augen, dass die Infrastruktur des Internets für die Bürger mittlerweile so relevant ist wie unser Strom- und Straßennetz. Sollen die Anbieter von Inhalten dafür zahlen, dass ihre große Datenmengen durch die Netzinfrastruktur hindurchgeleitet werden?

Die viel wichtigere Frage, die sich daraus ergibt, ist: Wenn sich Tech-Unternehmen an den Kosten beteiligen, dürfen Netzanbieter wie die Telekom Anbieter dieser Inhalte bevorzugen? In der Praxis würde das bedeuten: Wenn ich mir auf meinem Handy ein Video anschauen möchte, würde mir jenes von YouTube oder Netflix schneller angezeigt werden als jenes von einem unabhängigen Videodienstanbieter. Damit wären die Tech-Konzerne klar im Vorteil, weil ihre Inhalte bevorzugt werden, was wiederum gegen das Prinzip von Netzneutralität verstößt.

Anfang 2023 hat die EU-Kommission eine öffentliche Konsultation angefangen, d. h. einen Prozess, in dem Unternehmen, Bürger und zivilgesellschaftliche Verbände zusammenkommen und Stellungnahmen abgeben können.

Die Forderung, dass Inhalteanbieter die Netzkosten mittragen, kommt von den Netzanbietern. Denn: Inhalteanbieter pumpen immer größere Datenmengen durch das Internet, und einen Großteil des Internetverkehrs machen Videos aus. Aber genau hier ergibt sich der Widerspruch: Wenn Tech-Konzerne keine datenintensiven Inhalte über ihre Technologieplattformen anbieten, dann ergibt es für Netzanbieter auch keinen Sinn, ihren Kunden teure Internettarife mit schnellem Netz anzubieten.

Zudem beteiligen sich Internetanbieter bereits beim Netzausbau. Eine Studie von Mason hat ergeben, dass Inhalteanbieter erhebliche Summen in die Internetinfrastruktur (zusätzlich zu ihren Investitionen in Inhalte und Anwendungen für Endnutzer) investieren.[91] Diese Infrastrukturinvestitionen betrugen allein von 2011 bis 2021 insgesamt fast 900 Milliarden US-Dollar. Selbst innerhalb der EU ist man sich nicht einig, ob man die Inhalteanbieter zur Kasse bietet oder es unterlässt, um nicht gegen die Netzneutralität zu verstoßen.

Raus aus dem Funkloch!

Funklöcher zu stopfen ist der erste Schritt, um die Grundlage für eine digitale Infrastruktur zu haben und die Digitalisierung voranzutreiben. Mehr Druck auf die Telekommunikationsunternehmen, die fürstlich bezahlte staatliche Aufträge entgegennehmen, schadet ihnen nicht, da sie schließlich dafür bezahlt werden. Weitere Verspätungen müssen konsequent seitens der Bundesregierung geahndet werden, damit die Funklöcher uns nicht die Staatskasse ausbeulen. Gleichzeitig braucht es geringere Sicherheitsauflagen und weniger bürokratische Hürden für die Telko-Unternehmen, um beim Netzausbau zügig voranzukommen. Auch braucht es innovative Ansätze zu einer Finanzierung des Netzausbaus, die nicht gegen das Prinzip der Netzneutralität verstößt.

Neue Abhängigkeiten? Warum digitale Souveränität über unsere Selbstbestimmung entscheidet

Um auf Augenhöhe mit Weltmächten wie den USA und China am Verhandlungstisch zu sitzen, spielt nicht nur die wirtschaftliche Macht eine Rolle, sondern auch, wer Technologie erfindet und gestaltet.

Im digitalen Zeitalter bedeutet das, die Technologie selbstbestimmt für staatliche Zwecke zu entwickeln und verwenden zu können – ohne hierbei durch Wirtschaftsunternehmen oder Interessen anderer Staaten eingeschränkt zu werden. Genau darum geht es bei der digitalen Souveränität, mit welcher sich IT-Managerinnen, Politologen, Lobbyisten und Open-Source-Aktivistinnen gleichermaßen beschäftigen.

Vor allem geht es um die Hoheit und Kontrolle über die eigenen Daten und über jene Daten, die Bürger der öffentlichen Verwaltung anvertrauen. Denn mit der Digitalisierung stehen wir auch vor neuen Herausforderungen: Wie kann der Staat Cyber-Kriminalität bekämpfen und Spionageattacken oder Datenlecks verhindern, damit unsere wirtschaftlichen und politischen Interessen nicht bedroht werden? Wir können es uns nicht leisten, noch mal in einen politischen Dämmerschlaf zu verfallen, da es bei der digitalen Souveränität um unsere Freiheit, Unabhängigkeit und Selbstbestimmung geht.

Wir müssen uns fragen: Was bedeutet Freiheit im digitalen Raum, und wie können wir diese bewahren, um Europas technologische Unabhängigkeit sicherzustellen? Leider gerät der Aspekt der Freiheit und Autonomie in der aktuellen Debatte um Künstliche Intelligenz in den Hintergrund. Als Europäer müssen wir uns die Freiheit im digitalen Zeitalter erkämpfen, indem wir uns nicht von Technologien, die in den USA oder China entwickelt werden, abhängig machen. Der Ukraine-Krieg hat gezeigt, was es bedeutet, wenn man sich zu sehr auf andere Staaten verlässt, um kurzfristige Vorteile (in diesem Fall günstiges Gas) zu bekommen. Langfristige Schäden aufgrund von Abhängigkeiten bekommt man dann nämlich gleich dazu.

In einer idealen, friedlichen Welt könnten wir alle gemeinsam an der Synergie der Künstlichen Intelligenz arbeiten. Doch in der Realität, und das haben auch die Europäer erkannt, sollten wir Abhängigkeiten vermeiden. Daher ist es unausweichlich, dass jeder für sich voranschreitet – auch Deutschland.

Deutschland hinkt aber im Rennen um die Digitalisierung hinterher und findet sich daher oft außen vor. Die Ursachen dafür sind vielfältig: Das Land bewegt sich wie eine Schnecke und scheint lieber in der Schaffung neuer Gesetze zu schwelgen, als mutig voranzuschreiten. Eine ausgeprägte Risikoaversion bremst den Sprung in neue Technologien und innovative Ideen. Während andere Länder mit dynamischer Energie investieren, hat Deutschland möglicherweise zu lange geschlafen und das digitale Potenzial vernachlässigt, was nun zu einem schmerzhaften Aufholbedarf führt.

Wenn es um unsere digitale Infrastruktur geht, ist genau dieses Abhängigkeitsverhältnis zu den USA bereits entstanden. Die Tech-Giganten Amazon Web Services (32 %), Microsoft Azure (23 %) und Google Cloud (10 %) dominieren mit Marktanteilen von fast zwei Drittel den gesamten Cloud-Markt.[92]

Wenn Deutschland aber so stark von Public-Cloud-Anbietern aus den USA abhängig ist, befindet es sich in einer Situation, in der viele deutsche Unternehmen und Organisationen ihre Cloud-Dienste und -Infrastruktur von amerikanischen Giganten beziehen. Das kann zu einer Art digitaler »Fessel« werden, die Fragen zur Kontrolle über Daten, Datenschutz und Innovationskraft aufwirft. Um die digitale Souveränität zu stärken, ist es entscheidend, dass Deutschland eine eigene starke Cloud-Infrastruktur aufbaut und lokale Innovationen vorantreibt.

Deshalb ist es relevanter denn je, herstellerunabhängig zu sein, um Abhängigkeiten zu vermeiden und mit anderen öffentlichen Dienstleistern zusammenzuarbeiten, um gemeinsam handeln zu können. Ein Beispiel, wie digitale Souveränität im Cloud-Bereich auf europäischer Ebene erzielt werden kann, ist Gaia-X.

Es ist nicht alles Gold, was glänzt: Gaia-X als Europas Hoffnung auf digitale Souveränität

Gaia-X könne zum »Goldstandard für Cloud-Dienste werden«, verkündete der damalige Bundeswirtschaftsminister Peter Altmaier (CDU) im Sommer 2020 bei der Vorstellung des Projekts euphorisch.[93]

156

Gaia-X ist ein ehrgeiziges europäisches Projekt, das eine sichere und unabhängige Cloud-Infrastruktur für Unternehmen und Bürger in Europa schaffen soll. Es ist eine Antwort auf die Dominanz ausländischer Cloud-Anbieter und betont europäische Werte wie Datenschutz und Sicherheit. Gaia-X ermöglicht es europäischen Unternehmen, ihre Daten und Anwendungen in einer vertrauenswürdigen und dezentralen Cloud-Umgebung zu speichern und ihre digitale Souveränität zu stärken.

Es ist die Antwort der Bundesregierung auf die Übermacht der amerikanischen Cloud-Anbieter und ein Produkt europäischer Bemühungen, souveräner und unabhängiger von US-Technologiekonzernen wie Amazon und Microsoft zu werden. Derzeit ist es nahezu unmöglich, an den sogenannten Hyperscalern[94] vorbeizukommen, wenn es darum geht, große Datenmengen zu speichern, zu rechnen und für Anwendungsfälle im Bereich Big Data oder KI zu nutzen – sei es für das autonome Fahren oder den Einsatz von Robotik in der Produktion.

Zudem wird damit das Problem der Datenhoheit adressiert, die sich auf wenige internationale Tech-Riesen konzentriert. Die auf Gaia-X basierenden Anwendungen sollen es erlauben, Daten untereinander branchen- und länderübergreifend sicher auszutauschen. Benannt wurde das Projekt nach der griechischen Göttin Gaia, die in der Mythologie als Muttergottheit alles Lebende hervorbringt. In einer Cloud kann ebenfalls neues Leben gedeihen, indem Datenschätze gesammelt, gespeichert und analysiert werden und daraus neue Produkte, Services oder Geschäftsmodelle entstehen.

Allerdings steht Gaia in der Mythologie auch für den Tod. Sie nimmt nach dem Tod Menschen wieder auf, und der Boden bildet den Kreislauf des Lebens ab. Der Tod kann für uns eine Cyberattacke oder Datenlecks bedeuten, wenn wir nicht ausreichend geschützt sind.

Jedoch strebt Europa damit keine Entkopplung an. Im Gegenteil: Ziel von Gaia-X ist es nicht, ein Unternehmen nach dem Vorbild von Amazon Web Services aufzubauen. Gaia-X möchte eine Allianz schaffen, wo Cloud-Giganten sich mit kleineren europäischen Anbietern vernetzen und Cloud-Lösungen ermöglichen, die das europäische Recht einhalten. Im internationalen Wettbewerb muss Deutschland eine digitale Infrastruktur auch im eigenen Binnenmarkt haben, damit es technologisch gegenüber anderen Ländern gleichgestellt ist.

Das klingt alles großartig, doch es gibt auch kritische Stimmen. Mario Brandenburg, technologiepolitischer Sprecher der FDP, warnte in einem *Focus*-Gastbeitrag im Januar 2020 vor Gaia-X, da »die Idee, ein paar große Namen zu addieren und etwas Größeres zu bauen, kläglich scheitern wird«.[95] Zudem verwies Brandenburg auf die Geschichte Europas und Deutschlands, die nie zentralistisch geprägt war und der Anbahnung kritisch gegenüberstehe. Brandenburg erklärte, dass Gaia-X vor Herausforderungen stehe aufgrund des Cloud Acts, der es US-Behörden seit 2018 erlaubt, auch auf jene Daten zuzugreifen, die US-amerikanische IT-Anbieter im Ausland speichern. Dadurch seien die Daten europäischer Unternehmen, die auf Cloudlösungen amerikanischer Anbieter setzen, nicht mehr sicher. Um erfolgreich zu sein, müsse man sich auf Dezentralität, Interoperabilität und einheitliche Regulierungen innerhalb eines digitalen Binnenmarktes konzentrieren. Er lobte den Anspruch einer europäischen Lösung, betonte jedoch, dass eine effiziente Umsetzung entscheidend sei angesichts früherer Bedenken hinsichtlich der langsamen Umsetzung von Technologieinitiativen wie dem Ausbau von 5G und Künstlicher Intelligenz.

Meine Befürchtung als Datenexpertin ist, dass wir zu viel Energie in ein falsches Projekt investieren. In den USA hat die Privatwirtschaft den Cloud-Markt geregelt, während wir in Deutschland mit Vorsicht agieren und komplexe Vorhaben ins Leben rufen, die auf vielen Ebenen schwer zu realisieren sind. Unsere

Vorliebe für Bürokratie und Regulierung erstickt jeden Ansatz, auch die Chancen zu erkennen und zu nutzen.

Statt das Risiko zu wagen, agieren wir mit übermäßiger Vorsicht, da wir uns schützen möchten. Wir erfinden lieber das Pflaster, um die Blutung zu stoppen, als das Skalpell, mit dem wir Operationen durchführen können.

Schaffen wir es, eine eigene Infrastruktur anzubieten, mit der wir Generative KI trainieren können, oder ist der Zug dafür schon abgefahren? Wie können wir unsere europäischen Werte in die Produktentwicklung integrieren? Die kurze, weniger komplexe Antwort lautet, viel Geld in die Hand zu nehmen, um unsere Freiheit durch technologische Entwicklung »made in Europe« zu kaufen. Denn nur so können wir unsere Werte im digitalen Raum verteidigen, so lautet auch der Ansatz von Gaia-X.

Ein weiteres Beispiel dafür, wie wichtig digitale Infrastruktur ist, um als Staat wirklich autonom handeln zu können, ist ChatGPT, ein Large Language Model, das 2022 und 2023 für sprunghafte Entwicklungen und rege Debatten gesorgt hat.

Sprache braucht Raum: Warum Large Language Models auf digitale Infrastruktur angewiesen sind

Die Firma OpenAI hat mit ChatGPT ein Meisterwerk der KI-Geschichte kreiert. Allerdings wäre das ohne die digitale Infrastruktur von hochmodernen Supercomputern und Hyperscalern nie möglich gewesen. Hinter ChatGPT steckt ein sogenanntes Large Language Model, das den Algorithmus anhand eines Korpus an Textdateien trainiert, sodass er in der Lage ist, Texte zu generieren, zusammenzufassen, zu übersetzen und Fragen dazu zu beantworten.

So benötigte Chat-GPT 4 für das Trainieren des Large Language Models 100 Billionen Parameter, was ziemlich genau der Anzahl von Synapsen in einem menschlichen Gehirn entspricht.[96] Es ist also ein wahrhaft komplexer Vorgang mit sehr, sehr vielen Daten, die alle zuverlässig verwaltet und analysiert werden müssen. Und während ein menschliches Gehirn ganz schlank in einem Kopf Platz hat, braucht es für die vergleichbare digitale Struktur Unmengen an Speicherkapazitäten und Strom, die wiederum in einer zuverlässigen Infrastruktur untergebracht werden müssen.

Die Kosten für Rechenleistung und Speicher gehen über finanzielle und technische Aspekte hinaus. Sie verlangen auch einen hohen Energieverbrauch, der potenziell klimaschädlich ist. Obwohl dies kaum überraschend ist, ist es erstaunlich, wie wenig diese Tatsache im Bewusstsein von Menschen verankert ist. Die Auswirkungen der Cloud auf die Umwelt sind verblüffend: Ihr CO_2-Fußabdruck übertrifft mittlerweile den der Luftfahrtindustrie.[97] Ein einziges Rechenzentrum kann mehr Strom verbrauchen als 50.000 Haushalte.[98] Insgesamt verschlingen Rechenzentren mit ihren 200 Terawattstunden (TWh) pro Jahr mehr Energie als manche Nationalstaaten. Der Stromverbrauch von Rechenzentren trägt bereits 0,3 Prozent der globalen Kohlenstoffemissionen bei, und wenn wir die Verwendung von vernetzten Geräten wie Laptops, Smartphones und Tablets einbeziehen, steigt dieser Anteil auf 2 Prozent der globalen Kohlenstoffemissionen an. Diese Zahlen zeigen, wie stark die digitale Welt unsere Umwelt belastet.

Was uns in Europa fehlt, ist eine dezidierte KI-Recheninfrastruktur. Wir können im Jahr 2023 nur aus der Ferne die Errungenschaften in den USA bewundern. Oder: Wir entwickeln unsere technologischen Innovationen auf den digitalen Infrastrukturen der USA, sodass wir die Rechnung für Rechenleistung und Speicherkapazitäten an sie zahlen. Wie nachhaltig und souverän das ist, bleibt die andere Frage.

Deshalb setzt sich die LEAM-Initiative (LEAM = Large European AI Models) des KI-Bundesverbandes dafür ein, dass etablierte Industrie, Tech-Start-ups, Wissenschaft und Politik zusammenkommen, um eine Recheninfrastruktur aufzubauen, mit der große KI-Modelle trainiert werden können.[99]

Hier geht Großbritannien als Vorbild voran: Die britische Regierung will 900 Millionen Pfund in einen hochmodernen Supercomputer investieren.[100] Dies ist Teil der KI-Strategie, die unter anderem vorsieht, dass das Land seinen eigenen »BritGPT« bauen kann. Und die wirtschaftliche Lage Großbritanniens ist um einiges schlechter als jene von Deutschland, sodass die Ausrede »Uns fehlt es an Geld« hierzulande einfach nicht zählt.

Kann ein eigenes »GermGPT«, also deutsches ChatGPT, die Lösung sein oder wird es das nächste Gaia-X – hochambitioniert, aber aussichtslos? Sich hohe Ziele zu stecken ist schön und gut, aber sie müssen auch realisierbar sein. Der politische Wille allein reicht nicht, sondern die technische Komplexität, die wirtschaftlichen Ressourcen und die komplizierte Rechtslage müssen bei solch ambitionierten Vorhaben berücksichtigt werden. Im schlimmsten Falle entpuppen sich diese Investitionen als Fehlentscheidung, deren Kosten wir langfristig – auch mit unseren Steuergeldern – tragen, statt privatwirtschaftlichen Vorreiterlösungen einen Vertrauensvorschuss zu geben. Die Vorhaben der digitalen Souveränität können auch als protektionistische Maßnahmen gewertet werden, um einen digitalen Binnenmarkt zu kreieren, wo Grenzen gezogen werden, die nicht sein müssten.

Dennoch könnte ein eigenes deutsches ChatGPT Deutschland definitiv voranbringen. Es würde die Anpassungsfähigkeit von KI-Anwendungen an die deutsche Sprache und Kultur verbessern und die Kommunikation in der deutschen Sprache erleichtern. Dadurch könnten verschiedene Bereiche wie Kundenservice, Bildung und Forschung von fortschrittlicheren KI-Technologien profitieren. Zudem würde ein deutsches ChatGPT die digitale Souveränität stärken. Um einen positiven Einfluss auf die Gesellschaft zu hinterlassen, muss dies sorgfältig bedacht werden.

Ich lerne hier nichts: Nachholbedarf für digitale Bildung

Die Corona-Pandemie war in Bezug auf die Digitalisierung Fluch und Segen zugleich: Fluch, weil sie schonungslos die Missstände in der Digitalisierung offengelegt hat. Segen, weil sie als Beschleuniger diente, um das digitale Lernen an den Hochschulen und Schulen einzuführen und Remote Arbeit zu ermöglichen.

Während andere Länder wie die Ukraine oder Estland digitale Schulen innerhalb kurzer Zeit aufbauten, warteten (und warten) deutsche Schulen monatelang auf das Geld aus dem DigitalPakt Schule. Von den geplanten 6,5 Milliarden Euro sind seit 2019 erst rund zwei Milliarden Euro abgeflossen, und das, obwohl die Laufzeit des Pakets schon 2024 endet.[101] Grund hierfür sind die bürokratischen Hürden, denn es ist nicht so einfach, an das Geld zu gelangen, da nicht die Schulen selbst, sondern die Kommunen die Mittel beantragen müssen. Genau das ist die Achillesferse, nämlich, dass es davon abhängt, wie gut oder auch schlecht die kommunalen Verwaltungen in digitalen Prozessen aufgestellt sind.

Dieses Problem betrifft mich auch persönlich als Schwester eines 20-jährigen Bruders, der während der Pandemie sein Abitur ablegen musste. Es gab einige Mitschüler in seiner Klasse, deren Eltern nicht die finanziellen Mittel hatten, sofort einen Laptop zu kaufen. Stattdessen haben sie monatelang auf staatliche Zuschüsse gewartet. In der Zwischenzeit haben wir einen Laptop an einen seiner Kameraden verliehen, damit er weiterhin an allen schulischen Veranstaltungen digital teilhaben konnte. Was wäre, wenn er nicht den geliehenen Laptop gehabt hätte? Hätte er stattdessen im Internet-Café hocken oder sich in den Computerraum der Schule begeben sollen? Es darf nicht vom Zufall abhängen, ob junge Menschen Zugang zu digitaler Bildung erhalten. Und vor allem darf es nicht vom Elternhaus abhängen, da sich damit die ohnehin geringe soziale Mobilität in Deutschland noch verschärft.

162

Aber es gibt noch weitere Lücken in der technischen Ausstattung: Laut einer Studie der Universität Göttingen stellt jede zweite Schule in Deutschland kein WLAN bereit, das die Schüler nutzen können. Studienleiter Frank Mußmann weist darauf hin, dass »die Unterschiede gravierend« seien. So kann laut der Erhebung beispielsweise nur ein Drittel der Jugendlichen an Nachzügler-Schulen prüfen, ob sie sich auf Informationen im Internet verlassen können. An den Vorreiter-Schulen sind es dagegen 62 Prozent. Und auch die digitale Infrastruktur oder die Weiterbildungsmöglichkeiten für Lehrkräfte seien deutlich schlechter.[102]

Damit zeigt Mußmanns Studie auf, wie sich die Qualität der Ausstattung und die Existenz von Medienbildungskonzepten auf den Bildungserfolg der Schüler auswirken. Wenn digitale Fähigkeiten und Medienbildung nicht im Lehrplan verankert sind, liegt es an den einzelnen Schülern, ob und wie sie sich dieses Wissen selbst aneignen. Dies führt zu einer Verschärfung der sozialen Ungleichheit, da diejenigen mit geringeren digitalen Kompetenzen erhebliche Nachteile in ihrer akademischen und beruflichen Laufbahn haben werden.

Diese Entwicklung beobachte ich auch bei der Generation meines Bruders, der Gen Z, die ihre Informationen nicht von Nachrichtenseiten oder aus dem Fernsehen bezieht, sondern vermehrt auf TikTok oder Instagram setzt. Auch die neueste Studie von Google bestätigt dieses Nutzerverhalten: Bei 18- bis 25-jährigen Nutzern in den USA wurde festgestellt, dass fast 40 Prozent von ihnen TikTok oder Instagram zur Suche verwenden statt Google Maps oder Google.[103]

Auf TikTok oder Instagram schaut sich die Gen Z oftmals 90-sekündige, vertikale Video-Clips zu den unterschiedlichsten Themen an: vom Hack, um die neuesten Nike Jordans sauber zu halten, über Berichte von Journalisten in der Ukraine vor Ort bis hin zu Finanztipps für junge Menschen. Das Problem hierbei ist, dass sie diese Informationen nicht verifizieren können, da es keine seriösen Nachrichtenquellen sind, sondern Plattformen. Wenn ich meinen jüngeren Bruder frage, woher er von etwas erfahren hat, erwidert er lediglich: »Instagram«. Gen Z denkt nicht in Quellen, sondern in Plattformen. Und genau dies kann zum Verhängnis werden, wenn Schüler nicht mehr zwischen Plattformen mit Medieninhalten und Quellen unterscheiden können.

Ich mache mir keine Sorgen um die Schulnoten der Gen Z, sondern um das verzerrte Weltbild, dass sich dadurch langfristig entwickeln kann. Ich möchte keinen zweiten Attila Hildmann haben, der auf Telegram seine Verschwörungserzählungen verbreitet und der Regierung unterstellt, die Wahrheit zu verschweigen. Und genau deshalb ist die Vermittlung von digitalen Medienkompetenzen an Schulen so wichtig. Es geht um Teilhabe in unserer Gesellschaft: Informationen werden von Bürgern aufgenommen, und wenn die Menschen nicht in der Lage sind, diese Informationen zu bewerten, sind sie anfälliger für Fake News. Wir können es uns schlicht und ergreifend nicht leisten, Bürger zu haben, die falsch informiert sind oder nicht wissen, wie sie sich informieren können. Besonders besorgniserregend ist, dass nur 39 Prozent der Schüler angaben, sie hätten in der Schule gelernt, herauszufinden, ob Informationen im Internet glaubwürdig seien. Im internationalen Vergleich sind es 65 Prozent.[104] Diese Menschen können nicht in der digitalen Welt teilhaben und sind komplett von der Gesellschaft abgehängt. Wir haben einen massiven Nachholbedarf in Deutschland, diese digitalen Analphabeten abzuholen.

Mama, ChatGPT hat meine Hausaufgaben erledigt: Wie KI unser Bildungssystem revolutioniert

ChatGPT kann uns Zusammenfassungen von Büchern, Essays und noch viel mehr liefern. Mithilfe von ChatGPT kann ich sogar meinen Python-Code auf der Arbeit eingeben und fragen, wo sich der Fehler befindet. Auch kann ChatGPT viel bessere Ergebnisse bei standardisierten Tests erzielen.

Was sagt das über unser Bildungssystem aus, über die Art, wie wir lernen? Ich kann mich noch sehr gut daran erinnern, wie ich stundenlang Bücher gelesen habe, um diese zusammenzufassen. Ich erinnere mich an Nächte, in denen ich Vokabeln, die Bedeutung von Gesetzesparagrafen und das Nachvollziehen von mathematischen Formeln gepaukt habe. Wenn eine Maschine viel leistungsfähiger in der Bearbeitung dieser Aufgaben ist, wozu müssen wir oder die heranwachsende Generation so etwas noch lernen? Kann KI nicht das Potenzial entfalten, dass Lehrkräfte mehr mündliche Prüfungen einführen, wo Nachfragen an die Schüler gestellt werden können, um zu prüfen, ob sie die Materie wirklich verstanden haben, statt nur Bulimielernen zu betreiben?

Die Verwendung von KI sorgt bei Lehrenden für Angst und Verwirrung. Deshalb adressiert die Europäische Kommission diese Bedenken, indem sie als Teil des Aktionsplans für digitale Bildung Leitlinien für die ethische Nutzung von KI entwickelt hat. Auch soll perspektivisch ein Online-Kurs über KI in der Fortbildung für Lehrkräfte angeboten werden.[105]

Es ist begrüßenswert, dass diese Thematik zeitnah angenommen wird, aber das alles bietet nur einen Rahmen. Es reicht nicht aus. Vielmehr müssen wir das Bildungssystem hinterfragen, wo junge Menschen mit Hausaufgaben und Tests zugepackt werden, statt von einer optimalen Lernerfahrung zu profitieren, wo sie Beziehungen intensivieren, Dinge ausprobieren oder mehr mit ihren Mitschülern und Lehrkräften interagieren können. Und hier verbirgt sich die große Chance von KI: Lehrkräfte müssen nicht mehr Papierstapel von Testergebnissen durchforsten, sondern können Tests online durchführen und im Nachgang von einer KI auswerten lassen. Statt in einem Klassenbuch Abwesenheiten und Krankheitsfälle händisch zu notieren, kann eine KI diese erkennen und aufzeichnen.

Warum Deutschland eine digitale Aufholjagd braucht: Perspektivwechsel mit Zukunftslobbyist Wolfgang Gründinger

Ich verfolge die Karriere von Wolfgang Gründinger, einem engagierten Aktivisten und inspirierenden Publizisten, schon seit meinen Teenager-Jahren, und ich bin immer wieder beeindruckt, wie unermüdlich er die Anliegen unserer Generation gegenüber der Politik vertritt. Egal, ob es um Themen wie Digitalisierung, Nachhaltigkeit oder Teilhabe geht, er setzt sich leidenschaftlich für eine bessere Zukunft ein.

Kürzlich hatte ich die Gelegenheit, mit ihm über die Versäumnisse der Digitalisierung in Deutschland zu sprechen, und er brachte meine eigenen Beobachtungen ziemlich genau auf den Punkt. Seine Worte waren deutlich und eindringlich: »Der deutsche digitale Rückstand ist inzwischen legendär. Die digitale Infrastruktur ist mangelhaft. Schnelles Netz fehlt überall, ob auf dem Land, in den Metropolen oder entlang der Bahnstrecken. Innovationen werden abgewürgt, zu oft mit dem wohlfeilen Verweis auf Datenschutz. Die öffentliche Verwaltung ist hoffnungslos analog und schafft es bestenfalls, analoge Prozesse online nachzubauen – aber nicht, sie digital neu zu denken.«

Es war erfrischend zu sehen, wie leidenschaftlich er für eine bessere digitale Zukunft eintritt. Als ich ihn auf die Auswirkungen der COVID-Pandemie ansprach, wies er auf alarmierende Beispiele hin: Gesundheitsämter, die immer noch auf Faxgeräte angewiesen waren, eine Corona-Warn-App, die Millionen kostete, aber weder den gewünschten Erfolg noch die nötige Sicherheit brachte. Seine Frustration über die deutsche analoge Bürokratie, die nicht nur viele Menschen zur Verzweiflung treibt, sondern auch die Zukunftsfähigkeit unseres Landes gefährdet und das Vertrauen in den Staat untergräbt, war deutlich spürbar.

Ein weiterer wichtiger Punkt, den Gründinger ansprach, waren die ethischen Grundlagen für technologische Entwicklungen. Er betonte, dass Diskriminierung in jeglicher Form entschieden bekämpft werden müsse, sei es analog oder digital. Algorithmen könnten dabei helfen, unbewusste Vorurteile aufzudecken und zu korrigieren, um eine gerechtere Gesellschaft zu schaffen. Er wies darauf hin, dass Diversität nicht nur ein Selbstzweck sei, sondern die Grundlage für die Funktionsfähigkeit von Algorithmen und deren rechtliche Zulässigkeit. Die Einhaltung der EU-Antidiskriminierungs-Richtlinie und der EU-Datenschutz-Grundverordnung sei daher von entscheidender Bedeutung.

Gründinger sprach auch über die Notwendigkeit, die besten Fachleute in Deutschland zu halten und sicherzustellen, dass sie nicht nur für internationale Tech-Riesen wie Facebook, Google oder Amazon arbeiten. Er betonte, wie wichtig es sei, sie auch für deutsche Unternehmen zu gewinnen und einen »War For Talents« mit diesen Konzernen zu führen. Eine Vision, die ich voll und ganz unterstütze.

Auch wies er auf die Notwendigkeit hin, Institutionen auf ein agiles Mindset einzustellen und Raum für Innovationen und Experimente zu schaffen. Er betonte, dass Scheitern bewusst erlaubt sein müsse, um außerhalb der tradierten Prozesse neue Wege zu gehen und die digitale Transformation unseres Landes voranzutreiben.

Es war unglaublich, mit jemandem zu sprechen, den ich so sehr bewundere und der unsere Anliegen so kraftvoll vertritt. Wolfgang Gründinger hat mich ermutigt, weiterhin für eine digitale Zukunft einzutreten, die fair, inklusiv und zukunftsfähig ist.

Fazit: Wach auf aus deinem Dornröschenschlaf, liebes Deutschland!

Das ganze letzte Kapitel liest sich wie ein Brandbrief an unsere Regierung, und genau das ist es auch: Ich liebe Deutschland und möchte die Zukunft dieses Landes nicht leichtsinnig von der Politik verspielen lassen, die in den vergangenen Legislaturperioden viel zu wenig für Digitalisierung, Innovation und Unternehmertum getan hat. Es ist Zeit für eine Wende, wo akute Probleme wie der Netzausbau, der sich von Jahr zu Jahr verschleppt, endlich adressiert werden, statt neue Leuchtturmprojekte wie Gaia-X ins Leben zu rufen, die in ihrer Komplexität massivst unterschätzt werden. Um es mit den Worten einer verzweifelten Lehrkraft zu formulieren: Wir müssen erst mal unsere Hausaufgaben wie den Netzausbau machen, bevor wir die Zusatzaufgaben wie Gaia-X angehen.

Wenn es so weitergeht, hinken wir nicht nur noch weiter hinterher, sondern haben Ressourcen verschwendet, die in andere Projekte und Förderprogramme investiert werden könnten.

Der Blick auf Technologien sollte uns daran erinnern, dass in Deutschland immer noch ein Mangel am Wesentlichen besteht, nämlich Laptops für alle Bürger, insbesondere Schüler, und eine digitale Infrastruktur. Wir haben uns in Deutschland zu lange auf Branchen verlassen, die zwar immer stärker automatisiert werden, aber nicht unbedingt zukunftsfähig sind.

FairTech bedeutet Zugang zur Digitalisierung und die Möglichkeit, diese zu gestalten. Es bedeutet auch, dass jeder Zugang dazu haben sollte, unabhängig von seinem Standort. Es ist an der Zeit, Funklöcher zu schließen und sicherzustellen, dass jeder einen Computer besitzen kann. Nur so können wir eine Zukunft schaffen, in der Technologie gerecht und für alle zugänglich ist. Indem wir die digitale Infrastruktur verbessern und allen Menschen die Möglichkeit geben, von den Vorteilen der Digitalisierung zu profitieren, können wir eine inklusive Gesellschaft formen, in der Technologie eine treibende Kraft für Fortschritt und Chancengleichheit ist.

Kapitel 8 | Digitalisierung als Wohlstandsmotor: Versäumnisse der Wirtschaft

Wenn ich heutzutage durch die Straßen Berlins laufe, werde ich nostalgisch. Ich denke an die Zeit vor Corona zurück, wo ich mich ins Nachtleben stürzte und auch mal im Techno-Schuppen versackt bin. Das war, als ich noch für Start-ups gearbeitet habe, wo die Bezahlung nicht besonders toll, aber die Aufgaben herausfordernd und die Menschen hip waren.

Klaus Wowereit, der ehemalige regierende Berliner Bürgermeister, sagte mal, Berlin sei »arm, aber sexy«.[106] In den Nachwehen der Pandemie ist von dem einstigen Flair dieser Stadt nicht mehr viel übrig: Kündigungswellen überschatten die Wirtschaft, Investorengelder sind knapper geworden, und eine allgegenwärtige Krisenstimmung liegt in der Luft. Die einstigen Träume von raschem Wachstum und multimillionenschweren Exits scheinen wie Seifenblasen geplatzt zu sein.

Start-ups sind die Pioniere der Geschäftswelt; sie nutzen digitale Technologien als Katalysatoren für bahnbrechende Ideen. Mit der Kraft der digitalen Transformation revolutionieren sie traditionelle Märkte und schaffen neue Bedürfnisse. Und wie ein Phönix aus der Asche erheben sie sich, setzen auf schlanke Strukturen und agiles Vorgehen, um Effizienz zu maximieren. Dabei eröffnen sie sich grenzenlose Möglichkeiten, erschließen globale Absatzmärkte und überraschen ihre Kunden mit Angeboten, die sie begeistern. Die Kombination von Technologie und Innovation verspricht ein Wachstumspotenzial, das über alle bisherigen Grenzen hinausgeht. In einer Welt, die sich immer schneller digitalisiert, sind Start-ups die kühnen Vorreiter, die unsere Zukunft neu gestalten.

Start-ups: Die fetten Jahre sind vorbei

Allerdings zieht es die Gründer dieser Vorreiter für »Workations«
heute eher nach Kapstadt.[107] Sie entfliehen dem miesen Wetter und
den schlechten Gründungsbedingungen in Deutschland. Deshalb
wird direkt im Silicon Valley, London, Beijing oder Tel Aviv das
nächste Tech-Start-up gegründet – in Metropolen, wo Menschen
mit großen Ideen auch das große Geld bekommen.[108] Europäische
Tech-Start-ups konzentrieren sich weitgehend auf das Vereinigte
Königreich, Deutschland und Frankreich. Fast zwei Drittel der
tausend größten Start-ups mit Fokus auf Technologie-Produkte
und digitale Services auf dem Kontinent wurden in einem dieser Länder gegründet. London, Amsterdam und Paris gelten als
attraktivere Gründungsstandorte für Tech-Unternehmer – aufgrund des einfacheren Zugangs zu Kapital und Talenten. Derzeit
gilt London als Epizentrum für Tech in Europa, da es auch die
attraktivste Stadt für digitale Talente ist. London ist weiterhin die
erste Wahl für Tech-Fachkräfte, die bereit sind, in eine Stadt in einem anderen Land umzuziehen.[109] Die Multikulturalität der Stadt
und ihr vielfältiges Wissen über Märkte, Sprachen und Kulturen
sind ideal für Unternehmen, die auf globaler Ebene expandieren
wollen. Berlin und Amsterdam sind weiterhin beliebt, aber es gibt
mittlerweile auch mehr Interesse, nach Barcelona oder Paris zu
ziehen. Nicht verwunderlich, wenn wir an die Unfreundlichkeit,
den Hundekot und das graue Wetter in Berlin denken. Da zieht
es mich auch eher ins warme Barcelona oder ins schicke London.

Wo bleibt der deutsche Erfindergeist?

Die Stimmung in der deutschen Gründerszene bleibt trüb: Gegenüber dem Vorjahr 2021 sank die Gründungsaktivität von Start-
ups in der Digitalszene Deutschlands um 18 Prozent, also von
3.196 im Jahr 2021 auf 2.618 in 2022.[110] Magdalena Oehl, stellver-

tretende Vorsitzende des Start-up-Verbands, bemerkte, wie das Start-up-Ökosystem aufgrund der konjunkturellen Lage leidet:[111] »Der Rückgang bei Neugründungen kann für die ohnehin schon lahmende Innovationskraft Deutschlands zum Problem werden. Es fehlt an gescheiten Regelungen für Mitarbeiterbeteiligungen, flexiblem Arbeitsrecht, vereinfachter Zuwanderung ohne Sprachtests, guten Steuerbedingungen und Regulierung mit Augenmaß.«

Wenn wir nicht die digitale Infrastruktur liefern, wenn KI-Errungenschaften nicht von uns kommen, wofür stehen wir Deutschen in dieser neuen Weltordnung überhaupt? Wann haben wir uns in Deutschland mit einer Neugründung in der IT-Welt einen Namen gemacht? Wo zum Teufel bleibt unser deutscher Erfindergeist, der uns einmal ausgezeichnet hat? Deutschlands Erfindergeist erstreckt sich von der Entwicklung des ersten benzinbetriebenen Automobils über wegweisende Entdeckungen in Chemie und Pharmazie bis hin zur Beteiligung an Raumfahrttechnologie und Fortschritten in erneuerbaren Energien. Die Gründung des letzten namhaften deutschen IT-Unternehmens, SAP, fand Anfang der Siebzigerjahre statt, liegt also mehr als ein halbes Jahrhundert zurück.

Trotzdem gibt es deutsche Erfolgsgeschichten wie die Tech-Unternehmen Personio, Celonis oder Zalando, die aber eher die Ausnahme als die Regel bilden. Wir brauchen einen Wirtschaftsboom, der fest in der digitalen Welt verankert ist, »Tech made in Germany«.

Die Ingenieurskunst, die wir Deutschen in der Automobilindustrie mit den weltweit bekanntesten Automarken, darunter Mercedes-Benz, BMW, Volkswagen und Audi, prägten, wird heute von den USA und China durch den Fokus auf E-Mobility dominiert.[112] Um nicht in eine Sinnkrise zu stürzen, rühmen wir uns damit, Künstliche Intelligenz zu regulieren. Statt Technologien selbst zu erfinden und auf den Markt zu bringen, wollen wir seit Neuestem Weltmeister für die Zertifizierung technologischer

Produkte werden. Die Wirtschaftsprüfungs- und Beratungsgesellschaft PwC Deutschland, die weltweit größte nicht börsennotierte Prüf- und Zertifizierungsgesellschaft DEKRA und der Innovationsstarter Fonds Hamburg wollen einen internationalen Zertifizierungsanbieter für Künstliche Intelligenz namens CertifAI gründen.[113] Durch den Anstieg regulatorischer Vorgaben steigt die Nachfrage nach Beratung, Prüfung und Zertifizierung in Bezug auf KI-Produkte, um jegliche Sicherheitsbedenken auszuräumen.

Aber ist das schon alles? Ist Deutschland – eigentlich ganz Europa – zum Ordnungsamt für Technologie mutiert, das Knöllchen verteilt, wenn falsch geparkt bzw. entwickelt wird?

Dieser Wahn der Regulatorik kommt nicht aus dem Nichts: Die EU-KI-Verordnung wird fatale Konsequenzen haben – oder eben auch Chancen bieten, um auf die Bedürfnisse der Hersteller von technologischen Diensten mit einer relevanten Beratungsdienstleistung einzugehen.

In einer Umfrage unter über hundert Hightech-KI-Start-ups und 15 Risikokapitalgesellschaften in der EU haben sich besorgniserregende Entwicklungen hinsichtlich des geplanten EU-KI-Gesetzes gezeigt.[114] Nicht erstaunlich: 73 Prozent der befragten Risikokapitalgesellschaften sind der Meinung, dass dieses Gesetz die Wettbewerbsfähigkeit europäischer KI-Start-ups erheblich beeinträchtigen wird, was auf zusätzliche Regulierungen und Compliance-Anforderungen zurückzuführen sein könnte.

Darüber hinaus ergab die Umfrage, dass zwischen 33 und 50 Prozent der befragten Start-ups ihre eigenen KI-Systeme als hochriskant einstufen, was bedeutet, dass sie den Verpflichtungen des EU-KI-Gesetzes unterliegen würden. Diese hohe Selbstkategorisierung als hochriskant überschreitet deutlich die von der Europäischen Kommission angenommenen Werte (5 bis 15 Prozent) in ihrer Folgenabschätzung des KI-Gesetzes. Dies wirft wichtige

Fragen darüber auf, wie Unternehmen die Einstufung ihrer KI-Systeme vornehmen und wie das geplante Gesetz die Innovationslandschaft und Wettbewerbsfähigkeit in Europa beeinflussen wird.

Besorgniserregend ist auch, dass 50 Prozent der befragten Start-ups befürchten, das KI-Gesetz werde die KI-Innovation in Europa bremsen. Noch alarmierender ist, dass 16 Prozent der KI-Start-up-Gründer sogar in Erwägung ziehen, die KI-Entwicklung einzustellen oder ihre Aktivitäten in ein Land außerhalb der EU zu verlagern.

Es ist allerdings wichtig zu beachten, dass das EU-KI-Gesetz solche KI-Systeme betrifft, die auf dem EU-Markt in Verkehr gebracht oder in Betrieb genommen werden, und daher nicht nur auf Unternehmen mit Sitz in der EU beschränkt ist. Diese Entwicklungen haben erhebliche Auswirkungen auf die KI-Industrie in Europa und werfen die dringende Frage auf, wie eine ausgewogene Regulierung erreicht werden kann, die Innovation unterstützt, aber auch die Risiken angemessen berücksichtigt.

Die Freiheit und angemessene Regulierung für eine gerechte Digitalisierung sind von entscheidender Bedeutung, um sowohl die Bürger als auch die Unternehmen und Entwickler gleichermaßen zu schützen und die Innovation im Start-up-Sektor voranzutreiben. Es ist wichtig anzuerkennen, dass die Digitalisierung und der Fortschritt der Technologie enorme Vorteile mit sich bringen. Sie ermöglichen eine bessere Vernetzung, beschleunigen den Zugang zu Informationen und schaffen innovative Lösungen für viele Bereiche des täglichen Lebens. Diese Entwicklungen haben zweifellos das Potenzial, unser Leben zu verbessern und unsere Gesellschaft voranzubringen.

Allerdings dürfen wir nicht vergessen, dass die zunehmende Verbreitung von Technologie auch Risiken birgt, die sich direkt auf die Bürger auswirken können. Die Datensicherheit und der Schutz der Privatsphäre sind wichtige Anliegen, die nicht vernachlässigt werden dürfen. Die Freiheit der Bürger darf nicht durch unkontrollierte Datensammlung und Missbrauch gefährdet werden. Es ist daher von entscheidender Bedeutung, angemessene Regulierungen einzuführen, um die Bürger vor diesen Risiken zu schützen und ihnen das Vertrauen in die digitale Welt zurückzugeben.

Gleichzeitig ist es unerlässlich, die Freiheit und den Raum für Innovation zu bewahren, besonders im Start-up-Sektor. Unternehmer und Entwickler treiben die Technologie voran, indem sie neue Ideen verwirklichen und innovative Produkte und Dienstleistungen schaffen. Diese Kreativität und dieser Unternehmergeist müssen unterstützt und gefördert werden, um die Wettbewerbsfähigkeit Europas in der globalen Technologiebranche zu stärken.

Eine gerechte Digitalisierung bedeutet also, ein Gleichgewicht zwischen Freiheit und Regulierung zu finden. Es obliegt einer gemeinsamen Verantwortung, für eine Digitalisierung zu plädieren, die Freiheit und Innovation fördert, aber auch die Rechte und den Schutz der Bürger gewährleistet.

Brauchen wir ein Rocket Internet für Techies?

Bis heute kann ich mich an ein Bewerbungsgespräch bei einem Portfoliounternehmen des Inkubators Rocket Internet erinnern, wo ich ein Assessment durchlief. Einer der Geschäftsführer war begeistert davon, dass ich mir technische Skills zusätzlich zum VWL-Studium beigebracht habe. Er sagte: »In den USA werden Techies wie Rockstars gefeiert. Da reißt sich jeder um sie als Co-Founder, oder sie bekommen Equity an den Start-ups, wo sie anfangen zu arbeiten. Hier in Deutschland werden sie als Code Monkeys angesehen, denen man nur Aufgaben zum Abarbeiten gibt, aber nicht als Partner auf Augenhöhe. Sie erfahren hier nicht die Wertschätzung, die sie verdienen.«

174

Dieses Gespräch ließ mich nachdenklich zurück, denn er hatte völlig recht mit seinen Beobachtungen. Ich nahm das Angebot dennoch nicht an, da jeder in der Gründerszene wusste, dass Rocket Internet für aggressives Wachstum, Überstunden und einen manchmal fragwürdigen Management-Stil bekannt ist. Rocket Internet ist als Inkubator für die Entwicklung digitaler Geschäftsmodelle der Nullerjahre und Gründerschmiede Europas bekannt. Zu den größten Erfolgen zählen Zalando oder Delivery Hero, die beide zweistellige Milliardenbewertungen am Markt haben.

Wenn ich meine Kommilitonen fragte, wie sie mal sein wollen, dann wurde mir »Oliver Samwer« entgegnet, was mich auch ein wenig stutzig machte. Er war das Idol und der »Wolf of Wall Street« aller BWL-Studierenden. Seine Geschäftsmodelle waren nicht so revolutionär wie jene von Mark Zuckerberg, Bill Gates oder Jeff Bezos, sondern eher Copycats erfolgreicher amerikanischer Geschäfte. Dennoch diente er als Identifikationsfigur, da sein Inkubator Erfolgsgeschichten »made in Germany« schrieb. Und jeder, der für Samwer gearbeitet hat, bestätigt mir: »Es war die härteste, aber auch lehrreichste Zeit meines Lebens. Keine einfache Schule, aber danach fühlst du dich jeder Challenge gewachsen.«

Seit der Pandemie ist von Gründereuphorie weniger zu spüren. Die Berliner Venture Capital-Firma Morphais hat kürzlich veröffentlicht, dass von Juli bis September 2022 knapp 30 Prozent weniger technologiefokussierte Neugründungen im deutschen Handelsregister verzeichnet wurden. Dies ist ein Indikator dafür, dass es immer weniger Neugründungen im Tech-Bereich der Bundesrepublik gibt. Deutschlands Gründergeist steht vor dem Exitus. Und das ist nicht verwunderlich in diesen ambivalenten Zeiten, wo es weniger Chancen auf Risikokapital gibt und gleichzeitig hohe Kredit- und Energiekosten zu stemmen sind. Eine Tech-Firma ausgerechnet mitten in einer Zeit von Krise und Krieg zu gründen, scheint keine gute Idee zu sein. Vor allem gibt es zu wenig Risikokapital, hohe bürokratische Hürden und einen Mangel an Fachkräften, weshalb einige Gründer direkt beschließen, in die USA zu gehen. Dort sind die Strukturen unternehmerfreundlicher als hier.

Um dieser Abwanderung von Gründertalenten entgegenzuwirken, ist Frankreich ein Vorzeigebeispiel: Präsident Macron kündigte im Oktober 2021 eine Offensive für staatliche Investitionen in Forschung und Innovation in Höhe von 30 Milliarden Euro bis zum Jahr 2030 an.[115] Hierbei möchte er insbesondere Start-ups aus dem DeepTech-Bereich fördern. Macrons selbst erklärtes Ziel ist es, Frankreich zur »Start-up Nation« zu machen.

So wurde im April 2020 die elektronische notarielle Urkunde, die vollständig remote abgeschlossen werden kann, in Frankreich eingeführt.[116] Mehr als zwei Jahre später machte es Deutschland den Franzosen nach: Der Bundesverband Deutscher Start-ups hatte dies jahrelang gefordert, doch erst seit August 2022 ist die elektronische notarielle Urkunde Wirklichkeit: seit dem Inkrafttreten des Gesetzes zur Umsetzung der Digitalisierungsrichtlinie (DiRUG).[117]

Besonders interessant am DeepTech-Sektor ist, dass KI-Start-ups, die sich auf Applikationen spezialisieren, weniger Funding erhalten im Vergleich zu jenen, die Plattformen entwickeln. Das Mantra lautet »Think big«. Allerdings ist bei der Entwicklung von Plattformen eine viel höhere Investitionssumme nötig, und in diesem Bereich kann Deutschland nicht mithalten. So kommen die Finanzierungsspritzen aus den USA oder China, aber es zieht die Gründer trotzdem nach Berlin. Denn Deutschland und Europa haben eine Open-Source-Kultur, die für Tech-Start-ups interessant ist.

Kann ein Rocket Internet für Techies die Lösung sein, damit mehr Tech-Unternehmen in Deutschland gegründet werden? Ein Rocket Internet braucht es per se nicht, aber Identifikationsfiguren sind wichtig, um Orientierung zu bieten. Zudem reichen

176

Copycat-Geschäftsmodelle nicht, sondern wir brauchen eigene innovative Ideen, und die erfordern Mut. Auch braucht die Gründerszene mehr Vielfalt, da sich jeder Protagonist in einem Gründerszene-Artikel austauschbar anfühlt. Die Geschichten und Lebensläufe dieser Gründer lesen sich alle gleich: Cornelius, 28, BWL-Absolvent der WHU, hatte die Idee zu seinem Start-up mit seinem WG-Mitbewohner Ferdinand beim Kickerspielen und war zu 100 Prozent gebootstrapped – dank der Großzügigkeit der Eltern und Großeltern.

Daher ist es so wichtig, in den Schulen und Universitäten mehr Angebote rund um das Unternehmertum einzuführen, damit es nicht nur einer kleinen, reichen Elite vorbehalten ist, sondern auch Ali, Kevin und Olga, die die digitale Gründerszene aufmischen.

Warum wir zu hohe Erwartungen an die Gründerszene haben: Perspektivwechsel mit OMR-Gründer Philipp Westermeyer

Um die Herausforderungen der digitalen Gründerszene besser zu verstehen, treffe ich mich mit niemand anderem als Philipp Westermeyer. Er ist Gründer der Marke OMR, hat bereits in der Vergangenheit ein Online-Marketing-Unternehmen gegründet, erfolgreich den Exit geschafft und spricht regelmäßig in seinem Podcast mit den unterschiedlichsten Persönlichkeiten wie Trash-TV-Millionär Robert Geissen, Star-Philosoph Richard David Precht und Snap-CEO Evan Spiegel. Das OMR Festival ist mittlerweile eine der größten Digital- und Marketingkonferenzen in Europa und lockt mehr als 70.000 Menschen aus aller Welt nach Hamburg.

Im Gespräch erklärt er mir, warum aus Sicht von Gründern Themen rund um KI-Ethik und Diversity in Tech ein Luxus sind, den man sich erst leisten kann, wenn die Wachstumsphase abgeschlossen ist. »Stell dir mal vor, du bist ein 25-jähriger angehender Gründer. Dann schaust du auf KI und merkst recht schnell, das ist nichts, was ich selber machen kann und wo ich mal eben mit einem Kumpel loslegen kann – oder ich irgendwo einen cleveren Entwickler auftreibe.« Das hat vor allem mit der Komplexität von Künstlicher Intelligenz zu tun, wo neben der Software-Entwicklung auch Datenwissenschaftler und Machine Learning Engineers nötig sind, um so etwas zu bewerkstelligen.

Auch bemängelt er, dass die Erwartungshaltung gegenüber Start-ups viel zu hoch ist. »Ich denke, dass der Beitrag, den die digitale Gründerszene hierzu leisten kann, häufig überschätzt wird«, fährt er fort. Er erklärt, welchem Druck Gründer in der Anfangsphase ausgesetzt sind, wenn Investorengelder im Spiel sind. Als Gründer gäbe es nur ein Ziel, nämlich die Firma zum Wachsen zu bringen und die Erwartungen zu erfüllen, die betriebswirtschaftlich an dich gestellt werden. Auch müsse man in den Kerngebieten die Grenzen austesten, sehr aggressiv agieren und intensiv skalieren. »Und jetzt noch zu den Gründern zu gehen und zu sagen: ›Okay, ihr müsst darüber hinaus noch eine andere Agenda oder Ziel verfolgen.‹ Das ist schlichtweg naiv. Das werden und können diese Gründer nicht tun.«

Auf meine Nachfrage hin, ob für Start-ups nach der Anfangs- und Wachstumsphase FairTech umzusetzen wäre, erwidert er, das halte er für realistischer.

Was er häufiger in seinem Umfeld beobachtet hat, ist, dass sich Gründerinnen nach dem Verkauf ihrer Firma oder der Firmenanteile mehr Gedanken um philanthropische Zwecke machen – und zwar zu einem Zeitpunkt, wo die Firma alleine laufen und genügend Ergebnisse produzieren kann. Zu diesem Zeitpunkt sind sie in der Regel so wohlhabend, dass sie sich vollkommen auf ihr Engagement fokussieren können.

Ich muss selber unmittelbar an Verena Pausder denken, die Vorzeigefrau der digitalen Gründerszene, die sich nach dem Verkauf ihrer Firma Haba Digitalwerkstätte komplett ihrem Engagement mit zahlreichen Initiativen widmet – von Digitale Bildung für alle e.V. bis hin zum Frauenfußball mit dem FC Viktoria Berlin und ihrem Buchclub »Verena's Book Club«.

Aber Philipp fordert mich auf, anders über die Thematik nachzudenken. »Die Frage, die wir uns stellen müssen, ist, was können andere Stellen beitragen – seien es familienfreundliche Arbeitsbedingungen oder nachhaltige Unternehmenspraktiken – und welche Rolle können Investoren hierbei spielen, auch in der Phase der Intensivierung des Start-ups«, sagt er nachdenklich.

Da in wenigen Tagen im Mai 2023 das OMR Festival stattfindet, frage ich ihn, welche Tech-Trends uns in den nächsten Jahren beschäftigen werden. Lustigerweise sagt er, dass er Künstliche Intelligenz für einen Hype und das disruptive Potenzial für überschätzt halte – genauso wie das Metaverse[118] vor ein bis zwei Jahren gehypt wurde und jetzt als strategischer Fokus seitens Meta weniger Priorität erhalten hat. »Ich bin mir nicht so sicher, ob es wirklich so groß und disruptiv wird, wie es alle derzeit sagen, also dass es jetzt unser Leben unmittelbar beeinflusst. Meinem Gefühl nach hat es einen indirekten Einfluss, aber es ist für mich nicht die große Revolution, die ich jetzt unmittelbar am eigenen Körper spüre. Da erwarte ich in den nächsten Jahren gar nicht viel, aber trotzdem ist KI ein großes Thema – auch im Bereich von digitalem Marketing und Data, weil man auf einmal neue Möglichkeiten der Kreativität hat, um auf neue Ideen zu kommen. Dennoch sage ich, dass wir es nicht so groß machen sollen, wie es manchmal gemacht wird. Wenn wir ein oder zwei Jahre zurückdenken, waren Virtual Reality[119]/Augmented Reality[120] und Metaverse ein großes Thema, aber davon ist nicht viel übrig geblieben.«

Was ihm allerdings Sorge bereitet, ist die Marktdominanz amerikanischer Tech-Unternehmen gegenüber Tech-Start-ups, die wie David gegen Goliath dastehen. Denn aufgrund der ungleichen Machtverhältnisse gebe es kaum Verhandlungsspielraum in Sachen Regulierung.

»Denjenigen, die Technologie wie Social Media (z. B. Facebook) und E-Commerce (z. B. Amazon) erfunden oder maßgeblich geprägt haben, ist nicht klar, ob und wie sie für andere Zwecke missbraucht werden. Ich denke nicht, dass jetzt Mark Zuckerberg klar war, dass man seine Facebook-Erfindung missbrauchen kann, um die Demokratie in fremden Ländern aufzuweichen. Es zeigt, wie komplex es ist, sodass die Regulierung nicht hinterherkommt, was häufig der Fall bei neuen Technologien ist.

Dadurch, dass das Entwicklungstempo von Technologie immer schneller wird, kann es auch gesellschaftlich größere Konsequenzen mit sich bringen. Daraus resultiert die Frage für uns, was wir daraus lernen können. Ich habe darauf keine Antwort, aber ich kann klar sagen, dass wir zeitgleich mit der Entwicklung der Technologie auch jene der Regulierung beschleunigen müssen, um diese erfolgreich zu adaptieren.«

Mittelstand im Dornröschenschlaf

Nach meinen Stationen in Start-ups habe ich mich nach ein wenig Stabilität gesehnt, ohne aber in einer großen Konzernstruktur gefangen zu sein. Deshalb habe ich einen Abstecher Richtung Mittelstand gemacht.

Der Mittelstand mag auf den ersten Blick nicht besonders reizvoll erscheinen. Er wird oft mit verschiedenen Vorurteilen konfrontiert: konservativ und eher langweilig im Vergleich zu aufstrebenden Start-ups oder einflussreichen Großkonzernen, und vor allem wird ihm Veränderungsscheu unterstellt. Niemand strebt danach, als »mittelmäßig« wahrgenommen zu werden. Wenn wir an den Mittelstand denken, kommen uns Begriffe wie Verlässlichkeit und Bodenständigkeit in den Sinn, weniger Erfindergeist, Flexibilität und Veränderungsbereitschaft. Er wird eher mit einem zuverlässigen Volkswagen assoziiert statt mit einem begehrten Porsche. Einer Studie von Territory aus dem Jahr 2019 zufolge bringt nur jeder fünfzehnte Konsument mit dem Mittelstand echten Innovationsgeist in Verbindung.[121]

Dabei sind mittelständische Unternehmen die wahren Erfolgsträger der deutschen Wirtschaft. Deutsche Mittelständler sind innovativer als ihre europäischen Wettbewerber. Die Europäische Kommission bescheinigt Deutschland hier im europäischen Vergleich einen Spitzenplatz.[122] Aus dieser Innovationskraft ziehen deutsche Mittelständler einen wichtigen Wettbewerbsvorteil. Zudem sind viele Mittelständler erfolgreich, weil sie sich auf ein bestimmtes Marktsegment spezialisiert haben und in diesem Bereich zu einem führenden Anbieter geworden sind. Ausdruck der Spezialisierung und Innovationskraft des deutschen Mittelstands ist auch die große Zahl an Unternehmen, die in ihrem Segment Weltmarktführer sind. Wir merken also, dass es einen Gap zwischen der tatsächlichen Leistung mittelständischer Unternehmen und ihrer Wahrnehmung in der Öffentlichkeit gibt.

Im pulsierenden Herzen der deutschen Wirtschaft gedeiht der vielfältige Mittelstand und taucht dabei zunehmend in die Digitalisierung ein. Von süßen Versuchungen wie Haribo, die mit cleveren Online-Marketingstrategien weltweit neue Märkte erobern, bis hin zu innovativen Maschinenbauern wie Trumpf, die intelligente Vernetzung und Datenanalyse für optimale Fertigungsprozesse nutzen. Von bekannten Automobilzulieferern wie Continental, die innovative Lösungen für autonomes Fahren entwickeln, bis hin zu führenden Medizintechnikspezialisten wie B. Braun, die sich der Entwicklung digitaler Gesundheitslösungen verschrieben haben. Der Mittelstand in Deutschland verbindet Tradition und Innovation und nutzt die Digitalisierung, um die Welt mit süßen Genüssen, effizienten Maschinen, bahnbrechender Medizintechnik und hochmoderner IT zu bereichern.

Dennoch hat auch der Mittelstand die Digitalisierung verpennt. Ein erschütterndes Beispiel dieses Versäumnisses offenbart sich in der einst mächtigen Bankenbranche, die mit müden Schritten auf den kühnen Vormarsch der Finanztechnologie-Unternehmen, den Fintechs, reagiert. Während die wagemutigen Fintech-Pioniere mit agiler Technologie und bahnbrechenden Apps die Finanzwelt revolutionieren, wirken traditionelle Banken oft wie schlafende Riesen, die im Schatten der digitalen Disruption verharren. In einer Welt, in der Geschwindigkeit und Innovation das Maß aller Dinge sind, muss der deutsche Mittelstand die Zeichen der Zeit lesen und den Mut finden, sich in die digitale Zukunft zu wagen, bevor es zu spät ist.

Der Mittelstand dämmert wie Dornröschen im von Rosen umrankten Bett und weiß noch nicht, ob er vom Fluch befreit wird. Und in dieser Geschichte gibt es leider keinen Prinzen, der den Mittelstand wachküsst und ihm einen Hauch Innovationsgeist einhaucht.

Ohne Bargeld läuft nichts

Es scheint, als wäre die Faszination für das Digitale noch nicht in jedem Bereich des Mittelstands angekommen. Doch die Zeit drängt, und nur durch mutige Schritte in die digitale Welt kann der Mittelstand aus seinem Dornröschen-Dasein erwachen und das Potenzial der Technologie für sich nutzen.

Ich stehe morgens auf und mache mich auf den Weg zum Bäcker, um Brötchen zu kaufen. Ohne meine Münzen komme ich hier nicht weiter. Dasselbe passiert später, als ich mich in einem Restaurant mit einer guten Freundin in Berlin-Mitte treffe. Als die Rechnung kommt, zücke ich meine Karte, und die Kellnerin erwidert: »Wir nehmen nur Bargeld an.« Das ist der normale Alltag für viele Personen, die in der Gastronomie, im Handwerk, in Gesundheitsberufen oder im Einzelhandel tätig sind.

Aufgrund des manuellen Buchhaltungsprozesses haben diese

Betriebe keine Übersicht über ihre Einnahmen und Ausgaben. Nun stelle man sich vor, dass es nicht nur ein einzelnes Restaurant betrifft, sondern eine ganze Restaurantkette. Dann haben wir einen Schlamassel von Intransparenz, der durch datenschutzrechtlichen Aufwand zusätzlich erhöht wird. Ein großer Konzern hingegen ist in der Lage, solche Probleme aus der Welt zu schaffen, indem er geeignete Software oder externe Berater im fünf- bis siebenstelligen Bereich einkauft, um die Buchhaltung digital zu verwalten.

Dieser Unterschied hat fatale Konsequenzen für mittelständische Betriebe: Sie kämpfen tagtäglich mit einem Papierberg an Quittungen, Steuerabrechnungen und Briefen und verlieren dabei nicht nur Überblick und Nerven, sondern auch Kunden und potenzielle Fachkräfte, die sie dringend brauchen.

Für gewöhnliche Banken ist der Mittelstand aufgrund des hohen Verwaltungs- und Betreuungsaufwandes und des geringeren Umsatzes nicht besonders interessant. Und hier kommen die Fintechs ins Spiel, die es mit ihrem Angebot ermöglichen, innerhalb kurzer Zeit Geschäftskonten zu eröffnen, und sogar Echtzeitdaten und Unterstützung bei der Buchhaltung in einem Guss anbieten. Was die großen Banken an Digitalisierung und die Wirtschaftspolitik an öffentlichen Finanzierungsgeldern verpasst haben, können Fintech-Start-ups als Marktlücke füllen und damit den deutschen Mittelstand retten. Das jährliche Investitionsvolumen in deutsche Fintechs steigt seit Jahren kontinuierlich – von 51 Millionen Euro im Jahr 2012 auf rund 1,75 Milliarden Euro im Jahr 2019.[123] Das entspricht einem sagenhaften Wachstum von 3.331 Prozent in weniger als sieben Jahren.

Fintechs sind im Kontext der Digitalisierung wichtiger denn je: Es geht nicht nur darum, dass ich mit meiner App meinen Matcha-Tee in einem trendigen Café in der Hipster-Hochburg Prenzlauer Berg bezahlen kann und bei meiner Lieblingsbäckerei um die Ecke meine Sonntagsbrötchen ebenfalls digital bezahlen

183

kann. Der Digitalisierungsgrad solcher mittelständischer Betriebe ist ein Indikator dafür, inwieweit wir das Rückgrat unserer Wirtschaft stärken und in die Zukunft begleiten.

Das Erfolgsrezept des Mittelstands als Fluch und Segen zugleich

Der Erfolg des deutschen Mittelstands beruht auf seinem Ansatz – der Spezialisierung auf Nischenmärkte und hochspezialisierte Produkte oder Dienstleistungen. Unternehmen wie KUKA Robotics haben sich als weltweit führende Hersteller von Industrierobotern etabliert, indem sie ihre ganze Expertise auf die Entwicklung und Produktion dieser hochmodernen Maschinen konzentriert haben. Ihre maßgeschneiderten Lösungen für industrielle Automatisierung haben nicht nur Kunden weltweit beeindruckt, sondern auch die internationale Konkurrenz in den Schatten gestellt.

Ein weiteres herausragendes Beispiel ist das deutsche Unternehmen Ottobock. Es hat sich auf Prothesen und orthopädische Produkte spezialisiert und ist in diesem Bereich eine unangefochtene Größe. Dank seiner exzellenten Forschung und Entwicklungsarbeit sowie der ständigen Innovation in der Medizintechnikbranche hat es das Leben von Menschen auf der ganzen Welt nachhaltig verbessert.

Diese gezielte Spezialisierung ermöglicht es dem deutschen Mittelstand, sich von der Masse abzuheben und sich auf Märkten zu positionieren, die von anderen oft übersehen werden. Indem er sein gesamtes Know-how in spezifische Produkte oder Dienstleistungen investiert, kann er einzigartige Lösungen anbieten. Dies gibt dem deutschen Mittelstand eine Wettbewerbsfähigkeit, die es ihm ermöglicht, selbst in hart umkämpften Branchen erfolgreich zu sein. Die fokussierte und zielgerichtete Arbeit des deutschen Mittelstands verleiht ihm seinen Glanz in der globalen Wirtschaft.

Aber genau das ist auch die Krux: Aufgrund der Spezialisierung fällt Automatisierung schwerer, was dazu führt, dass man die Digitalisierung aus Angst vor hohen Kosten scheut. Zudem wird die Haltung, am Status quo festzuhalten, begünstigt, wenn es sich um einen traditionsreichen Betrieb handelt, der aufgrund jahrelanger Geschäftserfolge positiv in die Zukunft blicken kann. Deshalb sehen solche Firmen keinen akuten Handlungsbedarf, was ihnen perspektivisch zum Verhängnis werden kann. Denn der Markt ist dynamisch, und neuer Wettbewerb kann im Zeitalter der Globalisierung und Digitalisierung schnell entstehen. Eine unerwartete Veränderung kann in manchen Fällen sogar das Unternehmen schneller als geplant lahmlegen, da es dafür nicht gewappnet war.

Der beeindruckende Erfolg des deutschen Mittelstands wird denn auch von einigen unerwarteten Herausforderungen überschattet, wenn es um die Digitalisierung geht. Die enge Spezialisierung z.T. auf Nischenmärkte hat dazu geführt, dass Unternehmen sich möglicherweise zu sehr auf bewährte Strategien verlassen und Innovationen vernachlässigen. Dadurch könnte der Blick für neue digitale Möglichkeiten getrübt werden, während der rasante Wandel der digitalen Welt weiter voranschreitet. Ein mittelständisches Unternehmen, das sich auf die Herstellung traditioneller handgefertigter Uhren spezialisiert hat, könnte durch den Erfolg und die Nachfrage nach seinen bestehenden Produkten dazu verleitet werden, Innovationen zu vernachlässigen. Dabei könnte es neue Technologien und digitale Möglichkeiten übersehen, die die Marke in der sich wandelnden Uhrenbranche weiter voranbringen könnten.

Auch stellt die Komplexität der Digitalisierung für mittelständische Unternehmen mit traditionellen Geschäftsmodellen eine weitere Hürde dar. Die Integration digitaler Prozesse und Technologien erfordert oft grundlegende Veränderungen und kann als riskant wahrgenommen werden, was einige Unternehmen zögern lässt, den Schritt zu wagen. Ein mittelständischer Hersteller von hochwertigen Möbeln mit einem etablierten manuellen Produktionsprozess könnte sich vor der Digitalisierung scheuen. Die Einführung von computergesteuerten Maschinen und automatisierten Prozessen erfordert schließlich eine grundlegende Umstellung und könnte als riskant wahrgenommen werden, da sie die bewährte Handwerkskunst infrage stellen könnte.

Auch das Kundenverhalten und die Marktakzeptanz spielen eine entscheidende Rolle. In einem stark auf einen bestimmten Nischenmarkt ausgerichteten Unternehmen könnte das Interesse an digitalen Produkten oder Dienstleistungen begrenzt sein. Die Nachfrage nach digitalen Lösungen könnte sich möglicherweise langsamer entwickeln als in breiteren Märkten, was den Mittelstand vor neue strategische Überlegungen stellt.

Der deutsche Mittelstand muss sich daher bewusst sein, dass die Digitalisierung nicht nur Chancen, sondern auch Herausforderungen mit sich bringt. Es bedarf einer ausgewogenen Strategie, die die Stärken der Spezialisierung mit gezielten Investitionen in digitale Innovationen vereint. Nur so kann der Mittelstand weiterhin die Spitze seiner Nischenmärkte halten und auch in der digitalen Ära erfolgreich sein.

Unser deutscher Mittelstand hat die tollsten Produkte in der Offline-Welt. Noch besser wäre es, wenn die Offline- und die Online-Welt miteinander verbunden würden, um mehr Kunden zu erreichen. Allerdings ist die Digitalisierung des deutschen Mittelstands auch Chefsache, d. h., der Wille zur Veränderung muss von oben kommen. Und die Chefetage in einem mittelständischen Betrieb schlägt sich zumeist herum und findet gar nicht die nötige Ruhe, über solche Veränderungen intensiver nachzudenken.

Wer will schon zu uns?

»Wer will schon zu uns?«, erwidert Heinz* mir gegenüber mit einem trüben Blick in die Ferne. Jegliche Hoffnung ist aus seinen Augen gewichen. Der 56-jährige Bamberger ist Erbe und Eigentümer eines traditionsreichen Familienunternehmens, das weltweit als Hidden Champion gilt. In seiner Heimatstadt gilt die Firma als solider Arbeitgeber, der sich an sozialen Werten orientiert – und im Gegensatz zu amerikanischen, börsennotierten Unternehmen den Menschen nicht als Ziffer sieht, sondern die Mitarbeitenden persönlich kennt. Es ist nicht selten, dass Großvater, Vater und Sohn alle im selben Betrieb gearbeitet haben und denselben Arbeitgeber über Generationen teilen.

Für einfache Jobs am Fließband oder in der Produktion ist das in Ordnung. Sobald es um Führungspositionen und spezialisierte Fachkräfte-Rollen geht, wird es deutlich schwieriger: Der Bamberger Hidden Champion konkurriert mit ambitionierten Tech-Start-ups mit innovativen Produkten und einer spaßigen Kultur einerseits, andererseits mit Konzernen, die mit üppigen Gehältern, Jobsicherheit und Prestige Talente anlocken. Für den Mittelstand ist es schwer, die Digitalisierung voranzutreiben, weil es den Firmen schlicht an den IT-Kompetenzen, ergo Fachkräften, mangelt, die diese Projekte umsetzen können.

Selbst in der Welt der etablierten Mittelständler wächst deshalb der Reiz, sich als »Start-up« zu bezeichnen, und das liegt nicht nur an der Bequemlichkeit eines trendigen Buzzwords. Es ist ein cleverer Schachzug, der eine verlockende Aura der Innovation und Agilität vermittelt, die typischerweise mit Start-ups assoziiert wird.

Die Verwendung des »Start-up«-Etiketts kann ein mittelständisches Unternehmen in ein neues Licht rücken, es als modernen Akteur im Business darstellen, der offen für Veränderungen ist und frische Ideen einbringt. In einer Zeit, in der disruptive

Technologien und schnelle Marktverschiebungen die Norm sind, kann die Verwendung dieses Begriffs helfen, den Eindruck zu erwecken, dass das Unternehmen den Finger am Puls der Zeit hat.

Zusätzlich zum äußeren Glanz bietet die Selbstbezeichnung als Start-up einige praktische Vorteile. Zum einen kann sie bei Investoren und Risikokapitalgebern Interesse wecken, die oft nach vielversprechenden Innovationen suchen und bereit sind, in aufstrebende Unternehmen zu investieren.

Darüber hinaus kann sich die Verwendung des »Start-up«-Titels als Magnet für talentierte Fachkräfte erweisen. Viele junge und kreative Köpfe werden von der Idee angezogen, in einem Start-up-Umfeld zu arbeiten, wo sie ihre Fähigkeiten in einer agilen und inspirierenden Atmosphäre einbringen können.

Jedoch ist es wichtig, den Balanceakt zu meistern. Während die Bezeichnung als Start-up zweifellos eine attraktive Anziehungskraft hat, darf das Unternehmen dennoch die Realität nicht verzerren. Mittelständische Unternehmen sind oft bereits etablierte Akteure, die eine gewisse Größe und Marktposition erreicht haben. Ein zu starker Gebrauch des »Start-up«-Begriffs könnte potenzielle Investoren oder Kunden verwirren und das Image des Unternehmens untergraben.

Letztendlich sollte die Entscheidung, sich als Start-up zu präsentieren, gut durchdacht sein und darauf abzielen, die positiven Aspekte einer agilen Unternehmenskultur hervorzuheben, ohne dabei die gewachsene Expertise und Erfahrung zu vernachlässigen. Eine kluge Balance zwischen Tradition und Innovation kann helfen, die Vorzüge beider Welten zu nutzen und das Unternehmen erfolgreich in die Zukunft zu führen.

«Make Mittelstand sexy again« muss die Mission lauten, um junge Menschen davon zu überzeugen, dass sich eine Karriere beim Mittelständler lohnt und keine Sackgasse ist.

Konzerne: Hunger Games ist harmlos dagegen

Mein Weg führte mich danach in einen Konzern, da ich meine Hoffnung in Start-ups und den Mittelstand verloren hatte. »Da wird es viel besser sein«, sagte ich mir. Stattdessen hatte ich das Gefühl, bei den Hunger Games gelandet zu sein, wo ich nicht wusste, wie lange ich überleben würde. Das gute Gehalt ist nur ein Schmerzensgeld, damit man das Blutbad politischer Machtspiele besser und länger aushält. Das liegt viel weniger an der fehlenden Umsetzbarkeit technologischer Vorhaben als an Menschen, die den Status quo aufrechterhalten wollen – auch wenn dieser objektiv betrachtet ziemlich irrsinnig ist.

In einem meiner ersten Jobs leitete ich ein Cloud-Transformationsprojekt, wo ich täglich Machtspielen von zahlreichen Stakeholdern ausgesetzt war. Ihnen war es suspekt, »den Amerikanern die Daten zu geben«. Schließlich weiß man nicht, was die damit machen. Auch wollten alteingesessene Datenbankentwickler ihrem geregelten Arbeitsalltag nachgehen, ohne sich im Cloud-Bereich weiterzubilden. »Wozu der ganze Stress, wenn alles auch so funktioniert?« war und ist die Mentalität in vielen großen Unternehmen. Bequemlichkeit kann faul machen. Irgendwann wird ihnen genau das zum Verhängnis, da sie durch neue Mitarbeitende oder externe Berater überflüssig gemacht werden.

Was in einem Start-up wenige Wochen Umsetzungszeit für die Automatisierung eines Prozesses oder die Entwicklung eines Features für die Website braucht, kann in einem Konzern mehrere Monate, ein oder sogar anderthalb Jahre brauchen. Es geht nicht so sehr darum, wie ein Prozess umgesetzt wird, da das geplante Vorhaben mehrmals kommuniziert werden muss, um die Zustimmung der Stakeholder und in nicht wenigen Fällen auch des Betriebsrates zu erhalten. Jedes Wort wird auf die Goldwaage gelegt, und dabei ist höchste Vorsicht geboten. Auch gibt es einen Wettbewerb zwischen den Abteilungen, da Digitalisierungsprojekte auch als Prestigeprojekte oder im Managersprech »High Impact«-Projekte gesehen werden, die eine hohe Sichtbarkeit beim Vorstand genießen und dementsprechend ein Turbobeschleuniger für die Karriere sein können. Mit zunehmender Größe kommt eine höhere Intransparenz zustande, und es ist nicht selten, dass zwei unterschiedliche Abteilungen parallel an demselben Projekt arbeiten. Manchmal ist dieser Doppelstrang stillschweigend gewünscht, um den internen Wettbewerb zu erhöhen. Wer schneller liefert, gewinnt. Es ist ein Gegeneinander statt Miteinander.

Außerdem gibt es in der wilden Welt der Unternehmen manchmal einen Bösewicht namens Konzernpolitik, der die Digitalisierung ausbremst. Stell dir vor, da sind einige Unternehmen, die sich an veralteten Denkweisen festklammern und vor neuen Technologien zittern wie vor einem hungrigen Monster. Die Angst vor Veränderungen und das Risiko des Scheiterns lassen sie zögern, wenn es darum geht, die digitale Transformation anzugehen.

Und dann gibt es noch diese bürokratischen Drachen, die schnelle Entscheidungen verhindern und den Fortschritt lähmen. Alles muss durch endlose Hierarchien und Gremien gehen, bevor auch nur ein kleines Häkchen gesetzt werden kann. Kein Wunder, dass einige innovative Ideen im Labyrinth der Genehmigungen verloren gehen.

Aber das ist noch nicht alles. Da sind auch diese ängstlichen Schatzsucher, die ihre Kisten voller Goldmünzen lieber behalten, als sie in digitale Technologien zu investieren. Sie haben Angst vor dem unbekannten Schatz, den die digitale Ära bringen könnte, und wollen ihr Geld lieber in alten Kisten vergraben.

Und dann wären da noch die Schlosswächter, die alles absperren und mit Argusaugen über die Sicherheit wachen. Datenschutz und Cyber-Security sind zwar wichtig, aber manchmal können sie auch wie dicke Mauern wirken, die die Digitalisierung erschweren.

190

In dieser Geschichte gibt es auch Helden, die sich dem Monster stellen und die Drachen besiegen. Unternehmen, die mutig genug sind, eine klare digitale Strategie zu verfolgen und ihre Mitarbeitenden auf die digitale Reise mitzunehmen, durchbrechen die Barrieren und setzen die Segel für eine Fahrt in die digitale Zukunft.

Und siehe da, ihre Abenteuer werden belohnt: Mit erhöhter Effizienz, besseren Kundenbeziehungen und neuen Geschäftsmöglichkeiten ernten sie die Früchte der digitalen Ära.

Technologische Tools lösen diese Probleme in Konzernen nicht. Das Credo für erfolgreiche Digitalisierung in Konzernen müsste lauten: »Erst die Kultur, dann die Technologie«. Denn nur die richtige Einstellung führt zu mehr Kollaboration, Innovation und Effizienz.

Die digitale Transformation in Organisationen ist also keine reine Technologiefrage, sondern eine kulturelle Herausforderung. Eine positive Unternehmenskultur, die Veränderungen befürwortet und Innovation fördert, ist der Schlüssel zum Erfolg. Technologie kann die Werkzeuge liefern, aber die Kultur bestimmt, wie diese Werkzeuge genutzt werden. Um die vollen Potenziale der digitalen Ära auszuschöpfen, ist es entscheidend, die Kultur als wichtigste Triebkraft der Veränderung zu erkennen und zu pflegen.

Ein prominentes Beispiel aus der Konzernwelt, wo die Kultur nicht bereit für die Technologie war, ist der Fall von Kodak. Kodak war einst ein führender Hersteller von Fotoprodukten und eine Ikone der Fotografieindustrie. In den 1970er- und 1980er-Jahren entwickelte das Unternehmen sogar einige der ersten digitalen Kameras. Doch trotz dieses technologischen Vorsprungs und der Möglichkeit, die Zukunft der Fotografie zu gestalten, zögerte Kodak, sich vollständig auf die digitale Technologie einzulassen.

Die Unternehmenskultur von Kodak war stark auf die traditionelle Filmfotografie ausgerichtet, die ihre Haupteinnahme-quelle darstellte. Obwohl die digitale Fotografie zunehmend an Bedeutung gewann, hielt Kodak an seiner traditionellen Filmkul-tur fest und unterschätzte die wachsende Nachfrage nach digita-len Kameras und Bildbearbeitung.

Falsche Prognosen und die Zögerlichkeit der Unternehmens-kultur führten dazu, dass Kodak die Chancen der digitalen Ära nicht vollständig erkannte und nutzte. Andere Unternehmen wie Canon und Sony erkannten frühzeitig das Potenzial der digitalen Fotografie und entwickelten innovative Produkte, die den Markt eroberten.

Letztendlich führten das Festhalten an der traditionellen Kul-tur und die mangelnde Anpassungsbereitschaft an die digitale Technologie dazu, dass Kodak den Anschluss verlor und 2012 so-gar Insolvenz anmelden musste.

Dieses Beispiel zeigt deutlich, wie eine Unternehmenskultur, die nicht bereit ist, sich auf neue Technologien einzulassen, den langfristigen Erfolg eines Unternehmens beeinflussen kann. Es verdeutlicht die Bedeutung einer offenen und innovativen Kultur, die Veränderungen begrüßt und sich aktiv auf neue Technologien einlässt, um den Herausforderungen der digitalen Transforma-tion erfolgreich zu begegnen.

Wie aus einer deutschen Parfümeriekette das Vorzeige-beispiel für Digitalisierung wurde: Perspektivwechsel mit Tina Müller, Deutschlands Top-Managerin

Die deutsche Wirtschaft hat den Zug der Digitalisierung verschla-fen, bedauert Tina Müller, Top-Managerin, ehemalige CEO und aktuelle Aufsichtsrätin von Douglas. Sie betont, dass Deutsch-lands Kernindustrien, der Maschinenbau und die Autoindustrie, zwar eine wirtschaftliche Unique Selling Proposition darstellen, aber für andere Bereiche, wie beispielsweise die Start-up-Kultur im Silicon Valley, entscheidende universitäre Zentren fehlen, aus denen sich eine solche digitale Innovationskraft entwickeln könnte. Hinzu komme die Überalterung der europäischen Bevölkerung, die die Digitalisierung zusätzlich verlangsamt habe.

Als Top-Managerin hat Tina Müller persönlich beobachtet, dass es zwei häufige Hindernisse gibt, die es schwierig machen, digitale Transformationsprozesse in Unternehmen voranzutreiben: die Unternehmenskultur und die Expertise. Ohne eine klare digitale Ausrichtung, die von der Führungsetage bis hinunter zur Basis getragen wird, sowie ohne die passenden digitalen Spezialisten in den einzelnen Bereichen sei eine erfolgreiche Digitalisierung nicht möglich. Sie betont, dass separate digitale Teams außerhalb des Unternehmens nicht ausreichen, um die Digitalisierung effektiv voranzutreiben. Es müsse ein ganzheitlicher Ansatz verfolgt werden, bei dem die Digitalisierung fest im Kern des Unternehmens verankert ist.

Ein beeindruckendes Beispiel für eine gelungene digitale Transformation liefert Tina Müller mit Douglas. Sie erklärt, dass der entscheidende Schritt darin bestand, einen klaren strategischen Fokus auf das E-Commerce-Geschäft zu legen und dies zum Zentrum der gesamten Unternehmensstrategie zu machen. Dabei setzte Douglas auf den Leitsatz #forwardbeauty.digitalfirst und investierte schwerpunktmäßig in das digitale Geschäft. Zudem wurden hochqualifizierte Digitalteams aufgebaut, und die Strategie wurde kontinuierlich im Unternehmen und gegenüber relevanten externen Stakeholdern kommuniziert. Durch diese konsequente Herangehensweise entstand eine digitale Unternehmenskultur, und heute generiert Douglas mehr als ein Drittel seiner Umsätze aus dem Online-Geschäft. Der traditionelle stationäre Einzelhandel für Parfümerie und Kosmetik hat sich so zum führenden Marktplatz und E-Commerce-Unternehmen für Beauty in ganz Europa entwickelt.

Für die deutsche Wirtschaft sieht Tina Müller konkret die

Notwendigkeit, einen ähnlichen strategischen Fokus auf die Digitalisierung zu legen. Indem Unternehmen eine digitale Unternehmenskultur etablieren, ihre Expertise ausbauen und die Digitalisierung als zentralen Bestandteil ihrer Geschäftsstrategie begreifen, könnten sie den Wandel erfolgreich gestalten und eine starke Position im europäischen und globalen Markt einnehmen.

Gewerkschaften und Betriebsräte: Die letzte Bastion gegen die technologische Überholspur?

Die Wurzeln der betrieblichen Mitbestimmung in Deutschland reichen weit zurück in die Vergangenheit. Bereits in der preußischen Zeit, als das Telefon noch nicht einmal erfunden war, erhoben die ersten Beschäftigten mutig ihre Stimmen für demokratische Teilhabe.[124] Diese stolze Tradition der Mitbestimmung hat sich über die Jahrhunderte hinweg entwickelt und ist zu einem festen Bestandteil der deutschen Arbeitskultur geworden. Es ist beeindruckend zu sehen, wie weit wir seit jenen Anfängen gekommen sind und wie die Vision der demokratischen Mitbestimmung bis heute in unserer Gesellschaft verankert ist.

Bis zur Mitte des 19. Jahrhunderts reichen die Wurzeln des Betriebsverfassungsgesetzes (BetrVG) zurück, das im Jahr 1952 in der Bundesrepublik Deutschland in Kraft trat und bis heute seine Bedeutung behält.[125] Es steht als stolzes Fundament und rechtliche Grundlage für die Schaffung von Betriebsräten, die in privatwirtschaftlichen Unternehmen ab einer Größe von fünf Beschäftigten gegründet werden dürfen. Diese Betriebsräte sind mit einer wichtigen Verantwortung betraut, da sie über wesentliche Angelegenheiten wie Einstellungen, Versetzungen, Arbeitszeiten und Maßnahmen zur Beschäftigungssicherung mitentscheiden.

Mit der jüngsten Reform im Juni 2021 wurde das klare Ziel verfolgt, das Gesetz den Anforderungen einer sich wandelnden Arbeitswelt anzupassen. Die rasante Entwicklung der Digitalisierung hat die Mitbestimmungsrechte der Belegschaften in Bereiche geführt, die vor nur einem Jahrzehnt noch undenkbar schienen.

Vor allem muss der Nutzen von KI-Anwendungen aus der Perspektive der Beschäftigten betrachtet werden, im Einklang mit dem menschenzentrierten KI-Leitbild, das in der deutschen Debatte hervorgehoben wird. Die Gewerkschaften machen zu Recht geltend, dass diese neuen Technologien zum Wohle der Beschäftigten eingesetzt werden sollen. Eine umfassende Technikfolgenabschätzung, die sich auf die Auswirkungen auf die Arbeitsprozesse konzentriert, ist unabdingbar, um mögliche Nachteile für die Beschäftigten durch den Einsatz von KI weitgehend auszuschließen. Es ist ebenso wichtig, die konkreten Einsatzbereiche sorgfältig zu untersuchen.

Trotz des immensen Potenzials von KI steckt ihre flächendeckende Anwendung in deutschen Betrieben noch in den Kinderschuhen. Großunternehmen und KMUs stehen gleichermaßen vor Hindernissen wie mangelndem Fachwissen und unzureichenden Daten, die eine breite Implementierung erschweren. Finanzielle Engpässe, mangelnde Standardisierung, unzureichende digitale Infrastruktur und ein schwaches technikaffines »Mindset« ergänzen die Liste der Herausforderungen, die es zu bewältigen gilt, während sich die digitale Welt in rasantem Tempo verändert.

Eine Befragung von PricewaterhouseCoopers enthüllte, dass nur vier Prozent der befragten Betriebe KI bereits anwenden, während weitere fünf Prozent in der Test- oder Implementierungsphase stecken.[126] Doch trotz all dieser Hindernisse liegt die Verheißung einer prosperierenden Zukunft in der Luft: Insgesamt 51 Prozent der Betriebe bekunden Interesse an KI-gestützten Anwendungen.

Man stelle sich folgendes Szenario vor: Die Führungsebene eines großen Konzerns hat kürzlich eine neue Software für die Personalabteilung erworben, die im Bewerbungsprozess eine erste Vorauswahl treffen soll. Doch damit greift sie in die Zuständigkeiten des Betriebsrats ein. Gemäß § 99 BetrVG muss der Betriebsrat über Neueinstellungen informiert werden und seine Zustimmung geben. Für eine seriöse Bewertung muss verstanden werden, wie die Software arbeitet und nach welchen Kriterien sie Bewerbungen auswählt. Es besteht die berechtigte Sorge, dass sie potenziell diskriminierende Kriterien verwendet, was selbstverständlich unzulässig wäre.

Glücklicherweise hat die Reform des Betriebsverfassungsgesetzes (BetrVG) dem Betriebsrat eine Möglichkeit eröffnet: Um die nötigen Informationen zu erhalten, können nun Sachverständige hinzugezogen werden, die vom Arbeitgeber finanziert werden müssen. Das erleichtert den Zugang zu fachkundiger Expertise, um die Auswirkungen von KI auf die Mitarbeitenden besser einschätzen zu können. »Ich finde es sehr positiv, dass diese Reform uns die Chance gibt, fundierte Entscheidungen zu treffen, die die Interessen meiner Kollegen schützen. Es ist mir persönlich wichtig, die Bedenken ernst zu nehmen und die richtigen Entscheidungen zu treffen«, erklärt mir eine Betriebsrätin eines großen deutschen Konzerns.

Auch ich wurde schon als Expertin für einen Betriebsrat eines der größten deutschen Konzerne in Europa hinzugezogen, habe ihnen die Auswirkungen von KI auf unsere Arbeitswelt erklärt und mitunter mit ihnen zu bestimmten Anwendungsfällen diskutiert. Nachhaltig hat mich beeindruckt, dass sie die Sorgen der Belegschaft ernst nahmen, aber gleichzeitig eine große Aufgeschlossenheit gegenüber Technologien hatten, weil sie wussten, dass sie den Wandel nicht verhindern können, sondern vielmehr mithalten müssen, damit die Organisation nicht von der Konkurrenz abgehängt wird.

Darüber hinaus bietet das Betriebsverfassungsgesetz Arbeitnehmervertretern an, aktiv Einfluss auf die Beschäftigungssicherung zu nehmen. So kann der Betriebsrat nicht nur Vorschläge zur Sicherung der Arbeitsplätze einbringen, sondern auch die

Beschäftigten befragen und Sachverständige hinzuziehen, um Lösungsansätze zu entwickeln. Darüber hinaus hat der Betriebsrat das Recht, berufliche Weiterbildung einzufordern, wenn die Gefahr besteht, dass Kollegen ihre Aufgaben nicht mehr erfüllen können. Diese Möglichkeiten bieten dem Betriebsrat die Chance, proaktiv auf die Herausforderungen der Digitalisierung zu reagieren und die Interessen der Beschäftigten zu schützen. Jedoch arbeiteten nur 42 Prozent der Beschäftigten in Westdeutschland und 35 Prozent der Beschäftigten in Ostdeutschland in einem Betrieb mit Betriebsrat.[127]

Das Wort »Betriebsrat« passt nicht so recht in der digitalen Start-up-Welt, wo mit Anglizismen um sich geworfen wird. Doch immer mehr Mitarbeitende wünschen sich einen Betriebsrat, was sich insbesondere in der Corona-Pandemie offenbart hat, als Mitarbeitende in Kurzarbeit gehen mussten.

Im Jahr 2020 erregte das Fintech-Start-up N26 Aufsehen damit, dass das Management die Gründung eines Betriebsrates verhindern wollte. In dem Schreiben, welches der *Zeit Online* vorlag, heißt es auf Englisch: »Wir sind der festen Überzeugung, dass ein deutscher Betriebsrat im Widerspruch zu den meisten Werten steht, an die wir bei N26 glauben.«[128] Die Vorstandsmitglieder argumentierten, ein Betriebsrat würde das Unternehmen verlangsamen und mehr Hierarchie schaffen. In einem »äußerst wettbewerbsintensiven Umfeld« sei jedoch »Geschwindigkeit der Schlüssel zum Erfolg«. Auch wurde in der E-Mail erwähnt, dass durch einen Betriebsrat »für eine lange Zeit Rechte an eine kleine Gruppe von Menschen vergeben werden«. Einmal gewählt, würden diese Vertreterinnen und Vertreter für vier Jahre die Mehrheit repräsentieren. Der *Zeit*-Journalist Zacharias Zacharakis weist darauf hin, dass die Vorstände von N26 ein bedenkliches Demokratieverständnis aufweisen, da dieses Prinzip nicht nur für die betriebliche Mitbestimmung, sondern auch für den Bundes-

197

tag gilt. Immer schneller, höher und weiter auf Kosten der Mitarbeitenden lautet das Mantra der digitalen Gründerszene, könnte man meinen.

Auch viele amerikanische Unternehmen mit Sitz in Deutschland haben keinen Betriebsrat. Einer meiner Freunde, der für ein amerikanisches Big-Tech-Unternehmen arbeitet, erzählte mir, dass ihn dies zutiefst belaste, da es kaum Arbeitnehmerrechte und keine anständigen Abfindungsregeln gebe. Zudem sei die Atmosphäre in der Belegschaft ziemlich bedrückt, da die Goldgräberstimmung in der Big-Tech-Welt nach den Massenentlassungen der vergangenen Monate in 2022 und 2023 nun offiziell vorbei sei.

Eins ist auf jeden Fall klar: Betriebsräte und Gewerkschaften spielen eine unverzichtbare Rolle, um eine gerechte Digitalisierung zu gestalten. Sie setzen sich aktiv dafür ein, die Interessen der Arbeitnehmer zu schützen, und sicherzustellen, dass die technologischen Fortschritte allen zugutekommen. Nur durch ihren Einsatz kann die Würde und Wertschätzung der Mitarbeitenden in den Mittelpunkt von Unternehmen gestellt werden, um einen menschenzentrierten digitalen Wandel voranzutreiben.

Wer will (schon) nach Deutschland?

Bundesfinanzminister Christian Lindner steht in einem Universitätshörsaal in Ghana und fragt die Menge begeistert: »Who wants to come to Germany?«[129] Keine Hand hebt sich. Er fragt ein zweites Mal, und wenige Hände gehen in die Höhe, jedoch mehr aus Mitleid ihm gegenüber.

Klar ist, dass Deutschland weder für Tech-Gründer noch für Fachkräfte aus dem Technologiesektor attraktiv ist.

Leider behaupten Rechtspopulisten immer wieder fälschlicherweise, dass alle Menschen nach Deutschland kommen wollen. Diese Behauptung trifft jedoch keinesfalls auf hochqualifizierte Fachkräfte zu: In den letzten drei Jahren hat Deutschland bei hochqualifizierten Fachkräften aus dem Ausland an Beliebtheit eingebüßt und ist vom 12. Platz im Jahr 2019 auf den 15. Platz zurückgefallen.[130] Die OECD-Staaten Neuseeland, Schweden, Schweiz, Australien und Norwegen rangieren jetzt an der Spitze der Attraktivitätsliste. Obwohl sich die Bedingungen in Deutschland seit 2019 nicht verschlechtert haben, haben andere Länder stark aufgeholt und die Konkurrenz verschärft. Als Gründe werden Sprachbarrieren, hohe Steuerabgaben, bürokratische Hürden und Rassismus angegeben.

Der Attraktivitätsverlust ist zum Teil auf die mangelnde »Qualität beruflicher Chancen« für Unternehmer zurückzuführen, bei der Deutschland nur in der Schlussgruppe landet. Während andere Länder, die einst hinter Deutschland lagen, ihre Visumpolitik verbessert haben – wie z. B. das Vereinigte Königreich –, bleibt die Bundesrepublik eines der wenigen europäischen Länder mit einer Mindestkapitalanforderung für Unternehmensvisa. Hinzu kommen ein vergleichsweise strenger Kündigungsschutz, regulatorische Hürden beim Marktzugang und Wettbewerb sowie eine mäßige Handelsoffenheit, die unternehmerische Chancen behindern.

Besonders in der Dimension »Kompetenzumfeld« für Unternehmer spürt man ähnliche Versäumnisse wie bei hochqualifizierten Akademikern, die ihre Gründe in der Digitalisierung haben. Deutschland hinkt beim Zugang zum Glasfaser-Internet und der Digitalisierung von Visa und Aufenthaltstiteln hinterher. Auch in Bezug auf Diversität gibt es Nachholbedarf. Die Akzeptanz von Migranten rangiert hier nur im Mittelfeld.

Zwar wird ein Fachkräfteeinwanderungsgesetz diskutiert, nur wird dieses kaum etwas an der Lage ändern. Erst wenn die Rahmenbedingungen neu gestaltet werden, gibt es eine Chance, ein attraktiver Standort für Tech-Talente zu werden.

Durch die bevorstehenden Reformen im Bereich der Fachkräfteeinwanderung eröffnen sich neue Horizonte; die migrationsrechtlichen Bedingungen werden erheblich verbessert. Besonders wichtig sind die begleitenden Maßnahmen zur Anerkennung ausländischer Qualifikationen und die Digitalisierung der Visaprozesse. Und als wäre das nicht genug, sollen geplante Erleichterungen beim Zugang zur Staatsbürgerschaft die Attraktivität Deutschlands für ausländische Talente noch weiter steigern – vorausgesetzt, sie werden entsprechend angenommen.

Dieser Schritt nach vorn sollte den Startschuss geben, auch die restlichen Rahmenbedingungen zu ändern und somit das Potenzial, das Talente aus dem Ausland bieten, endlich in vollem Umfang zu nutzen. Angesichts des demografischen Wandels und des Fachkräftemangels muss Deutschland die Türen für vielfältige Talente öffnen, um die Digitalisierung voranzutreiben.

Um den Aufwärtstrend wiederherzustellen und Deutschland als attraktiven Standort für Unternehmer zu positionieren, müssen entscheidende Maßnahmen ergriffen werden. Eine mutige Vorreiterrolle bei der Digitalisierung und eine offene, inklusive Unternehmenskultur könnten dabei der Schlüssel zum Erfolg sein, um Deutschland zurück in die Spitzengruppe zu bringen.

Doch sind es nicht nur Leute außerhalb Deutschlands, die keine Lust haben, hier zu leben und zu arbeiten. Jedes Jahr verlassen 180.000 Deutsche ihr Zuhause, um im Ausland eine neue Perspektive zu finden.[131] Im Gegenzug dazu kehrten nur 120.000 von ihnen wieder in ihre Heimat zurück. Besonders interessant ist, dass rund drei Viertel der Auswanderer hochspezialisierte Fachkräfte sind, die ihr Know-how im Ausland einsetzen. In Berufen, die einen hohen Anteil an anspruchsvollen, nicht-routinemäßigen analytischen Aufgaben beinhalten, neigen Deutsche eher dazu, ins Ausland zu ziehen, weniger in Berufen, die hauptsächlich manuelle und repetitive Routineaufgaben erfordern.[132] Dazu gehören auch IT-Spezialisten aus Deutschland, die

200

für Unternehmen im Ausland tätig werden. Zusätzlich zeigen die Untersuchungsergebnisse, dass die globalen Unterschiede in der technologischen Entwicklung zwischen dem Herkunftsland und dem Zielland ein entscheidender Faktor sind, der diese hochqualifizierten Arbeitskräfte anzieht. Arbeitnehmer, die vorrangig mit anspruchsvollen, nicht-routinemäßigen analytischen Aufgaben beschäftigt sind, ziehen tendenziell vermehrt in Länder, die eine fortgeschrittenere technologische Entwicklung aufweisen als Deutschland.

Die Studie enthüllte, dass der primäre Grund für die Auswanderung der Befragten der Wunsch nach einer besseren beruflichen Perspektive war. Stolze 58 Prozent gaben dies als ihr Hauptmotiv an. Die meisten von ihnen betonten, dass finanzielle Aspekte eine entscheidende Rolle bei ihrer Entscheidung gespielt haben – im Durchschnitt verdienten sie im Ausland beeindruckende 1.200 Euro (1.327 Dollar) mehr pro Monat. Selbst wenn man die möglicherweise höheren Lebenshaltungskosten berücksichtigt, bleibt ein beachtlicher Nettogewinn an Einkommen bestehen, der zweifellos als Anreiz für die Auswanderung dient.

Die hohen Steuern, die geringen Gehälter und der mangelnde Grad an Digitalisierung treiben die besten Köpfe unseres Landes in die Hände von technologisch fortgeschritteneren Nationen wie die USA und China, wodurch wir weiter abgehängt werden. Neulich erzählte mir ein Informatikprofessor aus München, dass einer seiner Kollegen von einer chinesischen Firma abgeworben wurde, die ihm ein Gehalt von einer Million Euro zahlt, da sie an seiner Expertise für ein Forschungsvorhaben interessiert sei. Der Kollege ließ sich das nicht zweimal sagen und zog nach Asien.

Deutschland, ein Land, das von Natur aus nur begrenzte Ressourcen hat, ist auf seine kostbarste Ressource angewiesen – die Fachkräfte. Mit der Digitalisierung beginnt ein neues Kapitel, das uns

201

vor ungeahnte Herausforderungen stellt. Um in diesem Wettlauf um Technologie zu bestehen, müssen wir unsere Waffen schärfen und unsere Talente hegen und pflegen, denn sie sind der Schlüssel zu unserem Wohlstand und unserer Sicherheit als Nation.

Es ist Zeit, dass wir um unsere Vormachtstellung in einer globalisierten Welt kämpfen, in der die Technologie unaufhaltsam voranschreitet. Deutschland steht an der Schwelle, entweder als Vorreiter oder als Nachzügler in die Geschichtsbücher einzugehen. Der Ausgang dieses Kampfes liegt in den Händen unserer Fachkräfte – sie sind die Visionäre und die Experten auf ihrem Gebiet.

Doch die Verheißungen der weiten Welt sind groß, und andere Länder locken mit glänzenden Angeboten, um unsere besten Köpfe abzuwerben.

Wir müssen unsere digitalen Talente wie einen kostbaren Schatz hüten und beschützen. Denn letztlich sind es unsere Talente, die die wahren Helden unserer Nation sind. Sie sind es, die unserer Wirtschaft den Weg weisen und unser Land nach vorne bringen müssen.

Die Pandemie und Konjunkturpessimismus: Digitalisierung im Eil- oder im Schneckentempo?

«Die Corona-Pandemie hat dazu geführt, dass die Digitalisierung in der deutschen Wirtschaft stark an Bedeutung gewonnen hat«, heißt es in einer Pressemitteilung des Bitkom im November 2020.[133] Nach diesem positiven Einstieg folgte gleich ein Dämpfer: »Zugleich wurden aber vielen Unternehmen auch die eigenen Defizite bei den bisherigen Digitalisierungsbemühungen vor Augen geführt. Und es besteht die Gefahr, dass die digitale Spaltung in der Wirtschaft weiter zunimmt.«

Trotz der ambivalenten Lage hätten die meisten Unternehmen ihre Prozesse digitalisiert, so der IT-Branchenverband. Z. B. setz-

202

ten sie auf Videokonferenz-Programme wie Zoom, auf Collaboration-Tools wie Slack und Microsoft Teams und auf Messenger-Dienste wie WhatsApp. Zudem hätten deutsche Unternehmen im großen Stil neue Hardware gekauft, um beispielsweise Remote Work bzw. Home Office zu ermöglichen.

Konjunkturpessimismus: Apokalypse der Wirtschaft?

2002 saß ich als kleines Mädchen vor meinem Fernseher, und es lief eine Werbung, die mir nie wieder aus dem Kopf ging: »Geiz ist geil« von Saturn. Es hatte schon fast etwas Prophetisches an sich. Denn die Deutschen sind für ihre Sparsamkeit bekannt. Und ich erinnere mich bis heute an den Star-Ökonomen Hans-Werner Sinn – aufgrund seines markanten Bartes. Er erinnerte mich manchmal an einen Mullah aus der Moschee, der beim Freitagsgebet predigt. Bloß versprachen seine Gebete keinen Frieden, sondern eine ökonomische Apokalypse, vor der es sich zu retten gilt. Der andauernde Ukraine-Krieg und die steigende Inflation trüben die konjunkturellen Aussichten, sodass manche Unternehmen mit ihren Investitionen zögern und diese für die Zukunft zurückstellen. Auch korrigieren sie ihre Geschäftserwartungen entsprechend nach unten, da die stockenden Lieferketten und die steigenden Preise Sorgenfalten bereiten. Das Fatale daran: Die Notwendigkeit der Digitalisierung gerät immer mehr in den Hintergrund. Im positiven BWLer-Sprech können wir von Nachholpotenzial sprechen, das wir unbedingt ausschöpfen müssen. Der pessimistische Realist sagt mir, dass wir bei der aktuellen Geschwindigkeit in puncto Digitalisierung den Anschluss endgültig verlieren.

Und in Krisenzeiten geht es um das nackte Überleben: Firmen konzentrieren sich auf Aktivitäten, die sich kurzfristig schnell umsetzen lassen, und gleichzeitig werden die langfristigen Maßnahmen zurückgestellt. Und das ist nicht verwunderlich: In Phasen des Konjunkturpessimismus steht die Erschließung neuer Märkte selten im Vordergrund, so erklärt eine KfW-Studie.[134]

Viele Firmen kaufen erst mal keine neue Software ein, streichen Programme und stellen nicht mehr ein. Inzwischen ist klar, dass die meisten Unternehmen aufgrund der angespannten wirtschaftlichen Lage ihre Budgets vorsichtiger einsetzen. In Kombination mit der geringeren Anzahl von Vor-Ort-Veranstaltungen und persönlichen Meetings schafft dies ein schwieriges Verkaufsumfeld für Software-Anbieter.

In vielen Fällen müssen die Chief Information Officers einen Teil der Kontrolle über die IT-Ausgaben an die Chief Financial Officers abgeben, die sich darauf konzentrieren, sicherzustellen, dass das Unternehmen seine Ausgaben und seinen Cashflow vernünftig verwaltet, um die Krise zu überstehen.

Obwohl die deutsche Wirtschaft im vergangenen Jahr um 1,9 Prozent gewachsen ist,[135] werden die Investitionen in Digitalisierung in 2023 sinken, so der Bitkom[136]: 2023 wollen die Unternehmen noch stärker auf die Investitionsbremse drücken. Nur 2 Prozent wollen deutlich mehr für die Digitalisierung ausgeben, 16 Prozent eher mehr. Aber 19 Prozent wollen eher weniger in Digitalisierung investieren, 14 Prozent sogar deutlich weniger. 42 Prozent wollen die Ausgaben verglichen mit dem laufenden Jahr unverändert lassen. Aufgrund der wirtschaftlichen Rahmenbedingungen belastet dies auch die Unternehmen, sodass ein »Pause«-Knopf für die Digitalisierung gedrückt werden muss.

Werden wir zum digitalen Niemandsland?

Der Digital Transformation Index von Dell verglich den digitalen Reifegrad von 18 Ländern.[137] Deutschland landet hier mit 56 von 100 Punkten im mittleren Feld. Ein Grund: In der Bundesrepublik gäbe es noch einen hohen Anteil an Unternehmen, die zu den sogenannten Digital Evaluator gehören. Das sind Firmen, die sich nur graduell mit der Digitalen Transformation beschäftigen. In anderen Ländern wie USA, China, Mexiko und Brasilien finden sich dagegen mehr Unternehmen mit gereiften Digitalstrategien. Sie gelten damit als Digital Adopter.

Der Digital Riser Report betrachtet die digitale Wettbewerbs-fähigkeit von 140 Ländern.[138] Nicht im Mittelfeld, sondern fast ganz am Schluss landet die Bundesrepublik bei der Betrachtung der G20-Länder. Führend sind hier China, Saudi-Arabien, Brasilien und Argentinien.

Deutlich besser sieht das Bild beim 2020 Enabling Digitalization Index von Euler Hermes und der Allianz aus.[139] In dieser Digitale-Transformation-Studie schaffte es Deutschland auf Platz 3 (Vorjahr: Platz 2) hinter Dänemark und den USA. Denn der Index betrachtet nicht nur den aktuellen Digitalisierungsgrad, sondern zusätzlich die Möglichkeiten in verschiedenen Bereichen. Doch: »Deutschland hat viel Potenzial – lässt aber weiterhin Teile davon ungenutzt«, heißt es im Fazit.

Ja, die Corona-Pandemie hat die digitale Transformation deutscher Unternehmen und die Digitalisierung der Wirtschaft beschleunigt. Teilweise wurden innerhalb weniger Tage die Arbeitsweise umgestellt und in kürzester Zeit neue Geschäftsmodelle erschlossen (Stichwort: E-Commerce). Und viele Betriebe haben erkannt, dass der digitale Wandel kein Selbstzweck, sondern eine Notwendigkeit ist, um aktuell und in Zukunft überleben zu können.

Doch nicht in allen Bereichen war die Krise ein Antrieb. Der Grad der Digitalisierung blieb in einigen Bereichen weit hinter dem Potenzial und hinter der Notwendigkeit zurück. Gerade bei Behörden und Schulen ist weiterhin ein großer Mangel zu beobachten, und auch in manchen mittelständischen Unternehmen bleibt der Digitalisierungsgrad niedrig. Das ist umso gefährlicher, wenn man die Bundesrepublik im internationalen Vergleich betrachtet. Wie verschiedene Studien und Statistiken zeigen, geht die Entwicklung der Digitalisierung in Deutschland zu langsam voran. Immer mehr Länder ziehen an uns vorbei. Das ist besonders für eine Exportnation kein gutes Zeichen.

Meine Bilanz ist nüchtern: Unsere deutsche Wirtschaft setzt die Zukunft unseres Landes durch seinen Dornröschenschlaf aufs Spiel. Wir müssen Unternehmen aller Größen – sei es Start-up, Mittelstand oder Konzern – wachrütteln, damit sie nicht untätig bleiben und sich dieser Probleme annehmen.

Angefangen beim Start-up, das Mitarbeitenden Obstkörbe, Kicker und Partys statt Mitbestimmung durch Betriebsräte anbietet, da die Gründer ein mangelndes Grundverständnis von sozialer Marktwirtschaft und demokratischer Teilhabe haben. Ihr Wachstum ist ihnen wichtiger als das Wohlergehen derjenigen, die trotz hoher Arbeitslast zur Erfolgsgeschichte des Unternehmens beitragen.

Dann zum Mittelstand, den geheimen Helden, die den Wandel nur schwer umsetzen können, da sie immer wieder auf Altbewährtes gesetzt haben, das gut funktioniert. Nun müssen sie sich in der digitalen Welt neu erfinden, da die Konkurrenz aus dem Ausland nicht schläft und sich Technologie zu eigen gemacht hat.

Und schließlich die mächtigen Konzerne, die von Politik, Angst und Silos gelähmt sind. Sie sind wie eine Festung, die aber nach ständigen Angriffen – sei es durch die erschwerte gesamtwirtschaftliche Lage, sinkendes Konsumenteninteresse oder erstarkende ausländische Konkurrenz – geschwächt ist und jederzeit gestürmt werden kann.

Damit die deutsche Wirtschaft nicht als digitaler Verlierer in die Geschichte eingeht, bedarf es mutiger Schritte nach vorne – und zwar jetzt, bevor es zu spät ist. Dabei dürfen wir den Mensch nicht aus den Augen verlieren – eine Erkenntnis, die zwar trivial erscheint, aber leider nicht bei allen Unternehmen angekommen ist.

206

Wo Innovationen die digitale Zukunft fortschreiben, entscheidet die mitarbeiterorientierte Kultur über den Weg zur Vorreiterschaft in der digitalen Welt. In dieser neuen Weltordnung muss die Empathie für die Bedürfnisse und Erfahrungen der Mitarbeitenden im Fokus stehen, um eine Digitalisierung zum Wohle der Wirtschaft und Menschen zu gestalten.

Kapitel 9 | Wie digitale Ungleichheit uns spaltet: Versäumnisse der Gesellschaft

Freiheit – ein großes Wort mit so vielen Bedeutungen! Tagtäglich sind Menschen aus aller Welt bereit, für ihre Freiheit ihr Leben zu riskieren, indem sie auf die Straße gehen und protestieren, ihre Rechte gegenüber dem Staat oder der Wirtschaft einfordern oder ihre Meinung frei äußern.

Freiheit ist das wichtigste Gut, für das es sich zu kämpfen lohnt – genau das, wofür meine Eltern ihr Leben lang einstehen. Als meine Familie den Entschluss fasste, dem Bürgerkrieg in Afghanistan zu entfliehen, riskieren sie ihr Leben für die Hoffnung auf Freiheit. Sie wollen, dass ich eine Zukunft in einem Land habe, wo Freiheit, Demokratie und Sicherheit gegeben sind.

Meine Liebe für Deutschland, das Land, das mir ermöglicht hat, meine Träume in Frieden und Freiheit zu verfolgen, ist grenzenlos. Deshalb möchte ich diesem Land etwas zurückgeben, indem ich mich für die verantwortungsbewusste Entwicklung von Technologie und nachhaltige Gestaltung von Digitalisierung einsetze. Gesellschaftliche Verantwortung zu übernehmen war immer eine Selbstverständlichkeit für mich, da wir alle etwas dazu beitragen müssen, um für Gerechtigkeit, Frieden und das Gemeinwohl in unserer demokratischen Gesellschaft zu sorgen. Nur so sind wir in der Lage, eine zukunfts- und enkelgerechte Welt zu hinterlassen.

Ohne Freiheit, das wichtigste Gut im menschlichen Leben, würde ich diese Zeilen hier nicht verfassen. Und im Zeitalter der Digitalisierung stelle ich mir immer öfter die Frage, was Freiheit und Verantwortung bedeuten. Durch die Digitalisierung werden physische und geografische Grenzen überwunden, aber gleichzeitig grenzt sie uns voneinander ab. Sie ermöglicht uns Freiheit, aber gleichzeitig wird unsere Freiheit dadurch auch eingeschränkt.

Aber ich denke auch an die Länder, in denen die Nutzung des Internets eingeschränkt ist oder ein Großteil der Menschen gar keine Möglichkeit haben, Computer zu nutzen. Und ich denke auch an all die Länder, die insbesondere Mädchen und Frauen keinen Zugang zu Technik gewähren.

Die Digitalisierung, eine Kraft, die unser Leben und die Welt um uns herum transformiert, bleibt für fast die Hälfte der Menschen weltweit nur eine unerreichbare Theorie. Der Jahresbericht »Digital 2020« von Hootsuite und We Are Social zeigt uns eine erschütternde Realität: Etwa 40 Prozent der Menschen haben immer noch keinen Zugang zum Internet.[140] Ein trauriger Zustand, der durch fehlende digitale Infrastruktur und soziale Barrieren verursacht wird.

Die Ungerechtigkeiten sind greifbar, und in einigen Regionen wie Südasien scheinen sie noch drastischer zu sein. Die Analyse enthüllt eine erschreckende Kluft zwischen männlichen und weiblichen Social-Media-Nutzern: Dreimal mehr Männer haben Zugang als Frauen. Es ist eine traurige Erkenntnis, dass die Chancen, die die Digitalisierung bieten könnte, nicht gleichermaßen für alle zugänglich sind. Es bleibt eine dringende Aufgabe, diese Ungleichheit zu überwinden und sicherzustellen, dass jeder von den Möglichkeiten der digitalen Welt profitieren kann.

Inmitten des digitalen Fortschritts und der scheinbar grenzenlosen Vernetzung müssen wir uns bewusst sein, dass nicht jeder Teil unserer Gesellschaft gleichermaßen daran teilhaben kann. Auch in unserem Land gibt es Menschen, die in Funklöchern gefangen sind und keinen Zugang selbst zu grundlegenden digitalen Funktionen haben. Diese digitalen Ausschlüsse erstrecken sich auch auf empfindliche Bereiche wie Krankenhäuser, in denen manche den Zugang zu lebenswichtigen Informationen nur gegen

Bezahlung erhalten können. Selbst die am meisten Benachteiligten, wie Obdachlose, sind oft von der digitalen Welt ausgeschlossen, was soziale Ungleichheiten weiter verstärkt. Es liegt an uns, gemeinsam daran zu arbeiten, eine inklusivere digitale Gesellschaft zu schaffen, in der niemand zurückgelassen wird.

Im digitalen Raum ist Freiheit süß und gleichzeitig bitter. Süß schmeckt sie dank der Forschungs- und Entwicklungsfreiheit, mit der wir neue Gestaltungsmöglichkeiten und Fortschritt für unsere Zivilisation erzielen. Bitter wird es, wenn wir Bürger dem Eingriff in unsere Privatsphäre und sogar der Überwachung wie auch der Gefahr von Desinformation im digitalen Raum ausgesetzt sind.

Tech-Titanen und Staatsmacht: Eine Liasion mit Hindernissen

Interessanterweise ist die Grenze von Freiheit und der Übergang zur Verantwortung für unsere Gesellschaft in der Digitalisierung schwammig. Wenn wir in Richtung USA blicken, bedeutet Freiheit in diesem Kontext oftmals, dass Tech-Unternehmen – mehr oder weniger – machen, was sie wollen. Sie agieren als staatliche Dienstleister, wie z. B. die Partnerschaft einiger Plattformen mit der US-Regierung im Bereich der öffentlichen Gesundheit und des Katastrophenmanagements zeigt. Inmitten von Naturkatastrophen und Gesundheitskrisen stehen diese Tech-Plattformen als effektive Kanäle bereit, um die Bevölkerung mit offiziellen Informationen und Warnungen der Regierung zu versorgen. Sie agieren als treue Diener des Staates, die das Wort der Regierung millionenfach verbreiten.

Diese relevante Rolle wurde während der turbulenten Anfangsphase der Pandemie in den USA klar. Gemeinsam mit angesehenen Gesundheitsbehörden wie dem Center for Disease Control and Prevention lieferten die Tech-Giganten wichtige Informationen über die Verbreitung des Virus, Schutzmaßnahmen und Teststandorte, um die Bevölkerung auf dem Laufenden zu halten und das Bewusstsein für lebensrettende Gesundheitsmaßnahmen zu fördern.

Dennoch wurden Bedenken hinsichtlich möglicher Zensur oder selektiver Verbreitung von Informationen laut. Die Grenze zwischen dem Dienst für das Gemeinwohl und der Möglichkeit, die Meinungsbildung zu beeinflussen, bleibt ein Thema.

In Europa fungieren Tech-Giganten weniger als staatliche Dienstleister, da diese Unternehmen nicht von hier kommen und es Bestrebungen hinsichtlich der digitalen Souveränität gibt.

Hinzu kommt das Kräftemessen zwischen den mächtigen Tech-Giganten und dem Verlangen nach persönlicher Sicherheit. Ein interessantes Szenario spielt sich in den USA ab, wo weniger strikte Datenschutzgesetze einigen Tech-Unternehmen mehr Freiheit geben, persönliche Daten nach Belieben zu sammeln und zu nutzen. Doch inmitten dieses vermeintlichen Freiraums entbrennen hitzige Diskussionen und Kontroversen, denn die Frage steht im Raum, wie viel Freiheit diesen Unternehmen gewährt werden sollte, wenn es um die Sicherheit und den Schutz unserer persönlichen Informationen geht.

Doch dieses Kräftemessen ist nicht das einzige Drama, das die Tech-Industrie durchzieht. Ein weiterer Kampf entfaltet sich um die Regulierung von Online-Plattformen. Die USA, berühmt für ihre Tradition der Meinungsfreiheit und geringe Regulierung von Online-Inhalten, sind Heimat der weltweit größten Social-Media-Unternehmen, die als mächtige digitale Sprachrohre dienen und Milliarden von Nutzern Gehör verschaffen. Doch hinter dieser Meinungsfreiheit lauert eine dunkle Seite: Plattformen, die zu Brutstätten für Fehlinformationen, Hassrede und Manipulation werden können. Die Debatte über die Notwendigkeit und Art der Regulierung dieser Plattformen wird immer lauter und wichtiger.

Wenn Tech-Unternehmen ungehindert agieren können, besteht das Risiko der Monopolbildung und des Missbrauchs ihrer immensen Marktmacht. Ein unkontrolliertes Treiben könnte den Wettbewerb behindern und Innovationen ersticken, was wiederum den Verbrauchern und der gesamten Gesellschaft schaden könnte.

Die Zukunft der digitalen Welt wird von dem Dreiecksgespann Technologie, Freiheit und Regulierung entschieden. Die Frage nach dem richtigen Gleichgewicht zwischen Freiheit und Verantwortung bleibt unbeantwortet, während die Protagonisten des Technologiezeitalters ihr Streben nach Macht und ihren Kampf um Ethik fortsetzen.

Unsere Daten als Preis für Freiheit und Konsum

Spannend wird es, wenn die USA ihre Freiheit durch China bedroht sehen, sobald China dasselbe macht wie die USA, nämlich Social Media. Im aktuell laufenden Gerichtsprozess mit TikTok sehen wir, wie ein chinesisches Unternehmen angegangen wird, das sich in seinen Praktiken kaum von seinen amerikanischen Gegenspielern wie Meta unterscheidet.

Denn TikTok sieht sich mit Vorwürfen konfrontiert, dass sein chinesisches Mutterunternehmen, ByteDance, möglicherweise Nutzerdaten aus seiner beliebten Video-Sharing-App mit der chinesischen Regierung teilt oder diese sogar dazu verwendet, Propaganda und Fehlinformationen im Auftrag Chinas zu verbreiten.[141] Sowohl das FBI als auch die Federal Communications Commission haben gewarnt, dass ByteDance möglicherweise Nutzerdaten von TikTok – wie z. B. Browserverlauf, Standort und biometrische Identifikatoren – mit der autoritären Regierung Chinas teilen könnte.

Ein von China im Jahr 2017 umgesetztes Gesetz verlangt nämlich von Unternehmen, relevante persönliche Daten im Zusammenhang mit der nationalen Sicherheit des Landes an die Regierung weiterzugeben. Es gibt keine Beweise dafür, dass TikTok solche Daten übermittelt hat, aber aufgrund der großen Menge an Nutzerdaten, die es wie andere soziale Medienunternehmen sammelt, herrschen Bedenken.

In Bezug auf die Diskussion um TikTok und den potenziellen Datenschutzmissbrauch durch die chinesische Regierung scheint es zwei unterschiedliche Sichtweisen zu geben. Einige Datenschutzaktivisten argumentieren, dass es zwar Bedenken bezüglich der chinesischen Regierung gibt, aber auch andere Technologieunternehmen datensammelnde Geschäftspraktiken haben, die die Privatsphäre der Nutzer gefährden. Für sie wäre es sinnvoller, eine umfassende Datenschutzgesetzgebung einzuführen, die alle Unternehmen daran hindert, so umfangreiche persönliche Daten zu sammeln, anstatt sich in einer eher xenophoben Debatte zu verfangen, die letztendlich keine effektiven Schutzmaßnahmen bietet.

Andererseits gibt es auch Personen, die legitime Bedenken hinsichtlich TikTok und seiner möglichen Verbindung zur chinesischen Regierung äußern. Ihrer Meinung nach könnten selbst scheinbar unbedeutende Nutzerdaten eine gewisse Relevanz für ausländische Regierungen haben. Diese Bedenken richten sich nicht nur auf sensible Bereiche wie Nuklearanlagen oder Militäreinrichtungen, sondern erstrecken sich auch auf andere Sektoren wie Lebensmittelverarbeitung, Finanzindustrie und Universitäten.

Wo verläuft die Grenze der Freiheit von uns als individuellen Nutzern, den Anbietern von Tech-Plattformen und dem Staat? Derzeit ist das nicht klar ersichtlich, und es herrscht auch keine Einigkeit darüber. Ein Beispiel für die Grenzen der Freiheit in der Beziehung zwischen individuellen Nutzern, Tech-Plattformen und dem Staat ist die Debatte über die Nutzung von Gesichtserkennungstechnologie in öffentlichen Räumen. Hierbei stellen sich Fragen wie: Sollten Unternehmen und der Staat die Gesichtserkennung in Überwachungskameras einsetzen, um die öffentliche Sicherheit zu erhöhen? Wie beeinflusst dies die Privatsphäre der Bürger? Wo liegt die Grenze zwischen Sicherheit und dem Schutz unserer individuellen Freiheiten und Privatsphäre? Solche Diskussionen verdeutlichen die Komplexität und die ethischen Abwägungen, die in der datengetriebenen Welt eine Rolle spielen.

Auch lautet derzeit das Credo: »Wenn es technologisch möglich ist, sollten wir es machen.« Genau hier steckt der Denkfehler: Nur weil etwas technologisch machbar ist, gibt es einem nicht den Freifahrtschein dafür, dies umzusetzen. Es braucht ein ethisches, verantwortungsbewusstes Fundament, um langfristig zukunftssichere Entscheidungen zu treffen, und zwar von allen Akteurinnen – der Wirtschaft, Gesellschaft und Politik.

Was mich jedes Mal aufs Neue fasziniert, sind die Paradoxa in dem, was meine Mitmenschen sagen und wie sie sich tatsächlich verhalten. Ich spreche mit Bekannten, die mir erzählen, dass sie gegen die Datensammelwut von Social-Media-Firmen sind, und mir dann im nächsten Moment ein lustiges TikTok-Video zeigen. Sie sind bereit, mehr Überwachung seitens Firmen und des Staates in Kauf zu nehmen, um sich gleichzeitig individuell zu entfalten und sowohl Unterhaltung als auch Bequemlichkeit zu genießen.

Damit ist Freiheit kein gesellschaftliches Gut, sondern eine individuelle Entscheidung über den eigenen Spielraum. Wie viel ist es mir persönlich wert, einen Dienst zu nutzen, obwohl ich mir der Konsequenzen bewusst bin? Im digitalen Zeitalter sind die Konsequenzen aber nicht immer offensichtlich. Hier wird der Mensch nicht nur zum Nutzer eines Gutes, sondern auch zum Objekt. Zu einem Objekt, das sich in eine Dateneinheit übertragen, quantifizieren und vorhersagen lässt.

Viele gehen davon aus, dass unsere Freiheit und Demokratie immer bestehen bleiben werden, ohne sich der potenziellen Gefahren bewusst zu sein. Doch schauen wir in die Welt, in der

Überwachungsstaaten bereits Realität sind – hier können wir erkennen und verstehen, wie wichtig es ist, unsere Freiheit zu schützen.

Oft hört man den Satz: »Ich habe doch nichts zu verbergen.« Aber genau hier liegt die Falle. Denn was heute unbedenklich erscheint, kann morgen als Bedrohung für die Demokratie wahrgenommen werden. Denken wir an Fälle wie in Florida, wo Lehrer wegen der Darstellung einer Kunstskulptur suspendiert wurden oder wo das Engagement für LGBTIQA+ auf Fotos in Zukunft negative Konsequenzen haben könnte.

Es ist daher unerlässlich, sich bewusst zu machen, welche Daten gesammelt werden, und dass die heutige Akzeptanz von Überwachung und Datenweitergabe morgen zu einem gefährlichen Instrument für Manipulation und Unterdrückung werden kann, wenn die Demokratie bedroht ist. Unsere Freiheit und Demokratie im digitalen Zeitalter zu schützen bedeutet, dass wir uns aktiv für unsere Datenfreiheit einsetzen müssen. Und an diesem Punkt ist die Mündigkeit des Bürgers gefragt: Wollen wir ein Objekt in einer Datenwertschöpfungskette sein, in der unsere persönlichen Informationen und Nutzerverhalten die Währung sind? Und inwieweit sind wir uns der Folgen unseres Handelns bewusst? Nur wenn wir hier Klarheit schaffen, können wir sicherstellen, dass unsere Daten nicht gegen uns verwendet werden und wir unsere individuelle Freiheit bewahren können.

In einer Studie von Syzgy aus dem Jahr 2018 sagten 67 Prozent der Deutschen, dass sie ihre personenbezogenen Daten zu keinem Preis der Welt verkaufen würden – noch nicht mal an ihre Lieblingsmarke (USA: 55 Prozent, GB: 52 Prozent).[142] Sechs von zehn Deutschen (56 Prozent) glauben, dass Marken und Dienstleistungen, die sie nutzen, bereits zu viele Daten über sie gesammelt haben (USA: 54 Prozent, GB: 55 Prozent). Mehr als jeder Dritte (38 Prozent) weiß nichts von den neuen Datenschutzbestimmungen im Rahmen der Datenschutz-Grundverordnung. Gleichzeitig nutzen mehr als 50 Millionen Menschen Soziale Medien,[143] und mittlerweile shoppen über 90 Prozent der Deutschen online.[144] Das ergibt kein stimmiges Bild und zeigt einmal mehr das Paradox von vermeintlicher Überzeugung und tatsächlichem Handeln auf.

Oft wird uns Menschen vorgeworfen, amoralisch zu handeln, wenn wir uns widersprüchlich verhalten. Doch fragen wir uns: Sind Maschinen moralischer als wir? Die scheinbare Logik von Maschinen könnte uns dazu verleiten, zu glauben, dass sie eine Überlegenheit gegenüber uns Menschen besitzen, da sie aufgrund ihrer algorithmischen Programmierung konsequent handeln. In Anbetracht der scheinbaren Moral von Maschinen stellt sich tatsächlich die Frage, ob diese Technologie besser geeignet ist, Entscheidungen für unsere Gesellschaft zu treffen. Während KI-Systeme aufgrund ihrer vordefinierten Regeln und objektiven Natur konsistente Entscheidungen treffen können, fehlt ihnen dennoch das tiefe Verständnis, Empathie und die individuelle Einsicht, die menschliche Entscheidungen prägen. Kann also eine Maschine wirklich besser als der Mensch für das Wohl unserer Gesellschaft sorgen?

Menschen, Maschinen, Moral: Können Maschinen moralisch im Sinne der Gesellschaft handeln?

Wir Menschen rühmen uns unseres Moralkompasses, mit dem wir uns von Maschinen unterscheiden möchten, die lediglich Befehle ohne tiefgründiges Hinterfragen ausführen. Aber können wir Maschinen auch Moral beibringen? Und wie lassen sich unsere Normen und Werte auf die Technologie übertragen?

Der Sinn hinter Künstlicher Intelligenz ist es, dass eine Maschine unabhängig von menschlichem Einfluss Entscheidungen treffen kann. Jedoch müssen diese maschinellen Systeme weiterhin überwacht werden. Aufgrund der steigenden Komplexität und Autonomie von KI-Systemen regulieren sich die Maschinen aber bis zu einem gewissen Grad selbst. Eine permanente Kontrolle des Systems durch einen menschlichen Benutzer ist also nicht möglich. In einigen Szenarien ist es nicht praktikabel oder sogar unmöglich, dass ein menschlicher Benutzer eine permanente Kontrolle über das System hat. Dies kann verschiedene Gründe haben, darunter Personalmangel, die Notwendigkeit schneller Entscheidungen in kritischen Situationen, hohe Gefahren in Einsatzumgebungen oder das Eingreifen des Menschen als zusätzliches Risiko. In solchen Fällen könnte eine autonome Funktionsweise des Systems, basierend auf KI, notwendig sein, um angemessene Entscheidungen zu treffen oder bestimmte Aufgaben effizient zu erfüllen.

Bei manchen moralischen Entscheidungen geht es – so dramatisch es auch klingen mag – um Leben und Tod: Was ist, wenn ich beim autonomen Fahren keine andere Wahl habe, als ein Kind oder einen älteren Menschen zu überfahren? Wem kommt ein besonderer Schutz in Verkehrssituationen zu – den Insassen im Fahrzeug oder den anderen Verkehrsteilnehmenden?

Solche Fragen betreffen nicht nur selbst fahrende Autos, sondern auch andere KI-Systeme wie beim Einsatz von autonomen Kampfrobotern oder Pflegesystemen in der Altenpflege.

Stell dir folgendes Szenario vor: Du sitzt hinter dem Steuer eines autonomen Fahrzeugs. Plötzlich taucht vor dir eine Gruppe von Menschen auf, darunter ein Kind und ein älterer Passant. Die Zeit scheint stillzustehen, während das System eine Entscheidung treffen muss – eine Wahl zwischen zwei Leben.

Und das ist nur der Anfang. Autonome Kampfroboter ziehen in die Schlacht, scheinbar ohne Skrupel und moralische Fesseln. Doch wer trägt die Verantwortung für das Leben, das in ihren Händen liegt? Wer entscheidet über Leben und Tod im Namen der Maschinen?

Was ist der größtmögliche Nutzen oder das Gemeinwohl in solchen Szenarien? Geht es denjenigen, die diese Technologien entwickeln, um unser Wohl oder um das Wohl einer größtmöglichen Zahl von Menschen? Werden sie eine geringere Zahl von Menschenleben riskieren, sodass eine größere Zahl gerettet werden kann?

Und das bringt uns zu einem grundlegenden Dilemma und der ursprünglichen Frage: Können Maschinen überhaupt moralisch handeln? Unsere menschliche Moral umfasst die unterschiedlichsten Lebensbereiche, bei einer Maschine hingegen bezieht sie sich auf einen bestimmten Anwendungsfall. So kann eine Maschine nicht wie ein Mensch in vollem Umfang moralisch handeln. Auch können Maschinen keine Emotionen empfinden, sodass sie nicht über ein Bewusstsein und damit auch nicht über Willensfreiheit verfügen.

Aber was ist, wenn wir an einem Punkt der Menschheitsgeschichte angelangt sind, wo Maschinen Emotionen empfinden, einen freien Willen entwickeln und ihre Handlungen moralisch reflektieren können? Haben wir dann nicht auch eine moralische Verpflichtung gegenüber diesen Maschinen, haben sie nicht auch eigene Rechte und Interessen, die es zu schützen gilt? Im Sommer 2022 behauptete der Google-Mitarbeiter, Computerwissenschaftler und Priester Blake Lemoine in einem Interview gegenüber der US-Tageszeitung *The Washington Post*, das KI-Sprachmodell »LaMDA«[145] sei nicht nur ein Programm, sondern ein Mensch mit einer Seele.[146] So soll LaMDA die Frage gestellt haben, ob ihr eigener Tod für das Wohl der Menschheit wichtig sei, und sie soll sogar um einen Anwalt gebeten haben, um die KI als eigenständige Person anerkennen zu lassen. Lemoine wurde nach diesen Äußerungen suspendiert, aber er hält an seinen Einschätzungen fest.

Wenn die Behauptungen von Lemoine wahr sind bzw. wahr werden, müssen wir uns mit der Verantwortung und dem Haftungsrecht von Künstlicher Intelligenz auseinandersetzen. Die Durchbrüche der KI stellen dann unseren aktuellen Rechtsrahmen infrage, was jedes Mal auffällig wird, wenn Unternehmen sich hinter der Ausrede »Das war der Algorithmus, nicht wir« verstecken, sobald es um unbeabsichtigte, schädliche Folgen von KI-Systemen geht.

Können wir ein KI-System überhaupt haftbar machen? In der derzeitigen Rechtsdebatte beschäftigt man sich mit dieser Frage. Wenden wir uns noch einmal dem Beispiel des autonomen Fahrens zu: Ein autonomes Auto fährt und kann entweder die ältere Person oder das Kind überfahren oder nach links ausweichen, sodass es gegen eine Mauer fährt und der Fahrer selbst verstirbt. Ein KI-System kann schneller analysieren, welches Szenario das günstigste ist – sei es, den besten Parkplatz zu finden oder das Unfallrisiko zu minimieren. Jedoch bleibt die Frage offen, wer für die entstandenen Schäden eines Unfalls haftet. Es kann entweder der Hersteller des Dienstes, der Nutzer oder der Eigentümer des autonomen Fahrzeugs oder das KI-System selbst sein. Wenn ein KI-System wie LaMDA sich selbst als Person anerkennen lässt, dann ist es eine eigene Rechtspersönlichkeit, die damit auch haftungsfähig ist.

Dass wir überhaupt in Erwägung ziehen, dass Künstliche Intelligenz eine eigene Person ist und damit auch als Rechtspersönlichkeit gilt, basiert allerdings auf einem falschen Verständnis von Technologie. Gleichzeitig ist es zutiefst menschlich. Wir projizieren unsere Gefühle in eine Menge Dinge und auch andere Wesen hinein. Die Tatsache, dass etwas mit mir spricht, trägt noch mal dazu bei.

Einer der Hauptgründe, warum KI so menschlich wirkt, liegt darin, dass sie es tatsächlich ist. Genauer gesagt: Nicht die KI selbst, sondern der Inhalt. Bei Chatbots bestehen die Trainingsdaten aus einer großen Anzahl von Ausschnitten aus Gesprächen, die dem System zugeführt wurden. All diese Ausschnitte wurden von realen Menschen erstellt. In diesem Sinne wird der Inhalt indirekt von Menschen generiert und lediglich von der KI neu zusammengesetzt, was einer der Hauptgründe dafür ist, dass es sich so real anfühlt.

Auch wurde KI darauf trainiert, Menschen zu imitieren, und wird umso mehr belohnt, je menschenähnlicher sie klingt. Bei diesem Prozess ist es nicht erforderlich, dass das System irgendetwas empfindet, ein Bewusstsein hat oder gar versteht, was es sagt. KI fühlt und klingt nicht wie ein Mensch, weil es eine ähnliche innere Erfahrung hat, sondern einfach, weil sie darauf trainiert wurde, Menschen sehr gut nachzuahmen. Sie ist im Grunde genommen nur ein sehr cleverer Papagei.

Wir wissen bereits aus den vergangenen Kapiteln, dass Künstliche Intelligenz – genauso wie wir Menschen – niemals fehlerfrei ist: Der Algorithmus kann mit verzerrten und fehlerhaften Daten trainiert werden. Oder es kann bei einem autonomen Fahrzeug ein Hardwarefehler auftauchen, weil beispielsweise ein Sensor defekt ist. Ein anderes Risiko kann auch sein, dass Unternehmen mit mangelnder Sorgfalt ihre KI-Produkte entwickeln, da die Künstliche Intelligenz als eigene Rechtspersönlichkeit für die Schadenskosten haftet und somit Entwickler solcher KI-Systeme von ihrer Verantwortung befreit.

Deshalb sind Überlegungen, ein KI-System als Person und ergo Rechtssubjekt anzuerkennen, fatal.

Umso wichtiger ist es, dass wir mit dem Fortschritt der Technologie immer wieder die moralischen Herausforderungen im Blick behalten – auch wenn es keine einfache und kurze Antwort auf diese Fragen gibt. Manchmal bleibt die Antwort auch offen, weil die Debatte und der Forschungsstand in Kinderschuhen stecken. Trotzdem sollten wir die aktuellen Entwicklungen im Blick behalten und moralische und soziale Aspekte so früh wie möglich in der gesellschaftlichen Debatte wie auch im Design dieser Systeme berücksichtigen.

Wenn wir dies nämlich von Anfang an mitdenken, dann können wir bessere Maschinen entwickeln, die zum Gemeinwohl aller agieren, was insbesondere in prekären und herausfordernden Situationen wie dem Krieg sogar Menschenleben retten kann. Statt von negativen Emotionen wie Wut und Stress oder impulsiven Handlungen getrieben zu sein, kann eine Maschine durchaus in der Lage sein, bessere Entscheidungen zu treffen, wo humanistische Werte berücksichtigt werden können. Eine moralische Maschine ist eine bessere Maschine, die die Wahrscheinlichkeit der ein oder anderen hitzköpfigen Entscheidung definitiv verringert und zum friedlichen Zusammenleben beitragen kann.

Als Gesellschaft müssen wir uns bewusst darüber sein, dass KI, obwohl sie als »moralische Maschine« betrachtet wird, kein Allheilmittel ist. Umso entscheidender ist die Rolle der Bürger im Internet, insbesondere in Bezug auf Demokratie, Desinformation und Hate Speech.

Die Macht der Stimmen: Unsere Rolle im Netz

Die Reise ins Internetzeitalter begann für mich 2005, als ich in Hamburg vor meinem ersten Rechner saß. Damals war ich einfach nur aufgeregt über die neuen Möglichkeiten, mit Schulfreunden über den MSN Messenger zu chatten oder in virtuellen Welten wie dem Habbo Hotel und Knuddels abzuhängen. Doch schon damals zeigte sich eine düstere Seite des Internets, als ich Opfer übergriffiger Kontaktanfragen wurde.

Das Internet schuf einen Raum für offene Debatten und förderte die Demokratie, aber es brachte auch Gefahren mit sich: Desinformation, Hate Speech und die Spaltung der Gesellschaft. Im März 2022 wurde deutlich, wie gefährlich Fehlinformationen sein können, als die ukrainische Regierung »Bot-Farmen« zerstörte, die während der russischen Invasion zur Verbreitung von

Fehlinformationen und zur Verursachung von Panik unter den Bürgern genutzt wurden.[147] Während der Razzia wurden mehr als 100.000 Online-Konten entdeckt.

Ich erinnere mich auch an einen meiner ersten größeren Medienauftritte, wo ich als Protagonistin des *Spiegel*-Artikels »Vom Algorithmus vergessen« agierte. Leider erreichten mich am Tag der Veröffentlichung unzählige Hassnachrichten, die mich in eine Sinnkrise stürzten. Sichtbarkeit ist immer auch Angreifbarkeit; ab dem Moment, wo ich Stellung beziehe, mache ich mich auch verwundbar. Nicht jeder geht mit meiner Meinung d'accord und das ist in Ordnung. Menschenfeindliche Grenzüberschreitungen sind aber alles andere als okay. Und genau diese Erfahrungen und Angst vor Online-Hassrede können unsere Demokratie gefährden, da es die freie Meinungsäußerung einschränkt.

Aber die Wurzel des Problems liegt nicht in der Technologie oder den Algorithmen von Social Media. Vielmehr belohnen diese Plattformen polarisierende Inhalte, die viel Engagement hervorrufen, und begünstigen so die Verbreitung von Desinformation und Menschenhass. Die Mechanismen von algorithmenbetriebenen Plattformen unterschätzen diese Probleme nur, da es bei Social Media nicht nur um das gesellschaftliche Miteinander, sondern vor allem um Aufmerksamkeit geht. Wie lange kann ich die Aufmerksamkeit eines Nutzers auf meiner Plattform aufrechterhalten, damit er möglichst lange den Dienst verwendet und so viel Werbung wie möglich angezeigt wird oder er sogar etwas aufgrund der geschalteten Anzeige kauft? Dieser Wettbewerb um Aufmerksamkeit auf Social Media belohnt vor allem Inhalte, die viel Engagement bringen, d. h., wo Nutzer reagieren, kommentieren und den Beitrag weiterleiten. Und bei polarisierenden Inhalten ist dies besonders oft der Fall.

Es ist an der Zeit, sich bewusst zu werden, wie unsere Rolle als Bürger im Internet die Demokratie beeinflusst und welche Verantwortung wir dafür haben, diese Gefahren einzudämmen.

222

Zwischen Fakten und Clickbait: Die Rolle der Medien in der Tech-Debatte

Damit wären wir beim Thema Kommunikation. Neulich habe ich mir die Folge »ChatGPT und Fake News: Die Schattenseite von Künstlicher Intelligenz« bei Markus Lanz vom März 2023 angeschaut und es direkt bereut. Kritische Stimmen haben recht, wenn sie fordern, dass solche Diskussionen von Fachleuten geleitet werden sollten – von Informatikern, Mathematikern, Physikern, Data Scientists und Machine Learning Engineers, statt immer wieder dieselben Leute wie Sascha Lobo und Richard David Precht vor die Kamera zu holen. Markus Lanz tut uns keinen Gefallen damit, Sascha Lobo als »Digitalexperten« einzuladen und Richard David Precht als technophoben Intellektuellen in fast jeder Runde sitzen zu haben.

Ein weiterer Punkt, der mir auffällt, betrifft die Auswahl der Gäste in diesen Diskussionen. Es scheint, als würden bestimmte Stimmen bevorzugt, während andere außen vor bleiben. In der Folge zu »Deepfakes und Co.: Die Gefahren der neuen KI« waren nur biodeutsche weiße Männer mittleren und höheren Alters vertreten. Dabei gibt es durchaus Expertinnen in diesem Bereich, die eine wertvolle Perspektive einbringen könnten.

Doch nicht nur die Gästewahl, sondern auch die Titel der Episoden spielen eine wichtige Rolle. Indem mit negativen Begriffen wie »Schattenseite« und »Gefahren« gearbeitet wird, wecken sie Ängste und stellen die Technologie in einem schlechten Licht dar. Es müssten aber auch die Chancen und Potenziale dieser Technologien hervorgehoben werden, um einen konstruktiven Dialog in unserer Gesellschaft zu führen.

Angesichts der steigenden Relevanz von Daten und Künstlicher Intelligenz wünsche ich mir von den öffentlich-rechtlichen Medien mehr Formate, die sich den Themen rund um Digitalisierung fundiert widmen. Ein Hoffnungsträger ist und bleibt die ZDF Zoom-Reihe »Digital Empire«, in der technologische Phänomene einem breiten Publikum anschaulich, menschlich und unterhaltsam vermittelt wurden. Ich war auch Teil davon, indem ich als Datenexpertin zu Wort kam. Zu Recht wurde das Format mit dem Deutschen Fernsehpreis nominiert. Solche Formate sind ein Schritt in die richtige Richtung und können dazu beitragen, dass die öffentlich-rechtlichen Medien ihre Rolle als Informationsvermittler stärken und das Vertrauen der Zuschauer zurückgewinnen.

Wenn wir mehr von solchen exzellenten Beiträgen sehen, können wir hoffen, dass die Nutzer ihre Kritik an den GEZ-Gebühren reduzieren und wieder das Potenzial der öffentlich-rechtlichen Medien schätzen. Es geht nicht nur darum, mehr Inhalte zu produzieren, sondern auch die deutsche Arroganz gegenüber »Public Intellectuals« abzulegen und eine offene und respektvolle Diskussionskultur zu fördern. Nur so können wir die Chancen des digitalen Zeitalters nutzen und unsere Gesellschaft positiv gestalten.

In einer Welt, in der Technologie, Digitalisierung und Künstliche Intelligenz eine immer größere Rolle spielen, wird die Bedeutung der Wissenschaftskommunikation immer deutlicher. Der Publizist Wolfgang Lotter betonte in seinem Kommentar die Ablehnung deutscher Berufsakademiker gegenüber Public Intellectuals wie Maja Göpel, denen oft ihre Sichtbarkeit und Prominenz vorgeworfen wird, anstatt ihre inhaltlichen Beiträge zu würdigen. Doch gerade diese Public Intellectuals sind von unschätzbarem Wert für die demokratische Gesprächskultur, da sie moderne Kommunikationsmittel nutzen, um ihre Arbeit verständlich zu vermitteln und den Fortschritt des Denkens zu fördern.

Auch ich musste in meiner Tech-Blase Missgunst erfahren. Lange Zeit betrachtete ich meine Kommunikationsfähigkeiten als Mangel, der nichts in der rationalen und zahlengetriebenen Welt

224

von Tech zu suchen hat. Erst viel später begriff ich, dass sie eine meiner Kernkompetenzen ist, die mich auszeichnen. Eine Brücke zwischen Tech und Menschen zu bauen ist meine Stärke. Wir brauchen mehr Public Intellectuals in den Medien, die rund um Tech, Big Data und Künstliche Intelligenz zu Wort kommen.

In der rasch voranschreitenden Ära der Digitalisierung ist die Rolle der Wissenschaftskommunikation von unschätzbarem Wert. Sie ist nicht nur eine Brücke zwischen technischen Errungenschaften und der Gesellschaft, sondern auch ein Weg, um komplexe Themen verständlich und zugänglich zu machen. Public Intellectuals wie Maja Göpel, Ranga Yogeshwar und Eckart von Hirschhausen spielen dabei eine herausragende Rolle. Doch ihre Präsenz in den Medien wird oft kritisiert und unterschätzt. Es ist an der Zeit, dass wir ihnen die Anerkennung zollen, die sie verdienen. Denn sie sind Wegbereiter für gesellschaftliche Aufklärung und ermöglichen es uns, die Chancen und Risiken der digitalen Welt besser zu verstehen. Lasst uns sie unterstützen und ihre Stimmen lauter erklingen lassen, denn gemeinsam können wir eine zukunftsweisende und demokratische Gesellschaft gestalten.

Die Debatte rund um Tech wird entweder intellektualisiert durch Populärphilosophen wie Richard David Precht oder höchst emotionalisiert von Clickbait-Artikeln, die mit den Ängsten der Menschen spielen, indem sie ChatGPT im selben Atemzug mit Jobverlust erwähnen.

Zahlreiche deutschsprachige und internationale Medien berichten vom »Jobkiller« oder dem Jobverlust durch ChatGPT. Die eigentliche Schlagzeile ist für mich, wie ChatGPT unsere Arbeitswelt verändert und welche neuen Berufsfelder dadurch entstehen, so wie das des Prompt Engineers, das lukrative Aussichten verspricht.

«Nicht die KI wird den Menschen ersetzen, sondern die Menschen, die wissen, wie sie die KI nutzen können«, schrieben die

225

Harvard-Professoren Marco Iansiti und Karim Lakhani bereits 2020.[148]

Wichtiger ist es, Menschen die Möglichkeiten aufzuzeigen, ohne mit ihren tiefsten Ängsten zu spielen und ihnen Wege zu zeigen, wie sie mithilfe von ChatGPT ihre Arbeit effizienter erledigen, neue Geschäftsmodelle entwickeln oder in einen neuen Beruf einsteigen können. Letztendlich ist ChatGPT nichts anderes als ein Messer, mit dem ich mir Butter auf mein Brot streichen oder jemanden ins Herz stechen kann. Es obliegt mir, wie und ob ich es zum Wohle des Menschen verwende.

Deshalb halte ich die aktuelle mediale Berichterstattung für mehr als bedenklich und wünsche mir eine nuancierte Betrachtung, die der gesellschaftlichen Verantwortung des Journalismus gerecht wird.

Ein knackiger Titel, um Aufmerksamkeit zu erzielen, ist eine Sache, aber Clickbaiting nur für Aufrufe per se ohne gut recherchierte Inhalte anzubieten, ist befremdlich. Damit ist unserer Gesellschaft im digitalen Zeitalter nicht geholfen.

Wir müssen den Menschen wieder mehr zumuten, sich mit der Komplexität technologischer Errungenschaften auf verständliche und praxisnahe Weise anzunähern, und sogar Freude an diesen Themen zu schaffen, statt tief eingebrannte Befürchtungen zu bedienen.

Die Zeit rennt, und wir können uns als Gesellschaft einen Diskurs zu Digitalisierung und Künstlicher Intelligenz auf Ballermann-Niveau nicht mehr leisten, da wir damit unsere Zukunft verspielen. Vielleicht sollten wir eine Fernsehsendung ähnlich wie *Die Höhle der Löwen* für Tech-Themen haben. Diese könnte der Technologiebranche eine Plattform bieten und so dazu beitragen, die deutsche Angst und Skepsis in Begeisterung und Interesse umzuwandeln. Ein solcher Wandel des Mindsets ist entscheidend, wenn es um die Akzeptanz und das Verständnis digitaler Themen in der breiten Bevölkerung geht. Nur gemeinsam können wir den technologischen Fortschritt vorantreiben und ein digitales Deutschland gestalten.

Warum Empathie und emotionale Intelligenz unsere Superkraft im KI-Zeitalter wird: Perspektivwechsel mit Emotional Evangelist Magdalena Rogl

Ich spreche mit Magdalena Rogl. Als gelernte Kinderpflegerin hat sie über den Quereinstieg erst die Unternehmenskommunikation von Microsoft Deutschland geleitet und ist jetzt aufgrund ihres kontinuierlichen Engagements als Diversity & Inclusion Lead für das Unternehmen zuständig. Zudem bezeichnet sie sich als »Emotional Evangelist«, da sie Themen rund um Emotionale Intelligenz und Empathie in der digitalen Arbeitswelt zugänglich macht. Deshalb hat sie auch ein ganzes Buch namens *Mitgefühl* veröffentlicht – im Herbst 2022.[149]

»Die Veränderung der Arbeitswelt erfordert ein Umdenken – vor allem auf emotionaler Ebene, denn Veränderungen machen uns oft erst mal Angst, das sehen wir auch in der Berichterstattung über KI und Automatisierung in der Arbeitswelt. Es geht nicht darum, diese Angst zu ignorieren, sondern vielmehr, sie bewusst wahrzunehmen, zu reflektieren und zu hinterfragen. Wenn wir in Zukunft mit und neben Künstlichen Intelligenzen und Robotern arbeiten, sind es genau die menschlichen Fähigkeiten, auf die es ankommt – und die uns zukunftsfähig machen.«

Für Magdalena sind Empathie und emotionale Intelligenz nicht nur im Zeitalter von KI unverzichtbare Superkräfte, sondern für jedes Zeitalter. Auch tut sie sich schwer mit der Frage: »Was willst du werden?« Sie hält diese Frage sogar für gefährlich, da sie den Blickwinkel einschränkt, sodass man sich nur auf einen Titel oder Beruf fokussiert. Vielmehr appelliert sie dafür, dass man sich Folgendes fragen sollte: Welcher Mensch sind wir? Und welche Werte sind für uns richtig?

Dieses Umdenken ist auch für die moderne Arbeitswelt erforderlich. »65 Prozent der heutigen Schüler werden in Berufen arbeiten, die es heute noch nicht gibt. Wie sollen sie also wissen, was sie werden wollen? Wie sollen sie bereit sein für die Arbeitswelt der Zukunft? Und auch wenn wir nicht mehr zur Schule gehen, sondern längst arbeiten, brauchen wir einen Fokus auf das Wie statt auf das Was, weil sich das Was im Laufe unseres Lebens immer öfter ändern wird«, erzählt sie mir. Deshalb glaubt sie, dass wir vielmehr einen Wertekompass statt eines Fünf-Jahres-Plans brauchen, da wir nicht wissen, was in fünf Jahren sein wird, und ein Plan deshalb obsolet ist. Sie fordert: »Wir brauchen einen Kompass, der uns leiten kann, uns die richtige Richtung zeigt, aber gleichzeitig die nötige Flexibilität gibt. Ich hoffe, dass die Arbeitswelt – und wir alle, als Teil dieser Arbeitswelt – sich dahingehend verändert. Weil wir mehr Quereinsteigerinnen und Bildungsdiversität brauchen, um die Herausforderungen zu meistern und neue Chancen zu gestalten.«

Das Interessante an ihrer Laufbahn: Sie hat es ohne Studienabschluss in eine Top-Position bei einem der einflussreichsten Tech-Konzerne der Welt geschafft. In einem Land wie Deutschland sticht die Karriere von Magdalena Rogl heraus und bildet mehr die Ausnahme als die Regel. »Als Quereinsteigerin habe ich selbst erlebt, dass es nicht mehr primär darum geht, welche Abschlüsse man hat, sondern darum, lernfähig zu sein und zu bleiben. Der größte Treiber dieser Veränderungen ist sicher die Digitalisierung selbst, die fast alle Berufe verändert und komplett neue Arbeitsfelder entstehen lässt. Genau das sollten wir auch nutzen, um für mehr Bildungsgerechtigkeit zu sorgen. Digitale Tools können ein wichtiger Motor sein, um mehr Menschen Bildung zu ermöglichen und Aus- und Weiterbildung inklusiver zu gestalten.«

Auch erachtet sie das lebenslange Lernen im digitalen Zeitalter als essenziell, um in der sich schnell ändernden Welt mithalten zu können. »Wie jede Art der Veränderung kann auch die digitale Transformation für Unsicherheit sorgen. Dinge, die wir nicht kennen; Wege, die noch nicht gegangen wurden und deren genaues Ziel wir noch nicht kennen; Rollen, von denen wir noch nicht wissen, dass es sie gibt und wie man sie einnimmt. Aber genau darin liegen die großen Chancen: Wir können neue Dinge entstehen lassen und Neues formen. Wir können Lernen neu denken – und dazu gehört für mich auch Dinge zu verlernen, die uns nicht mehr weiterhelfen.«

Vernetzte Vielfalt: Die Gesellschaft in der Digitalisierung gerecht gestalten

Unsere Gesellschaft ist das Herz unserer Demokratie, das Rückgrat unseres Landes. Doch wenn wir uns nicht solidarisch in der digitalen Welt verbinden, droht sie aus den Fugen zu geraten. Die Digitalisierung ist kein bloßer Helfer, sondern ein zentraler Bestandteil für viele Bürgerinnen und Bürger unseres Landes.

Blicken wir auf die Geschichte zurück, so wird deutlich, wie politisch die Digitalisierung ist. Schon während der Französischen Revolution gingen Menschen auf die Straße, um ihren politischen Einfluss zu sichern. Heute sehen wir, wie Gewerkschaften und Interessengruppen spüren, dass Jobs gefährdet sein könnten oder große Veränderungen bevorstehen. Daher ist es entscheidend, dass alle an diesem Diskurs teilhaben können.

Dazu gehört auch, dass Menschen nicht als bloße Datenpunkte im Computer betrachtet werden, sondern als Individuen, deren Bürgerrechte geschützt werden müssen. Es ist von großer Bedeutung, dass vielfältige Stimmen in diesen Diskurs einbezogen werden, um eine gerechtere Digitalisierung zu ermöglichen.

Fehlt diese Vielfalt, können Diskriminierungsmechanismen reproduziert werden, wie wir es bei manchen Algorithmen beobachten. Diese lernen aus verschiedenen Daten, menschenähnliche Fähigkeiten zu entwickeln. Doch der Diskurs wurde hauptsächlich von weißen, männlichen Cis-Personen geprägt, was zu einem einseitigen Standard geführt hat, wie Sprache verwendet wird. Damit werden abweichende Gruppen wie Frauen, Menschen mit Migrationshintergrund oder People of Color einfach ausgeblendet.

Die Vielfalt der Stimmen ist daher von immenser Bedeutung, um den Diskurs zu bereichern und bestehende Standards kritisch zu hinterfragen. Es liegt an uns als Bürgerinnen und Bürger, uns aktiv für eine gerechte Digitalisierung einzusetzen und dafür zu sorgen, dass unsere Gesellschaft in der digitalen Welt zusammenhält. Nur gemeinsam können wir eine Zukunft gestalten, die allen zugutekommt und niemanden ausschließt.

Kapitel 10 | Was die Politik jetzt tun muss

Was mich in den vergangenen Jahren frustriert hat, ist, dass sich jeder Zweite »Experte« für Digitalisierung, New Work oder Diversity schimpft. Wenn es aber darum geht, konkrete Handlungsempfehlungen aus der Praxis vorzustellen, statt nur die Oberfläche anzukratzen, wird es auf Nachfrage hin eher ruhig.

Deshalb möchte ich einen Koffer an Handlungsempfehlungen mitgeben, damit Digitalisierung kein Buzzword oder Trendthema bleibt, sondern eine Herzensangelegenheit für alle, die zum Gemeinwohl von Deutschland und Europa im digitalen Zeitalter beitragen wollen.

Viele Parteien scheinen noch nicht erkannt zu haben, dass »Tech« auch ein Thema der sozialen Gerechtigkeit sein kann. Tech-Berufe sind gerade unglaublich nachgefragt und bieten große Chancen für Quereinsteigerinnen. Viele Jobs sind teilzeitgeeignet und ortsunabhängig. Die Tech-Industrie ist an verteiltes, dezentrales Arbeiten in Teams gewöhnt. Gleichzeitig hängen Aufstiegschancen und Verdienst mehr von der Leistung und weniger vom (sozialen) Hintergrund ab. Die Technologiebranche ist damit ein Bereich, in dem ein leistungsbezogenes Wohlstandsversprechen noch relativ leicht eingehalten werden kann. Es wäre sehr hilfreich, wenn »Data« und »Tech« in viel mehr Bereichen präsent und gefördert wären: vom Schulfach »Datenkunde« bis zum Mini-Hackathon im Kinder- und Jugendzentrum. Wenn es dann zum Techie irgendwann nicht mehr heißt »Du bist aber nerdy«, sondern »Hey, du bist aber cool«, dann hat dieser kreative, teamorientierte Berufszweig das Image, das er meiner Meinung nach verdient.

Die deutsche Politik muss endlich wachgerüttelt werden, um das Potenzial von Tech als Vehikel für soziale Mobilität zu erkennen.

Genau deshalb schlage ich meinen Vier-Punkte-Plan für ein digitales Deutschland vor:

- **Punkt 1:** Digitale Infrastruktur ohne Marktabhängigkeiten mithilfe einer Digitalsteuer netzneutral und zügiger ausbauen!
- **Punkt 2:** Regulierung? Ja, aber bitte mit Augenmaß!
- **Punkt 3:** Eine digitale Bildungsreform – und zwar jetzt!
- **Punkt 4:** Attraktive Rahmenbedingungen für Fachkräfte durch politische Reformen schaffen!

Punkt 1: Digitale Infrastruktur ohne Marktabhängigkeiten mithilfe einer Digitalsteuer netzneutral und zügiger ausbauen!

Ohne digitale Infrastruktur brauchen wir nicht über den Fortschritt der Digitalisierung zu sprechen. Sie ist nämlich das Fundament für alle technologischen Bestrebungen, die wir haben. Dazu zählen vor allem ein schneller Netzausbau, insbesondere auf dem Land, und eine dezidierte KI-Recheninfrastruktur für digitale Souveränität und Innovationen »made in Europe«.

Punkt 1.1: Zügigen Netzausbau vorantreiben!

Mehr staatliche Fördermittel mit flexibleren Rahmen einplanen Die digitale Infrastruktur liegt im Interesse aller; wir können nicht nur darauf vertrauen, dass der Markt es schon von alleine regelt. Genau deshalb wurde die Giga-Förderung ins Leben gerufen, um ländlichen Gegenden zu schnellem Internet zu verhelfen. Bloß ist es mehr als ärgerlich, wenn Länder und Kommunen die entspre-

232

chenden Vorbereitungen zum Netzausbau treffen, um am Ende gesagt zu bekommen, dass der Regierung gelinde gesagt das Geld ausgegangen ist. Es sendet das falsche Signal nach außen und vermittelt den Eindruck, dass wir die digitale Zukunftsfähigkeit unserer Republik aufs Spiel setzen. Aus diesem Grund plädiere ich für staatliche Förderprogramme wie die Giga-Förderung – jedoch sollte die Summe pro Jahr an den entsprechenden Bedarf für die Länder und Kommunen angepasst werden, damit Pläne zum Netzausbau nicht auf ungewisse Zeit pausiert werden. Das bedeutet konkret: Wenn 12 Milliarden als Paket zur Verfügung stehen und pro Jahr 3 Milliarden eingeplant sind und es schon mitten im Jahr heißt, dass 3 Milliarden verbraucht worden sind, der Betrag innerhalb desselben Zeitraumes aufgestockt wird. Als Staat müssen wir schnell und agil agieren, wie es Start-ups tun, um die Versäumnisse der Vergangenheit zu korrigieren und Deutschland endlich ins digitale Zeitalter zu holen.

Digitalsteuer für Unternehmen zur marktunabhängigen Finanzierung des Netzausbaus einführen

Ein Instrument zur Finanzierung des Netzausbaus ist die Einführung einer Digitalsteuer. Der klare Vorteil hier ist, dass die Einnahmen nicht dem kommerziellen Interesse von Unternehmen, sondern jenen der Bürger dienen und vom Gesetzgeber kontrolliert werden können. Statt die Höhe der Steuer vom Datenvolumen festzulegen, können andere Kriterien wie Umsatz des Unternehmens herangezogen werden. Das hat den Vorteil, dass neu gegründete Unternehmen, die keine hohen Umsätze aufweisen, aber aufgrund ihres Geschäftsmodells datenintensive Dienste anbieten, steuerlich weniger belastet werden.

Regionen mit weißen Flecken priorisieren

Regionen mit sogenannten weißen Flecken, die auch bis 2024 kein Netz haben, gibt es immer noch reichlich – vor allem in dünn be-

233

siedelten Orten des ländlichen Raums, wo es nur wenige Kunden gibt und ergo es sich für die Telefongesellschaften finanziell nicht rentiert, Mobilfunkmasten zu errichten.

Für diese Regionen gibt es ein spezielles Förderprogramm, wo rund 1,1 Milliarden Euro aus der Frequenzauktion in den Bau von Mobilfunkstandorten investiert werden.[150] Sobald diese aktiv sind, wären 99,95 Prozent der deutschen Haushalte und 97,5 Prozent der Bundesfläche mit 4G versorgt. Und Standorte mit 4G-Netz können rasch auf 5G aufgerüstet werden.

Um die Kommunen zu entlasten und den Netzausbau zu beschleunigen, hat der Bund eine Mobilfunkinfrastrukturgesellschaft gegründet, die den Bau von Funkmasten plant und fördert, die von privaten Unternehmen betrieben werden.[151]

Jedoch dürfen diese nicht als Nachgedanke behandelt werden, sondern müssen priorisiert werden, damit alle den gleichen Zugang zum Netz haben und alle Bürger an der Digitalisierung gleichberechtigt teilhaben können.

Bürokratie für Mobilfunk abbauen

Der bürokratische Flaschenhals und zu hohe regulatorische Sicherheitsauflagen seitens der Politik hindern Telekommunikationsunternehmen und Infrastrukturanbieter daran, das Gigabit-Netz zügig auszubauen. So treffen ambitionierte Ziele mit Sanktionsmaßnahmen bei Nicht-Erfüllung der Auflagen und hohe gesetzliche Vorgaben und Sicherheitsanforderungen direkt aufeinander. Um diesen Konflikt zu lösen, ist es wichtig, den Umfang von Sicherheitsauflagen auf ein realistisches Maß zu reduzieren, wie z. B. Glasfasern an Holzmasten aufzuhängen statt zu buddeln. Auch müssen die Genehmigungsverfahren auf ein realistisches Maß reduziert werden. Die Genehmigungsverfahren für die Telekommunikationsbranche sind seit geraumer Zeit ein anhaltendes Problem. Nach Angaben der Branche dauert es in der Regel 18 bis 20 Monate, bis sie grünes Licht für neue Standorte erhält.[152] Die Netzbetreiber haben bereits seit Langem Forderungen nach verbesserten Voraussetzungen und weniger bürokratischem Ballast geäußert, um den Ausbau schneller voranzutreiben. Daher unterstütze ich die Forderung des Branchenverbands Bitkom, die Genehmigungsverfahren auf drei Monate zu reduzieren, und plädiere für eine Genehmigungsfiktion.[153] Unter einer Genehmigungsfiktion versteht man, dass nach Ablauf einer Frist von drei Monaten automatisch eine Genehmigung für den Bau eines Standortes erteilt wird. Diese kann jedoch von den Behörden im Zweifelsfall nachträglich geändert werden. Gegenwärtig werden ohnehin über 90 Prozent der Vorhaben positiv entschieden.

Punkt 1.2: Wo bleibt das deutsche ChatGPT?
KI-Recheninfrastruktur für »AI made in Europe«

Die britische Antwort auf KI-Innovationsdurchbrüche aus den USA und China
Die britische Regierung will 900 Millionen Pfund in einen hochmodernen Supercomputer investieren.[154] Dies ist Teil einer Strategie für Künstliche Intelligenz, die unter anderem vorsieht, dass das Land seinen eigenen »BritGPT« bauen kann.

Das britische Finanzministerium hat Pläne vorgestellt, rund 900 Millionen Pfund für den Bau des Supercomputers auszugeben, der um ein Vielfaches leistungsfähiger ist als die größten Computer des Vereinigten Königreichs, sowie für die Einrichtung einer neuen KI-Forschungsstelle.

Ein solcher Computer kann für das Training komplexer KI-Modelle verwendet werden, aber auch für andere Zwecke in Wissenschaft, Industrie und Verteidigung, einschließlich der Modellierung von Wettervorhersagen und Klimaprojektionen.

Die Regierung würdigte die jüngsten Durchbrüche bei großen Sprachmodellen, der Technologie hinter Chatbots wie ChatGPT von OpenAI. Sie sagte, sie werde eine Taskforce einrichten, »um die souveränen Fähigkeiten des Vereinigten Königreichs im Bereich der Basismodelle, einschließlich großer Sprachmodelle, zu fördern«.

Letzten Monat wurde den Abgeordneten mitgeteilt, dass das Vereinigte Königreich in große Sprachmodelle investieren müsse. »Wir glauben, dass die Gefahr besteht, dass wir in Großbritannien gegenüber den großen Technologieunternehmen und möglicherweise China den Anschluss verlieren und in Bereichen wie Cybersicherheit und Gesundheitswesen zurückbleiben. Es handelt sich um ein massives Wettrüsten, das es schon seit einiger Zeit gibt, aber in letzter Zeit hat sich die Lage noch verschärft«, sagte Adrian Joseph, Chief Data and Artificial Intelligence Officer des Telekommunikationsunternehmens BT Group, vor dem Wissenschafts- und Technologieausschuss des Unterhauses.

Wenn Großbritannien in der Lage ist, so etwas zu stemmen, obwohl das Land wirtschaftlich schlechter gestellt ist als Deutschland, haben wir keine Ausrede, dass es uns an Geld mangele. Vielmehr mangelt es uns an mutigen Entscheidungen und der nötigen Bereitschaft, entsprechend in unsere technologische Zukunft und digitale Souveränität zu investieren.

Die LEAM-Initiative als Hoffnungsträger für Europas Tech-Industrie

Die vom deutschen KI-Verband ins Leben gerufene Initiative Large European AI Models (kurz: LEAM) befasst sich mit der Einrichtung eines Hochleistungsrechenzentrums, das sich der Entwicklung Künstlicher Intelligenz widmet.[155] Sogenannte KI-Gründungsmodelle werden einen disruptiven Einfluss auf Wirtschaft und Gesellschaft haben. Allerdings wird dieser Paradigmenwechsel derzeit von US-amerikanischen und chinesischen Modellen vorangetrieben.

Um die digitale Souveränität Europas nicht zu gefährden und die Aufholjagd zu starten, hat der KI-Bundesverband gemein-

236

sam mit Vertreterinnen aus Wirtschaft, Wissenschaft und Zivilgesellschaft im Auftrag des Bundesministeriums für Wirtschaft und Klimaschutz die Machbarkeitsstudie »Große KI-Modelle für Deutschland« erstellt.[156] Die Studie zeigt, wie große KI-Modelle in Deutschland entwickelt werden können.

Wie das gelingen kann, erklärt die Geschäftsführerin Vanessa Cann im Interview gegenüber *Gründerszene*: »Indem alle Stakeholder endlich zusammenarbeiten, diese Probleme zu lösen. Wir haben etwa das staatlich geförderte Projekt OpenGPT-X, bei welchem wir Sprachmodelle trainieren, welche die Recheninfrastruktur des deutschen Forschungszentrums Jülich nutzen. Aber man merkt, wie man damit an die Grenzen des Machbaren kommt, weil man eine dedizierte KI-Infrastruktur bräuchte, um große KI-Modelle erfolgreich trainieren zu können, und der Aufbau dieser würde bis zu 400 Millionen Euro kosten.«[157] Die finanziellen Mittel für dieses kostenintensive und hochambitionierte Projekt müssten, so Cann, »von der öffentlichen Hand und den etablierten Industrien, etwa von DAX-Konzernen« kommen.

Wir brauchen eine dezidierte KI-Recheninfrastruktur, die einen »Made in Europe«-Stempel trägt, um nicht ständig auf amerikanische Anbieter angewiesen zu sein. Allerdings dürfen solche ambitionierten Vorhaben nicht so katastrophal wie das Cloud-Projekt Gaia-X werden, aus dem mehr oder weniger nichts geworden ist. Wenn wir keine digitale Souveränität haben, dann begeben wir uns in ein Abhängigkeitsverhältnis, das z. B. beim Ausbruch eines Krieges ein gefährliches Ausmaß annehmen kann.

Punkt 2: Regulierung? Ja, aber bitte nur mit Augenmaß!

Die Fragen aller Fragen im Zusammenhang mit der EU-KI-Verordnung und jeglichen anderen regulatorischen Anforderungen im digitalen Raum lauten: Wie gelingt uns der Balanceakt zwischen Freiheit und Regulierung? Wie können wir Freiheit für Entwicklung, Forschung und Innovation auf eine Art und Weise gewährleisten, dass ethische, rechtliche und gemeinwohlorientierte Aspekte in der technologischen Produktentwicklung nicht in den Hintergrund geraten?

Daher adressiere ich die in Kapitel 6 erwähnten Kritikpunkte und möchte diese mit praxisorientierten Lösungsansätzen entkräften.

Kritikpunkt: Hohe Kostenlast seitens der Unternehmen für Qualitätsmanagement und Zertifizierungsprozess von KI-Anwendungen

Lösung: Es müssen staatliche Subventionen in Form von Förderzuschüssen für Unternehmen bereitgestellt werden.

Dabei muss sich die Fördersumme nach bestimmten Kriterien wie Größe des Unternehmens, Umsatz und Datennutzung bemessen. Das Fördergeld dient zur Finanzierung des Qualitätsmanagements und des Zertifizierungsprozesses, insbesondere für KI-Start-ups in der Anfangsphase oder kleine und mittelständische Unternehmen mit geringen Ressourcen.

Kritikpunkt: Schwammige Definitionen in der EU-KI-Verordnung

Lösung: Wir müssen Unklarheiten zur KI-Definition aus dem Weg räumen.

Die vielleicht häufigste Kritik an der weit gefassten Definition von KI lautet, dass sie zwangsläufig zu umfassend und daher zu regulierend sein wird. Es ist jedoch wichtig, daran zu erinnern, dass die EU-KI-Verordnung nicht alle Systeme, die als KI definiert sind, regulatorischen Anforderungen unterwirft. Es gibt zwei wichtige Filter, die die Gruppe der KI-Anwendungen einschränken, welche den rechtlichen Anforderungen unterliegen. Erstens wird die Definition begleitet von einer Liste, in der die Techniken

238

aufgeführt sind, die als KI gelten. Zweitens: Der Gesetzesentwurf sieht nur eine Risikoklassifizierung für KI-Systeme vor, die als hohes Risiko für Gesundheit, Sicherheit und Grundrechte gelten.

Diese Risikoklassifizierung umfasst KI-Produkte, die in der EU bereits reguliert sind, und eine Liste von KI-Diensten, einschließlich Anwendungen im Zusammenhang mit kritischer Infrastruktur, Bildung, Gesundheit, Beschäftigung, wesentliche Dienstleistungen, Strafverfolgung und mehr.

Kurz gesagt: Unter die Definition von KI zu fallen, bedeutet nicht, der Verordnung zu unterliegen, und eine weit gefasste Definition bedeutet nicht, dass eine Überregulierung stattfindet. Die Vereinheitlichung von Definitionen ist elementar für den Erfolg der EU-KI-Verordnung, da inkonsistente Definitionen nur Aufwände ohne jeglichen Mehrwert bedeuten.

Kritikpunkt: Unsicherheiten zur Risikoklassifizierung seitens der Unternehmen
Lösung: Wir müssen den Herstellern bei offenen Fragen und Beratungsbedarf zur KI-Regulierung zügig weiterhelfen.
Daher ist es wichtig, zeitnah ein zentrales europäisches Portal für die verbindliche und schnelle Beantwortung von Fragen in Bezug auf die unklare Risikoklassifizierung von KI aufzubauen, an das sich Unternehmen und Hersteller von KI-basierten Produkten wenden können. Darum müssen wir die Entwicklung von Standards und Leitfäden, die die Anforderungen der KI-Verordnung spezifizieren, so schnell wie möglich entwickeln und parallel mit einer öffentlichen Kommunikationskampagne begleiten, um die Bedenken seitens der Wirtschaft zu beseitigen. Vor allem brauchen wir zuständige Stellen auf Bundes- und Länderebene, die als Kompetenzzentren für die Beratung, Regulierung und Zertifizierung von KI agieren, um Unternehmen die Last abzunehmen.

Kritikpunkt: Potenzielle Gefahr, dass Neugründungen von Tech-Start-ups ins Ausland abwandern
Lösung: Wir müssen in einem ausgewogenen Verhältnis regulieren, um genug Raum für Innovation zuzulassen.
Bei der Regulierung von KI sollten wir darauf achten, innovative Tech-Start-ups in Europa nicht in Länder mit geringem Umfang an regulatorischen Vorgaben zu vertreiben. Deshalb muss die Regulierung ausgewogen sein, damit Innovationen möglich sind, insbesondere im Hochrisikobereich, welcher das größte wirtschaftliche disruptive Potenzial aufweist.

Kritikpunkt: »General Purpose AI«-Systeme, die mehrere Anwendungsfälle abdecken, können nach der EU-KI-Verordnung nicht einer Risikoklasse zugeordnet werden.
Lösung: Wir müssen die Betreiber von »General Purpose AI«-Systemen zur Verantwortung ziehen, was die Haftung für die Folgen dieser Technologien betrifft.
Im Mai 2023 haben zwei Parlamentsausschüsse über einen Entwurf für ein Verhandlungsmandat abgestimmt, der vom Plenum im Juni 2023 angenommen wurde. Diese neueste Version der EU-KI-Verordnung verwendet einen abgestuften Ansatz mit drei Schlüsselbegriffen: »Allzweck-KI« (zu Englisch: General Purpose AI), »Basismodelle« (zu Englisch: Foundation Models) und »Generative KI«. Der Begriff »Allzweck-KI« ist umfassender als die beiden letztgenannten, jedoch fallen nicht alle Basismodelle und generativen KI-Systeme unter die Kategorie »Allzweck-KI«.

Generative KI ist eine Teilmenge eines Basismodells (z.B. GPT-4), denn das generative KI-System ist die Anwendung (z.B. ChatGPT), die auf dem Basismodell aufbaut. Die Verpflichtungen zur Generativen KI betreffen vor allem die Transparenz, damit die Nutzer immer wissen, dass die Inhalte, die sie sehen oder hören, von KI generiert wurden.

Auch wenn dieser Aspekt neu hinzugekommen ist, ist es wich-

240

tig, sicherzustellen, dass die Trainingsdaten dieser Modelle das intellektuelle Eigentum berücksichtigen und Urheber entsprechend vergüten. Wenn diese Technologien inakkurate Informationen enthalten, die der breiten Bevölkerung zur Verfügung gestellt werden, müssen wir auch die Betreiber zur Verantwortung ziehen.

Punkt 3: Eine digitale Bildungsreform – und zwar jetzt!

Die Digitalisierung ist längst zu einem Eckpfeiler unserer Gesellschaft geworden und beeinflusst nahezu alle Lebensbereiche, einschließlich der Berufswelt. Doch eine Umfrage unter 22.000 deutschen Studenten und Absolventen, durchgeführt vom Personaldienstleister Studitemps und der Universität von Maastricht, wirft ein beunruhigendes Licht auf die Vorbereitung mancher Fachrichtungen auf die digitalen Anforderungen der Zukunft.[158] Insbesondere unter Sprach- und Kulturwissenschaftlern sowie Juristen ist die Selbstwahrnehmung alarmierend: Fast 40 Prozent von ihnen sehen sich durch ihr Studium nicht oder eher nicht gut gerüstet für die digitalen Herausforderungen, die in ihrem zukünftigen Beruf auf sie zukommen. Aber auch Erziehungswissenschaftler, Mediziner, Sozial- und Geisteswissenschaftler stehen vor ähnlichen Defiziten, wie die Umfrage zeigt.

Insgesamt liegt der Schnitt bei 27 Prozent – genau diesen Wert gab es auch unter Lehramtsstudierenden. Informatikerinnen und Ingenieurinnen schneiden mit 45 Prozent am besten ab.[159]

Dieses Ergebnis ist fatal, wenn wir beispielsweise an das Bildungswesen denken: Junge Menschen, die in der digitalen Welt groß geworden sind, werden von Lehrkräften unterrichtet, die mangelnde digitale Kompetenzen aufweisen, was langfristige Folgen haben kann: Unterforderung der Schüler, mangelndes Verständnis seitens der Lehrer und geringe Ausschöpfung des Entwicklungs- und Innovationspotenzials.

Großbritannien hat es vorgemacht, dass auch das Bildungswesen in Frage gestellt werden kann und schleunigst geändert werden muss. So hat der britische Premierminister Rishi Sunak ein ehrgeiziges Vorhaben für das Bildungssystem des Vereinigten Königreichs. Seine Pläne sehen vor, dass alle Schüler in England bis zum Alter von achtzehn Jahren Mathematik lernen sollen.[160] Dieser Schritt zielt darauf ab, Rechenschwäche effektiv zu bekämpfen und die Schüler besser für die Herausforderungen der modernen Arbeitswelt auszustatten. In seiner Rede erwähnte er die Bedeutung von Daten und Statistik für die Bildung der Zukunft: »Derzeit lernt nur die Hälfte aller 16- bis 19-Jährigen überhaupt Mathe. Doch in einer Welt, in der Daten allgegenwärtig sind und Statistiken jeden Arbeitsplatz untermauern, werden die Arbeitsplätze unserer Kinder mehr analytische Fähigkeiten erfordern als je zuvor. Und wenn wir unsere Kinder ohne diese Fähigkeiten in die Welt hinauslassen, lassen wir sie im Stich.«

Wie die digitale Bildungsreform für Schulen aussehen soll
Während die Digitalisierung neue Möglichkeiten eröffnet, bringt sie auch Herausforderungen mit sich, insbesondere im Bildungsbereich. Der Zugang zu digitalen Ressourcen und Fähigkeiten ist entscheidend, um in der modernen Arbeitswelt erfolgreich zu sein. Leider hängt der Bildungserfolg in Deutschland nach wie vor stark von der sozialen Herkunft ab. Jedes Kind hat das gleiche Recht auf Bildung und das Recht darauf, so unterstützt zu werden, dass es dieses Potenzial entfalten kann. Wie wichtig dafür digitale Kompetenzen sind, hat sich vor allem in der Pandemie klar abgezeichnet.

Digitale Ausstattung an Schulen sicherstellen und einen MakerSpace für gleiche Bildungschancen anbieten
Der Zukunftslobbyist Wolfgang Gründinger beklagte sich bei mir, dass deutsche Schulen digital vom Rest der Industrieländer abgehängt sind – was die IT-Ausstattung betrifft, genauso wie bei

Lernmethoden und Inhalten. Das Schulsystem brach in weiten Teilen zusammen. Online-Unterricht gab es nur für 6 Prozent der Schüler, und die Länder riefen nicht einmal die Bundesmittel für den digitalen Bildungspakt ab, weil das Antragswesen in Bezug auf staatliche Mittel selbst für die staatlichen Behörden zu verworren war.[161] Die deutsche analoge Bürokratie treibe ihn nicht nur zur Verzweiflung, sondern würde auch die Zukunftsfähigkeit unseres Landes und das Vertrauen in unseren Staat gefährden.

Ein zentraler Ansatzpunkt ist der sogenannte »MakerSpace«, ein Ermöglichungsraum, in dem digitale Medien eine zentrale Rolle spielen. Der MakerSpace soll dazu beitragen, Bildungsgerechtigkeit zu schaffen und digitale Mündigkeit zu fördern. Im MakerSpace, einem speziellen Fachraum, entdecken die Forscher von morgen die faszinierende Welt der Technik und entwickeln ihre Ideen mit grenzenloser Kreativität. Hier tauchen sie ein in die Erforschung technischer Prinzipien, befassen sich mit Konstruktion, Programmierung und Robotik oder erkunden die Möglichkeiten von Augmented und Virtual Reality. Er ermöglicht es Kindern und Jugendlichen, digitale Kompetenzen zu entwickeln und dient als Ergänzung zum herkömmlichen Schulunterricht. Der MakerSpace kann als digitale Lernwerkstatt einen wertvollen Beitrag leisten, um die Lernmotivation und den Lernerfolg gerade bei benachteiligten Kindern und Jugendlichen zu steigern, die in der schulischen Umgebung häufig mit Herausforderungen konfrontiert sind. Er eröffnet besondere Möglichkeiten für Kinder, deren Eltern kein Deutsch sprechen, die in Armut aufwachsen oder mit anderen Belastungen kämpfen.

Für Schulen und Lehrer stellt der MakerSpace ein wertvolles Werkzeug dar, um junge Menschen auf die zukünftigen Herausforderungen vorzubereiten. Das Potenzial des MakerSpace liegt auch im Vorantreiben der MINT-Fächer und der Vermittlung von Future Skills, die in der modernen Arbeitswelt unverzichtbar sind: kritisches Denken, Kreativität, Kommunikation, Kollaboration.

Fachkräftemangel für Lehrer bekämpfen und gezielte Tech-Förderprogramme für Mädchen und Frauen an Schulen

Die Microsoft-Managerin Annahita Esmailzadeh ist besorgt über den großen Lehrkräftemangel in der Informatik. Es ist daher notwendig, gezielt in die Aus- und Fortbildung von Lehrkräften in dem Bereich zu investieren, um den Anschluss bei der Digitalisierung zu schaffen. Schulen spielen ferner eine wesentliche Rolle, um Geschlechterklischees abzubauen und das Interesse sowie Selbstbewusstsein von Mädchen in Bezug auf MINT-Fächer zu stärken. Seitens der Lehrkräfte sollte deshalb vermehrt darauf geachtet werden, Geschlechterrollen aufzubrechen und auch Mädchen für MINT-Themen zu begeistern. Schulen sollten ferner regelmäßige MINT-Informationsveranstaltungen anbieten, über Angebote aufklären und Netzwerke zu Unternehmen und Forschungseinrichtungen aufbauen, um Schülerinnen schon frühzeitig Einblicke in die Tech-Branche zu vermitteln und den Zugang zu erleichtern. Auch die Bedeutung einer konsequenten Gleichstellungspolitik für den Abbau von Geschlechterklischees ist nicht zu unterschätzen. Esmailzadeh ist fest entschlossen, ihren Teil dazu beizutragen, dass die Tech-Branche gerechter und inklusiver wird. Mit Leidenschaft und Engagement setzt sie sich dafür ein, dass Mädchen und Frauen in der Informatik gleichberechtigt gefördert und unterstützt werden. Denn sie weiß: Die Zukunft der Technologie liegt in der Vielfalt und im gemeinsamen Einsatz aller Talente, unabhängig von Geschlecht oder Hintergrund.

Pflichtfächer Informatik, Datenkunde und Empathie an Schulen einführen und Unterricht von MINT-Fächern reformieren

Annahita betont die entscheidende Bedeutung, Mädchen bereits während ihrer Schulzeit für Technologien zu begeistern und ihnen essenzielle Digitalkompetenzen zu vermitteln. Allerdings stellt sie fest, dass der Informatikunterricht an deutschen Schulen bisher lückenhaft und häufig nicht praxisnah gestaltet ist. Im Gegensatz zu den meisten europäischen Ländern, die Informatik als Pflichtfach anbieten, haben viele Bundesländer lediglich ein Wahl- oder Wahlpflichtangebot in diesem Bereich. Die Zahl der Informatikkurse ist seit 2005 unverändert gering, wobei nur 2 Prozent aller Grund- und Leistungskurse in der Oberstufe Informatikkurse sind.[162]

Datenkunde: Warum der Informatikunterricht alleine nicht reicht

Ich unterstütze die Forderung des KI-Bundesverbandes, das Schulfach »Datenkunde« ab der dritten Klasse als Pflichtfach einzuführen.[163]

Aktuell geht es viel um Robotik oder die Programmierung von Websites oder es wird im Informatikunterricht erklärt: Was ist eine Hardware und was eine Software? Bei der Datenkunde sollte Kindern und Jugendlichen vielmehr vermittelt werden, ab wann wir mit Daten konfrontiert sind. Z.B.: Ab dem Moment, in dem du eine App verwendest und dich durchklickst, werden im Hintergrund Daten gesammelt.

Ich finde es wichtig, dass auch junge Menschen verstehen: Wie schafft es die Shopping-Seite, mir genau die Kleidung anzuzeigen, die mir gefällt? Oder warum kann eine Dating-App womöglich die Liebe meines Lebens finden? Schüler sollten verstehen, welchen massiven Einfluss Daten und Algorithmen auf ihr alltägliches Leben haben.

Empathie: Was wir von den Dänen lernen können

Seit 1993 ist Empathie ein Pflichtfach in jeder dänischen Volksschule für Schüler zwischen 6 und 16 Jahren.[164] Eine Stunde pro Woche wird den Schülern die Möglichkeit gegeben, offen über ihre Gefühle und Herausforderungen zu sprechen. Es ist ein Raum, in dem sie lernen, ihre eigenen Empfindungen zu artikulieren und

245

einzuordnen. Die anderen hören aufmerksam zu und versuchen, sich in die Situation des Gesprächspartners einzufühlen.

Anschließend setzen sich die Schulkollegen zusammen und überlegen gemeinsam, wie sie einander unterstützen können. Hier geht es um ganz praktische Verbesserungen im Leben jedes Einzelnen und um den respektvollen Umgang miteinander. Das Ziel ist klar: Mobbing und jegliche Form herabwürdigenden Verhaltens soll verhindert werden, soziale Fähigkeiten sollen gestärkt werden. Es geht um ein Miteinander, das auf gegenseitiger Achtung und Unterstützung basiert.

Wie die digitale Bildungsreform an Universitäten aussehen soll

Wenn ich an meine Studienzeit zurückdenke, habe ich klar den Praxisbezug vermisst. Und wenn ich mit frischgebackenen Absolventen spreche, sagen sie nicht selten, dass sie sich nicht bereit für den Arbeitsmarkt fühlen. Das hängt damit zusammen, dass die Universitäten und Hochschulen nicht bedarfsgerecht und praxisnah ausbilden. Trotzdem stehen wir im internationalen Vergleich gut da, da es immer eine engere Verzahnung zwischen Universität und Wirtschaft durch die Einführung von Pflichtpraktika gab. Doch ich sehe noch viel mehr Potenzial für digitale Bildung in unserem deutschen Hochschulsystem. Wir müssen eine arbeitsmarktgerechte Ausbildung an Universitäten fördern, um dem Fachkräftemangel entschieden entgegenzuwirken.

Pflichtmodul »Datenanalyse« mit echten Datensätzen

Wir kommunizieren nicht nur in Wörtern, sondern auch Zahlen, Daten und Fakten. Umso wichtiger ist es, dass alle Studierenden ein Pflichtmodul zur Datenanalyse belegen, um am digitalen Arbeitsmarkt teilhaben zu können. In meinen Statistik- und Datenanalysemodulen haben wir fiktive Daten analysiert, die von Forschungsinstitutionen zur Verfügung gestellt wurden. Diese

246

Datensätze waren vorbereinigt und entsprechen nicht dem, womit man in der Privatwirtschaft zu tun hat: von Ausreißern über unterschiedliche Skalierung bis hin zur falschen Formatierung oder sogar fehlenden Werten.

Gastvorlesungen aus der Praxis einbauen
In meiner Studienzeit gab es so gut wie gar keinen Dozenten aus der Praxis, der uns spannende Einblicke vermittelt hätte. Deshalb wollte ich neben dem Studium so viel Praxiserfahrung wie möglich sammeln, um mitzubekommen, was außerhalb der Hörsäle in der echten Welt passiert. Daher plädiere ich dafür, Gastdozentinnen aus der Praxis einzuladen oder Exkursionen zu Firmen zu veranstalten.

Neue Daten- und IT-Berufe im Detail vorstellen
Sehr vielen Studierenden ist nicht klar, dass ein Quereinstieg in die neuen Datenberufe oder IT-Berufe möglich ist. Daher müssen ihnen diese Möglichkeiten im Rahmen ihrer Berufszusatzqualifikationen im Studium aufgezeigt werden, damit sie die Chancen der Tech-Industrie erkennen und frühestmöglich nutzen können.

KI-Ethik: Warum sie ein Must-have ist
In einer Zeit, in der die rasante Digitalisierung immer mehr Bereiche unseres Lebens erfasst, wird die Bedeutung der KI-Ethik immer deutlicher. Es ist kein bloßes »Nice-to-have«, sondern ein unverzichtbares »Must-have« für unsere Zukunft. Besonders für Ingenieure und Informatiker sollte sie zur Pflicht werden, denn ihre Innovationen und Technologien werden die Grundlage für kommende Generationen legen.
    Philosophie und Sozialwissenschaften müssen Hand in Hand mit den Technikwissenschaften gehen, um ethische Prinzipien in die Entwicklung von KI-Systemen zu integrieren. Universitäten sollten sich dazu verpflichten, KI-Ethik in ihre Lehrpläne zu in-

tegrieren. Studierende sollten frühzeitig lernen, dass technische Errungenschaften moralische Verantwortung mit sich bringen.

Die Zukunft der Bildung in der Digitalisierung, besonders an Universitäten, sollte ein klares Bekenntnis zur KI-Ethik beinhalten. Nur so können wir eine Generation von Fachleuten ausbilden, die nicht nur auf Technologie fokussiert ist, sondern auch die gesellschaftlichen Auswirkungen ihrer Schöpfungen reflektiert. Es ist an der Zeit, dass wir die Verantwortung für unsere technologische Entwicklung ernst nehmen und die KI-Ethik zur Basis jeder technischen Ausbildung machen. Denn nur durch ein tiefgreifendes Verständnis für die ethischen Herausforderungen der Zukunft können wir sicherstellen, dass der Fortschritt unserer Gesellschaft im Einklang mit Menschlichkeit und Nachhaltigkeit steht.

Digitale Bildung für Lehrkräfte der Zukunft

In den Weiten Bayerns setzt man ein starkes Zeichen für die digitale Bildung. Das Kultusministerium hat mit kluger Voraussicht Online-Module zur Fortbildung für alle Lehrkräfte verpflichtend angedacht. Diese pädagogischen Unterstützungen stehen im Einklang mit den Förderprogrammen und erleichtern den Lehrern den Weg in die digitale Welt. Ein erfreulicher Schritt, der zeigt, dass Bayern die Bedeutung der digitalen Bildung erkannt hat und einen positiven Weg für die Zukunft einschlägt.[165]

Punkt 4: Attraktive Rahmenbedingungen für Fachkräfte durch politische Reformen schaffen

Es ist von entscheidender Bedeutung, dass wir das Fachkräfteeinwanderungsgesetz mit vollem Elan umsetzen, um den wachsenden Anforderungen des Arbeitsmarktes zu begegnen. Hierfür müssen wir gezielte Maßnahmen ergreifen, um Rahmenbedingungen für Einwanderung und Integration zu schaffen.

Ein zentraler Aspekt ist die Förderung von Umschulungen,

248

insbesondere für marginalisierte Gruppen, die bisher nicht ausreichend von den Chancen auf dem Arbeitsmarkt profitieren konnten. Ein gelungenes Beispiel hierfür ist das Sozialunternehmen socialbee, welches von Zarah Bruhn gegründet wurde und Unternehmen dabei hilft, Geflüchtete einzustellen, sodass diese in Deutschland einen Job finden.[166] Durch solche Initiativen können die dringend benötigten Fachkräfte in marginalisierten Gruppen rekrutiert werden, und gleichzeitig fördern wir damit Chancengerechtigkeit und Inklusion.

Die Umsetzung des Fachkräfteeinwanderungsgesetzes erfordert eine gemeinsame Anstrengung von Politikern, Bildungseinrichtungen und Unternehmen, die mit geballtem Einsatz an einem Strang ziehen, um bürokratische Hürden abzubauen und eine klare Perspektive für Einwanderer zu schaffen, damit sie ihre Fähigkeiten und Talente einbringen können.

Microsoft-Managerin Annahita Esmailzadeh unterstreicht, dass im Rahmen dieser Maßnahmen weitere wichtige Aspekte berücksichtigt werden müssen, um eine gleichberechtigte Teilhabe von Frauen an Erwerbstätigkeit und Karriere zu erreichen. Es ist ihr ein Anliegen, den Anteil von Frauen in Führungspositionen in der Wirtschaft, Politik und Wissenschaft zu erhöhen sowie Verdienstunterschiede zwischen Frauen und Männern zu beseitigen. Gleichzeitig möchte sie eine höhere Repräsentanz von Frauen in MINT-Berufen und von Männern in klassisch weiblich dominierten Bereichen sicherstellen. Hierfür sind neben familienpolitischen Reformen und dem Abbau von steuerlichen Fehlanreizen insbesondere der Ausbau der öffentlichen Kinderbetreuung und die Förderung von Initiativen und Angeboten zur klischeefreien Berufs- und Studienorientierung notwendig.

Kapitel II | Was die Wirtschaft jetzt tun muss

Die Wirtschaft ist der Garant für die Sicherung unseres Wohlstands und für das Gemeinwohl der Bürger. Geht es der Wirtschaft schlecht, geht es auch den Menschen in diesem Land schlecht. Und im Zeitalter der Digitalisierung steigen die Erwartungen seitens der Arbeitgeber, Sorgen von Arbeitnehmern und auch die der Gewerkschaften und Verbände, die sich für ihre Arbeit und ihren Wert einsetzen. Durch den Boom von Generative AI sind die Befürchtungen groß: Wenn eine KI Texte verfassen, Codes programmieren und Musik komponieren kann, was mache ich als Mensch?

Daher habe ich auch einen Fünf-Punkte-Plan für eine digitale Wirtschaft:

- **Punkt 1:** Praxisnahen Transfer von Forschung in die Wirtschaft sicherstellen!
- **Punkt 2:** Investitionsoffensive in Tech-Gründungen starten!
- **Punkt 3:** Digitale Verantwortung in den Unternehmen verankern!
- **Punkt 4:** Digitale Teilhabe für Mitarbeitende ermöglichen!
- **Punkt 5:** Mit Organisationen oder Experten für interdisziplinäre und ethische Produktentwicklung zusammenarbeiten!

Punkt 1: Praxisnahen Transfer von Forschung in die Wirtschaft sicherstellen

Im weltweiten Vergleich sind die Länder China, USA und Indien führend bei der Veröffentlichung von wissenschaftlichen KI-spezifischen Publikationen. Nimmt man alle europäischen KI-Publikationen zusammen, reiht sich die EU noch vor den USA ein. Innerhalb Europas veröffentlichen das Vereinigte Königreich sowie Deutschland die meisten KI-Publikationen.[167] Damit hat Deutschland einen Spitzenplatz in der KI-Forschung, aber dennoch zu wenige Start-ups in diesem Bereich.

Zukunftslobbyist Wolfgang Gründinger plädiert für eine »deutsche digitale Aufholjagd«. Er erklärt mir: »Wir müssen zugleich die Grundlagen dafür schaffen, dass Durchbruchtechnologien und Sprunginnovationen auch hierzulande entstehen und blühen können: Innovationen wie GPS und Internet, wie neue Batterien und Elektromotor, wie Hyperloop und Laborfleisch. Manches wird sogar in deutschen Universitäten, Instituten und Unternehmen erfunden – aber die Geschäfte machen andere, weil wir es nicht hinbekommen, daraus funktionierende Geschäftsmodelle zu bauen und die »kreative Zerstörung« des Status quo schnell und verbissen genug zu organisieren. MP3 – also das Musikdateiformat, das dem iPod und damit dem Comeback von Apple den Weg bahnte – ist das beste Beispiel: in Deutschland entwickelt, woanders zum Nutzen gebracht.«

Umso wichtiger ist es, geeignete Rahmenbedingungen an den Universitäten und Hochschulen zu schaffen, die es ermöglichen, aus einem Forschungsvorhaben eine Ausgründung vorzunehmen.

Universitäre Ausgründungen fördern

In Deutschland haben wir oft den Eindruck, dass das Bildungssystem und das Start-up-Ökosystem nicht ausreichend miteinander verbunden sind. Als Vorbild für die Verknüpfung zwischen universitärer Bildung und Start-up-Ökosystem gilt Stanford: Der attraktive Standort, die verfügbaren Ressourcen, das hochkarätige Alumni-Netzwerk und die unternehmerische Kultur haben es zum Vorbild für Gründerinnen weltweit gemacht. Nicht umsonst gelten »Standford Dropouts« als potenzielle nächste Gründer von innovativen Tech-Unicorns.

Ökosystem für Start-ups und Wissenschaft aufbauen, um Professoren in ihrer Arbeit als Sparringpartner für Gründerinnen zu fördern
Oft fragen Studentinnen, die ihr erstes Unternehmen gründen, direkt ihre Professoren als allererste Investoren an, sodass diese von Anfang an beteiligt sind.

Nicht nur in den Vereinigten Staaten gibt es Professorinnen und andere Lehrkräfte, die ihren Studenten bei ihren Gründungsvorhaben tatkräftig mit Expertise, Kontakten oder Geld weiterhelfen. Es gibt sie auch in Deutschland, allerdings sind sie nicht leicht zu finden.

Aufgrund dessen haben Matthias Holpert und Martin Schilling die Initiative Unipreneurs zur Stärkung der Ausgründungen in Deutschland ins Leben gerufen, um genau diese engagierten Hochschullehrerinnen zu finden und in ihrer Arbeit zu fördern.[168] Ziel ist es, ein Ökosystem aufzubauen, damit der Gap zwischen Uni und Start-ups geschlossen wird.

Eine kostenfreie Cofounder-Matching-Plattform anbieten, wo gründungsinteressierte Studenten zusammenkommen
Sehr oft wurde ich von BWLern angefragt, ob ich mir nicht vorstellen könne, als »Technical Co-Founder«, also Mitgründerin mit technischem Know-how, in ihr Start-up einzusteigen. Denn um ihre Geschäftsidee zu realisieren, brauchen sie genau so jemanden. Angesichts des Fachkräftemangels im Tech-Bereich ist es aber alles andere einfach, »so jemanden« zu finden, weil ge-

252

fühlt eine Handvoll »Technical Co-Founders« einer Vielzahl von »Business Co-Founders« gegenübersteht.

So begeben sich die Gründer oft auf eine monatelange Suche, nur um am Ende mit leeren Händen dazustehen, oder sie tauchen auf, wenn man sie am wenigsten erwartet.

Eines der bekanntesten Beispiele dafür ist, wie sich Steve Jobs und Steve Wozniak kennenlernten. Im Jahr 1971 stellte ein gemeinsamer Freund das heute berühmte Paar einander vor; damals war Wozniak ein Studienanfänger: »Wir lernten uns während meiner Studienzeit kennen, während er noch zur High School ging. Ein Freund sagte, du solltest Steve Jobs kennenlernen, weil er Elektronik mag und auch Streiche spielt. Also hat er uns einander vorgestellt.«

Dies ist jedoch nicht die einzige Geschichte von Mitgründern, die sich an unerwarteten Orten trafen.

Um das Problem kurzfristig zu lösen, braucht es Plattformen und Marktplätze, die Gründungswillige mit Business-Know-how und gründungsbegeisterte Tech-Talente zusammenbringen. Ein tolles Beispiel hierfür ist die kostenfreie »Cofounder Matching Platform« des Start-up-Inkubators YC, die ein Pre-Screening mit den Kandidaten durchführt, um eine Qualität des Talentpools sicherzustellen, und mehr als 100.000 Matches ermöglicht hat.[169]

Austauschprogramme zwischen Universitäten fördern

Vielen Techies mangelt es an Wissen zu Unternehmertum oder anderem betriebswirtschaftlichem Know-how. Um diese Wissenslücke zu schließen und ihnen Möglichkeiten zur Gründung aufzuzeigen, braucht es einen interdisziplinären Austausch bereits während des Studiums. Als Vorbild dient die »Tech and Business Venture Roadshow«, eine gemeinsame Veranstaltung zwischen der RWTH Aachen und der WHU – Otto Beisheim School of Management Community, wo Gründer vor Alumni, Business Angels und Risikokapitalfirmen pitchen können. Die WHU gilt als

Kaderschmiede für BWL-Studierende mit Gründungsinteresse, während die RWTH Aachen für technische Exzellenz bekannt ist. Mittlerweile hat die RWTH Aachen die WHU als Gründungs-hochburg abgelöst, da ihre Absolventinnen an mehr Exits als jede andere Universität in Deutschland beteiligt waren.[170]

Punkt 2: Investitionsoffensive in Tech-Gründungen starten

KI-Unicorns, die aus Deutschland kommen, gibt es: DeepL, der Online-Dienst für maschinelle Übersetzungen (2009), oder das Softwareunternehmen Celonis (2011). Allerdings liegen die Gründungen mehr als ein Jahrzehnt und damit lange zurück. Aber es gibt neue spannende KI-Start-ups, die die Szene aufmischen: Aleph Alpha als deutsche Antwort auf ChatGPT oder das Projekt OpenGPT-X. Diese wenigen Menschen sind außerhalb der Tech-Blase bekannt, und darauf können wir stolz sein. Diese Tech-Gründungen müssen uns als Ansporn dienen, noch mehr zu schaffen – und dafür braucht es nicht nur eine brillante Idee, Durchhaltevermögen und Motivation, sondern vor allem Kapital.

Risikokapital aus Rentenkassen für Start-ups stemmen
In den vergangenen Jahren hat der deutsche Wagniskapitalmarkt erhebliche Fortschritte erzielt, insbesondere in Bezug auf die Früh-phasenfinanzierung von Start-ups. Dank zahlreicher öffentlicher Förderprogramme auf Bundes- und Landesebene ist Deutsch-land hier gut aufgestellt. Trotz der internationalen Anerkennung der deutschen Start-up-Szene bleibt der Wagniskapitalmarkt im internationalen Vergleich und im Verhältnis zur deutschen Wirt-schaftskraft jedoch nach wie vor zu klein. Im Vergleich zu ande-ren Ländern wird nur ein Bruchteil an Wagniskapital investiert. Besonders in der zweiten und dritten Wachstumsphase fehlt es Start-ups in Deutschland an ausreichend Kapital.

254

Hier ist auch der Staat gefragt, und Länder wie Frankreich und Israel zeigen auf, wie diese Entwicklungen begünstigt werden können. So weist Israel eine der höchsten Pro-Kopf-Zahlen an Start-ups weltweit auf.[171] Nicht umsonst wird Israel als die »Start-up-Nation« bezeichnet, da es auch das meiste Risikokapital je Einwohner aufweist. Diese Entwicklung wurde durch einen Hauptfaktor begünstigt: Die israelische Regierung investiert einen beträchtlichen Teil ihrer Innovationszuschüsse speziell in Unternehmensgründungen und technologische Entwicklungen.

Damit ein Start-up in der Frühphase erfolgreich wachsen kann, benötigt es eine passende Finanzierung. Oft sind Kreditfinanzierungen aufgrund fehlender Sicherheiten nicht geeignet. Gerade in der kapitalintensiven Start- und Wachstumsphase besteht ein großer Bedarf an Risikokapital. Der Deutsche Start-up Verband bemängelte auch, wie schwer es ist, Kapital für Börsengänge zu kapitalisieren.[172]

Aufgrund der fehlenden großen Fonds in Deutschland steigen meist ausländische Großinvestorinnen in das Geschäft ein, sodass sich die Wertschöpfung von erfolgreichen Start-ups ins außereuropäische Ausland verlagert. Und das schadet Deutschland langfristig.

Deshalb unterstütze ich den Vorschlag des Bundesministeriums für Wirtschaft: Das Wagniskapital soll aus den Rentenversicherungen und Pensionsfonds in junge Start-ups fließen. Dieser Ansatz ist alles andere als neu und wird bereits von Ländern wie den USA, Großbritannien und den skandinavischen Staaten erfolgreich bestritten.

Mehr Business-Angel-Programme für Privatpersonen anbieten
In Deutschland gibt es mehr als 10.925 aktive Business Angels, die in Start-ups investieren.[173] Die Rolle von Business Angels ist vor allem in der Anfangsphase wichtig, um einen Sparringpartner zu haben und sich ein Netzwerk aufzubauen. Meist fungieren

255

Business Angels untereinander wie eine Herde: Investiert eine bekannte Person, folgen weitere ebenfalls, da sie an das Potenzial der Idee oder an das Gründungsteam glauben.

Mir wurden auch schon Pitch Decks von Start-ups zugeschickt, bloß wusste ich nicht, wo ich überhaupt anfangen soll. Wie wird jemand zu einem Business Angel? Um welche Investitionssummen geht es hier, und wie riskant ist es? Welche rechtlichen Aspekte gibt es dabei zu beachten? Viele Privatpersonen, die nicht nur in Immobilien als Kapitalanlage oder ETF-Fonds investieren, wissen nicht, welche Chancen die Beteiligung an Start-ups bietet, während es in den Vereinigten Staaten ganz anders aussieht.

Wie hoch die Nachfrage zur Wissensvermittlung rund um den Einstieg als Business Angel ist, habe ich gesehen, als die Start-up-Expertin Karla Schönicke eine Female Business Angel Academy ankündigte und diese innerhalb kurzer Zeit ausgebucht war. Was als einmaliger Test angefangen hat, ist mittlerweile eine fest etablierte Initiative namens #FINacademy des Female Investors Networks geworden, welche die erste Female Business Angel Academy in DACH ist.[174]

Davon profitieren alle: Insbesondere Frauen – aber nicht nur sie – können dadurch potenziell zusätzliche Renditemöglichkeiten entdecken, während den Start-ups mehr Riskokapital für die Wachstumsphase zur Verfügung steht.

Punkt 3: Digitale Verantwortung in den Unternehmen verankern

Angesichts der Komplexität und Unvorhersehbarkeit von Künstlicher Intelligenz gibt es viele Anbieter, die eine Klausel mit Standard-Haftungsausschluss in ihren Nutzungsbedingungen festgelegt haben. Dadurch weisen sie die Verantwortung für mögliche Folgen von sich ab, sodass sich das Problem auf Kunden, Anwenderinnen und andere dritte Personen verlagert.

Das halte ich für fatal und absurd zugleich. Wenn ich in einer Kneipe in Berlin-Schöneberg als einer von zehn Kunden am Tag ein Bier bestelle, hat diese Kneipe mehr gesetzliche Vorschriften als der Anbieter einer App, die mehrere Millionen Menschen tagtäglich verwenden. Und das darf und kann nicht sein.

In der Vergangenheit haben wir oft über Corporate Social Responsibility gesprochen, im digitalen Zeitalter wird von Corporate Digital Responsibility gesprochen. Und diese digitale Verantwortung müssen wir in den Unternehmen verankern.

Ethische KI-Prinzipien klar definieren und als Praktiken mit Regelwerk übertragen
Es scheint fast täglich, als ob eine neue Organisation von Technologieanbietern über Regierungen und Industriekonsortien bis hin zum Vatikan ihre KI-Grundsätze verkündet – allgemeine Richtlinien, die festlegen, wie KI-Systeme verantwortungsvoll entwickelt, trainiert, getestet und eingesetzt werden sollten. Auf den ersten Blick ist dies eine positive Entwicklung, da es zeigt, dass sich im öffentlichen Diskurs die Erkenntnis verbreitet hat, welche katastrophalen gesellschaftlichen und wirtschaftlichen Folgen eine unbedachte Einführung von KI haben kann. Im Unternehmenskontext bedeutet dies, dass die Risiken und Vorteile einer KI-Einführung sorgfältig bewertet werden müssen.

Leider sind die Entwicklung einer Liste hochfliegender Prinzipien und die Entscheidung, wie diese Prinzipien im eigenen Unternehmen in die Praxis umgesetzt werden sollen, zwei sehr unterschiedliche Dinge. Z. B. klingt Fairness wie ein großartiges Ziel, aber es gibt mindestens 21 verschiedene Definitionen von Fairness, die in KI-Modellen umgesetzt werden können.[175] Der Teufel steckt, wie immer, im Detail.

In einer Welt, in der Künstliche Intelligenz unsere Grenzen immer weiter auslotet, steht eine Frage im Mittelpunkt: Wie können wir sicherstellen, dass diese Technologie für uns arbeitet und nicht gegen uns? Das Zusammenspiel von Prinzipien, Regelwerk und Praktiken wird zum entscheidenden Faktor, der über das Schicksal der Menschheit bestimmt.

Die Prinzipien, die den Handlungsrahmen für ethische KI bilden, sind der Kompass in dieser aufregenden Reise. Sie verkörpern die grundlegende Frage: »Was machen wir?« Hierbei geht es um mehr als nur den bloßen Einsatz von Künstlicher Intelligenz. Es geht um Werte wie Erklärbarkeit, Gerechtigkeit, Leistungsfähigkeit, Transparenz und Datenschutz – die Säulen, auf denen eine verantwortungsvolle KI aufbaut.

Doch allein mit Prinzipien ist es nicht getan. Es bedarf konkreter Praktiken, um die Vision in die Realität umzusetzen. Die Frage »Wie machen wir es?« fordert uns heraus, die besten Methoden zu finden, um KI-Systeme zu entwickeln und einzusetzen. Unternehmen und Forschungseinrichtungen arbeiten daran, neue Techniken und Herangehensweisen zu entwickeln, um die Prinzipien in die Tat umzusetzen und das Potenzial der KI voll auszuschöpfen.

OMR-Gründer Philipp Westermeyer wies im Gespräch mit mir darauf hin, dass die marktbeherrschenden Tech-Konzerne aufgrund ihrer Größe und Dominanz als »too big to fail« gelten. Jedoch müssen sie ihre eigenen Grenzen erkennen und sich selbst beschränken, um unsere Demokratie zu schützen. Die Macht, die sie über die Entwicklung von Künstlicher Intelligenz haben, erfordert ein hohes Maß an Verantwortung und Vorsicht, um die Balance zwischen Innovation und Sicherheit zu wahren.

Hier kommt das Regelwerk ins Spiel. Die Frage »Machen wir es richtig?« erfordert klare Richtlinien und Standards, um sicherzustellen, dass KI-Systeme ethisch und verantwortungsvoll entwickelt, eingesetzt und reguliert werden. Das Deutsche Institut für Normung hat einen wegweisenden technischen Report für die Bewertung von Künstlicher Intelligenz entwickelt, um ein geregeltes Ökosystem zu schaffen, in dem KI ihr Potenzial entfalten kann, ohne die Menschlichkeit aus den Augen zu verlieren.

Das Spiel der Macht zwischen Prinzipien, Regelwerk und Praktiken ist komplex und von entscheidender Bedeutung für unsere Zukunft. Es geht darum, die Chancen der Künstlichen Intelligenz zu nutzen, ohne dabei die ethischen und gesellschaftlichen Aspekte außer Acht zu lassen. Die Weichen sind gestellt, und es liegt an uns, die richtigen Entscheidungen zu treffen, um das Gleichgewicht zu wahren und eine Zukunft zu gestalten, in der Mensch und Maschine in Harmonie koexistieren.

Punkt 4: Digitale Teilhabe für Mitarbeitende ermöglichen

In einer zunehmend von Künstlicher Intelligenz geprägten Welt ist es von entscheidender Bedeutung, dass Unternehmen nicht nur die technologischen Aspekte der KI im Blick haben, sondern auch die gesellschaftlichen Auswirkungen und ethischen Fragen berücksichtigen.

Ownership für AI Governance im C-Level
Um sicherzustellen, dass AI Governance und AI Ethics[176] in den Entscheidungsprozessen angemessen berücksichtigt werden, ist es wichtig, klare Zuständigkeiten im C-Level zu verankern. Die Verantwortung für diese Themen sollte dem Chief Technology Officer (CTO) oder dem Chief Information Officer (CIO) übertragen werden. Dadurch wird sichergestellt, dass AI Governance und AI Ethics als zentrale Elemente in der Unternehmensstrategie verankert sind und eine langfristige Ausrichtung auf ethisch verantwortungsvolle KI gewährleistet ist.

Schaffung einer spezialisierten Abteilung oder Projektleitung
Um die Herausforderungen von AI Governance und AI Ethics zu bewältigen, empfiehlt es sich, eine spezialisierte Abteilung oder Projektleitung einzurichten. Unternehmen wie Stepstone oder Zalando haben bereits diesen Schritt unternommen, um sicherzustellen, dass die Themen angemessen behandelt werden. Durch die Schaffung einer solchen Struktur wird sichergestellt, dass AI Governance und AI Ethics systematisch und professionell umgesetzt werden. Dies trägt dazu bei, dass das Unternehmen sich langfristig erfolgreich positioniert und den Herausforderungen der KI gerecht wird.

Die Integration von AI Governance und AI Ethics in Unternehmen ist mehr als nur eine rechtliche Verpflichtung. Es geht darum, eine Verantwortung für die Zukunft zu übernehmen. Indem Unternehmen die Teilhabe in der Gesellschaft ermöglichen und ethisch verantwortungsvolle KI-Systeme entwickeln, können sie das Vertrauen der Kunden und der Öffentlichkeit gewinnen. Es ist an der Zeit, dass Unternehmen die Chancen und Herausforderungen der Künstlichen Intelligenz proaktiv angehen und ihre Position als Vorreiter in der digitalen Transformation festigen. Die Zukunft gehört denen, die eine nachhaltige, ethische und verantwortungsbewusste KI-Kultur fördern.

Ethikrat oder »Panel der Diversität« nach dem Beispiel von Künstlicher Intelligenz im Dienste der Diversität (kurz: KIDD) einführen
Unsere Gesellschaft ist vielfältig und besteht aus Menschen unterschiedlicher ethnischer Hintergründe, Religionen, Weltanschauungen, Behinderungen, Altersgruppen, sexueller Orientierungen und Geschlechter. Es ist an der Zeit, dass wir bewusst handeln und uns bemühen, empathisch mit allen umzugehen und möglichst niemanden auszuschließen. Unternehmen können hierbei

eine entscheidende Rolle spielen, indem sie ihre Werte als Leitlinien für eine inklusive und ethisch verantwortungsvolle Nutzung von Künstlicher Intelligenz etablieren.

Die meisten Organisationen haben mittlerweile eigene definierte Werte, die ihre Mission und Verhaltensnormen widerspiegeln. Diese Werte sollten als Grundlage dienen, um zu verstehen, warum ein Unternehmen existiert, wie Entscheidungen getroffen werden und welche Ziele verfolgt werden. Sie sollten auch sicherstellen, dass die Nutzung von Technologie und KI den Menschen dient und zur Vielfalt unserer Gesellschaft beiträgt.

Kenza Ait Si Abbou, eine Expertin auf dem Gebiet der Ethik in der KI, spricht über das Förderprojekt »KIDD – KI im Dienste der Diversität« des Bundesministeriums für Arbeit und Soziales.[177] Das Projekt zielt darauf ab, Unternehmen dabei zu unterstützen, KI so zu gestalten, dass sie im Einklang mit den Bedürfnissen und Werten der Menschen steht. Ein Teil dieses Projekts ist der sogenannte »Ethikrat«, ein Panel der Vielfalt, das aus Unternehmensmitarbeitenden besteht und Fragen rund um die Diversität und ethischen Aspekte von KI diskutiert.

Ait Si Abbou betont die Wichtigkeit eines Ethikrats in Unternehmen, der als Ansprechpartner für Unsicherheiten und Fragen dient. Dieser Ethikrat kann beispielsweise von Marketing- und Vertriebsteams konsultiert werden, um sicherzustellen, dass ihre Handlungen den moralischen Vorstellungen des Unternehmens entsprechen. Es gibt Situationen, in denen Data Scientists moralische Bedenken haben, an bestimmten Anwendungsfällen zu arbeiten. Es ist wichtig, dass sie den Raum haben, ihre Sorgen anzusprechen und auch die Möglichkeit bekommen, an einem bestimmten Projekt nicht mitzuwirken. Unternehmen sollten sich der gesellschaftlichen Verantwortung bewusst sein und auch die Grenzen ihrer Tätigkeiten kennen.

Es ist an der Zeit, dass Unternehmen die Verantwortung übernehmen und sich aktiv für eine gerechtere und ethisch verantwortungsvollere Nutzung von KI einsetzen. Durch die Schaffung eines Ethikrats, den Austausch mit Experten und das Hinterfragen von potenziell heiklen Anwendungsfällen können Unternehmen sicherstellen, dass sie eine positive Wirkung auf die Gesellschaft entfalten. Es ist wichtig, dass sie ihre Werkzeuge und Möglichkeiten zur Schaffung von Wohlstand und Vielfalt einsetzen, jedoch auch die Grenzen erkennen und Verantwortung übernehmen. Eine Zukunft mit Bewusstsein und Verantwortung erwartet uns, und es liegt an uns, sie zu gestalten.

Quereinstiege und Förderprogramme mit Tech-Fokus ermöglichen

Die Tech-Branche ist geprägt von Innovation, Wettbewerb und ständigem Wandel. Delivery Hero hat erkannt, dass die Förderung von Quereinstiegen eine Möglichkeit ist, sich gegenüber der Konkurrenz hervorzuheben. Indem sie Fachkräften mit unterschiedlichem Hintergrund und Erfahrungswissen die Möglichkeit bieten, in die Tech-Branche einzusteigen, können sie ein vielfältiges und dynamisches Team aufbauen. Durch gezielte Einarbeitungs- und Schulungsprogramme schafft Delivery Hero eine integrative Arbeitskultur, die von unterschiedlichen Perspektiven und Kompetenzen profitiert.

Interne Quer- und Wiedereinstiege für eine nachhaltige Karriereentwicklung

IBM hat mit seinem Reentry-Programm erkannt, dass die kontinuierliche Weiterbildung und Umschulung von Mitarbeitenden eine wesentliche Rolle spielt, um den Anforderungen der sich ständig verändernden Tech-Branche gerecht zu werden. Das Spannende am Reentry-Programm: Es richtet sich an weibliche IBM-Mitarbeitende, die längere Zeit nicht mehr in einer tech-

262

nischen Rolle tätig waren – sei es aufgrund von Elternzeit oder durch einen Fachbereichwechsel. Ziel ist es, ihnen einen Wiedereinstieg in einem Tech-Job innerhalb der Organisation durch gezielte Upskilling- und Reskilling-Programme zu ermöglichen und sie erfolgreich weiterzuentwickeln. Diese Maßnahmen fördern nicht nur die Mitarbeiterzufriedenheit, sondern stärken auch die Wettbewerbsfähigkeit des Unternehmens.

Um den eigenen Talentpool zu fördern und den Mitarbeitenden neue Entwicklungsmöglichkeiten zu bieten, sollten Unternehmen Quer- und Wiedereinstiege innerhalb des Unternehmens aktiv unterstützen, indem sie beispielsweise interne Jobbörsen oder Talent Marketplaces[178] schaffen. Dies ermöglicht es Mitarbeitenden, neue Karrierewege einschlagen und ihre Fähigkeiten in unterschiedlichen Bereichen einzusetzen.

Gegen Sexismus und Bro-Kultur in der Tech-Branche ankämpfen

Die Tech-Branche steht vor der Herausforderung, Sexismus und eine »Bro Culture«[179] zu bekämpfen. Unternehmen sollten aktiv Maßnahmen ergreifen, um ein inklusives und respektvolles Arbeitsumfeld zu schaffen. Dies beinhaltet die Implementierung von Richtlinien und Schulungen, um Diskriminierung und Belästigung entgegenzuwirken. Es verlangt auch die Förderung von Frauen und anderen unterrepräsentierten Gruppen in Führungspositionen, um eine vielfältige und ausgewogene Unternehmenskultur zu erreichen.

Die Tech-Branche hat das Potenzial, eine treibende Kraft für Innovation und Fortschritt zu sein. Indem Unternehmen auf Quereinstiege setzen, Upskilling und Reskilling fördern, interne Entwicklungsmöglichkeiten bieten und gegen Sexismus und die Bro-Kultur ankämpfen, können sie eine zukunftsorientierte und inklusive Tech-Branche gestalten. Dieses Buch lädt dazu ein, solche Programme und Initiativen als Inspiration zu nutzen und gemeinsam eine Kultur des Wandels und der Gleichberechtigung in der Tech-Branche zu schaffen. Die Zukunft gehört denen, die sich für Vielfalt, Fairness und Fortschritt einsetzen.

Punkt 5: Mit Organisationen oder Experten für interdisziplinäre und ethische Produktentwicklung zusammenarbeiten

Ein wesentlicher Baustein auf dem Weg zu verantwortungsvoller KI liegt in der Einbindung externer Expertise. In einer Welt, in der sich Technologien rasant entwickeln, wird die Bedeutung interdisziplinärer Ansätze immer deutlicher. Aus diesem Grund empfiehlt es sich, mit Organisationen oder Fachleuten zusammenzuarbeiten, die sich auf ethische Produktentwicklung spezialisiert haben.

Trainings zu Data Bias und KI-Ethik spielen dabei eine zentrale Rolle. Sie ermöglichen ein tiefes Verständnis für die Auswirkungen von KI-Anwendungen auf die Gesellschaft und unterstützen die Entwicklung von ethisch verantwortungsvollen Produkten. Eine mögliche Maßnahme wäre die Einführung von verpflichtenden Fortbildungen zu Unconscious Bias für alle Mitarbeitenden. Durch diese Schulungen können Vorurteile und Verzerrungen im Umgang mit Daten erkannt und vermieden werden.

Zusätzlich können Mentoring-Netzwerke geschaffen werden, die Mitarbeitenden eine Plattform zum Austausch und zur Unterstützung bieten. Der regelmäßige Dialog mit erfahrenen Expertinnen aus interdisziplinären Bereichen stärkt nicht nur das Verständnis für ethische Produktentwicklung, sondern fördert auch den bewussten Einsatz von KI-Technologien.

Die Zusammenarbeit mit externen Organisationen oder Expertinnen und die Implementierung von Schulungsprogrammen sind entscheidende Schritte, um den Weg zu einer verantwortungsbewussten KI-Entwicklung zu ebnen und das volle Potenzial der Technologie für eine nachhaltige Zukunft zu entfalten.

Kapitel 12 | Was unsere Gesellschaft jetzt tun muss

In einer Ära der rasanten Digitalisierung steht unsere Gesellschaft vor einer entscheidenden Aufgabe: Wir müssen unsere Bürger umfassend aufklären und sie in die Lage versetzen, die digitale Transformation verantwortungsbewusst mitzugestalten. Damit dieses Vorhaben gelingt, müssen die Aufklärungsmaßnahmen gezielt auf die verschiedenen Zielgruppen zugeschnitten sein und ihre individuellen Bedürfnisse und Handlungsspielräume berücksichtigen.

Aus diesem Grund habe ich zielgruppengerechte Handlungsempfehlungen entwickelt, um die Bürger unserer Gesellschaft für die digitale Zukunft zu mobilisieren:

Schulen, Hochschulen und Universitäten: Lehrkräfte, Eltern, Schüler und Studenten werden dazu ermutigt, ihre Rolle in der digitalen Welt zu verstehen und verantwortungsvoll damit umzugehen.

Unternehmen: Managerinnen und Unternehmern sowie Recruiterinnen bis hin zu Angestellten wird vermittelt, wie sie digitale Technologien und Künstliche Intelligenz einsetzen können, ohne dabei gesellschaftliche Aspekte zu vernachlässigen.

Tech-Sektor: Für Tech-Mitarbeitende und Nutzer werden Leitlinien entwickelt, die den verantwortungsvollen Umgang mit Technologie und Daten in den Vordergrund stellen.

Zivilgesellschaft: Journalisten erhalten Handlungsempfehlungen, um das Bewusstsein für die Chancen und Risiken der Digitalisierung zu schärfen und eine informierte und ausgewogene Diskussion in der Gesellschaft zu fördern.

Gemeinsam können wir mit diesen maßgeschneiderten Empfehlungen einen wichtigen Schritt in Richtung einer digitalen Gesellschaft machen, die auf Wissen, Verantwortungsbewusstsein und einem gemeinsamen Ziel für eine nachhaltige Zukunft basiert.

Was Schulen, Hochschulen und Universitäten jetzt tun müssen

Der heutige Nachwuchs ist das Fundament für unsere Zukunft. Und ich höre nicht selten von Eltern frustriert: »Du hast Recht. Wenn ich mir den Unterricht meiner beiden Töchter anschaue, gibt es so gut wie gar nichts zu digitaler Bildung.«

Diese Frustration ist nicht unbegründet, da der aktuelle Lehrplan an den Schulen nicht die Herausforderungen unserer digitalen Welt und Bedürfnisse unseres zukünftigen Arbeitsmarktes reflektiert.

Lehrkräfte in Deutschland sind ganz besonders seit dem Frühjahr 2020 vor enorme Herausforderungen gestellt worden. Die Ergebnisse einer aktuellen Studie zeigen, dass sich nicht alle Lehrkräfte abgeholt und gestärkt fühlen, wenn es um digitalen Unterricht geht. Ein Großteil erkennt noch nicht die vollen Potenziale, die guter digitaler Unterricht bieten kann.

Auch kann digitaler Unterricht als zusätzliche Last, weniger als Unterstützung gesehen werden. In Deutschland stufen nur 38 Prozent der Lehrkräfte (48 Prozent im europäischen Vergleich) ihre digitalen Kompetenzen als hoch ein. 24 Prozent der befragten deutschen Lehrkräfte geben an, dass sie wenig oder gar keine Erfahrung mit der Nutzung digitaler Technologien im Unterricht haben. Bei der Vermittlung digitaler Kompetenzen durch Schulen sind die in Deutschland befragten Lehrkräfte im Vergleich pessimistischer eingestellt: 45 Prozent äußern, dass ihre Schule aktuell nicht ausreichend ausgerüstet sei, um digitale Kompetenzen adäquat zu vermitteln (38 Prozent im europäischen Vergleich).[180]

266

Deshalb gilt es, Lehrkräfte mit Empathie auf diese externen Angebote aufmerksam zu machen und sich auch Unterstützung seitens des Elternrats oder der Schulleitung zu sichern, damit die Digitalisierung als wichtiges Element an der Schule betrachtet wird.

Was Eltern und Lehrkräfte jetzt tun müssen

Die richtige Schulwahl treffen (Eltern) oder zur Schule mit Schwerpunkt auf digitale und technische Bildung werden (Lehrkräfte)
Die Schulwahl hat einen großen Einfluss auf die Entwicklung und Laufbahn des Kindes. Und hier kann angesetzt werden, indem eine Schule ausgesucht wird, die einen Schwerpunkt auf naturwissenschaftlich-technische Fächer und digitale Bildung legt. Schulen können sich bewerben, Teil des nationalen Excellence-Netzwerkes im Rahmen von MINT-EC oder der Nationalen Initiative MINT-Zukunft zu werden.

MINT-EC: Um ein Kind von Anfang an an der richtigen Schule anzumelden, gibt es das MINT-EC. Es handelt sich hierbei um ein nationales Excellence-Netzwerk von Schulen mit Sekundarstufe II und einem hervorragenden mathematisch-naturwissenschaftlich-technischen Schulprofil. Ihr Ziel ist es, die Leuchtturm-Schulen bei ihrer Entwicklung zu MINT-Talentschmieden mit hochkarätigen Angeboten für Schüler, Lehrkräfte und Schulleitungen zu fördern.

MINT-freundliche und digitale Schulen: Die Nationale Initiative MINT-Zukunft schaffen zeichnet jedes Jahr Schulen in den folgenden Kategorien aus: MINT-freundliche Schule und digitale Schule. Auch ist die Initiative eine gute Anlaufstelle, um auf spannende Angebote für tech-affine Schüler aufmerksam gemacht zu werden.

Externe Angebote von gemeinnützigen Organisationen in Anspruch nehmen
Ein Weg ist es, externe Angebote von gemeinnützigen Organisationen in Anspruch zu nehmen. Das Tolle daran: Der Großteil der gelisteten Angebote ist komplett kostenfrei und weist eine hohe Qualität auf. Ein großer Dank geht hierbei an Pioniere für digitale Bildung in Deutschland wie Hasso Plattner, Verena Pausder und Julia Freudenberg.

Hacker School: Die Hacker School ist eine gemeinnützige Organisation mit dem Ziel, digitale Bildung für Schüler zwischen 11 und 18 Jahren zu vermitteln.[181] Dabei lernen sie von und mit echten IT-Profis, die das Projekt ehrenamtlich unterstützen. Es kann beispielsweise gelernt werden, wie Websites oder Apps entwickelt werden und welche IT-Berufe es gibt. Es können auch unterrichtsnahe Projekttage gestaltet werden. Der Großteil des Angebots ist kostenlos, da es durch Unternehmenskooperationen ermöglicht wird.

Schülerakademie des Hasso-Plattner-Instituts: Ich kann auch die Schülerakademie des Hasso-Plattner-Instituts empfehlen.[182] Es werden ein Schülerkolleg, Feriencamps und noch vieles mehr angeboten, um IT-begeisterte Schüler zu fördern. Auch bietet das HPI Formate für Schulklassen zur Unterstützung bei der Studienorientierung an. Neben den Informationstagen gibt es die Möglichkeit für Vorträge, Campustouren und Workshops, um das Studienfach Informatik und das HPI als Studienort näher kennenzulernen.

Digitale Bildung für alle: Dies ist ein Verein zur Förderung digitaler Bildung, der von der Unternehmerin Verena Pausder gegrün-

268

det wurde und die Digitalisierung als Chance für das Schulsystem sieht.[183] Eine der Initiativen ist die Website digitale-lernangebote.de mit einem wachsenden Angebot von digitalen Lernmöglichkeiten für Kinder und Jugendliche, kategorisiert nach Kita und Vorschule, Grundschule, Sekundarstufe I, Sekundarstufe II und Berufsschule. Die Initiative #wirfuerschule bietet Hackathons, eine Community und einen Thinkthank, um die Schule der Zukunft zu gestalten.

42 Wolfsburg/Heilbronn/Berlin: 42 Wolfsburg, 42 Heilbronn und 42 Berlin sind private, gemeinnützige und gebührenfreie Schulen, an denen IT-Fachkräfte ausgebildet werden.[184] Es handelt sich um die deutschen Standorte der 2013 in Paris gegründeten Schule 42.

Die 42 Wolfsburg/Heilbronn/Berlin bietet eine hochklassige Ausbildung auf Bachelor- & Master-Level im Bereich der Software-Entwicklung für alle Menschen ab 18 Jahren an, vollkommen kostenlos. Es ist kein bestimmter Abschluss oder vorausgehende Programmiererfahrung nötig, die Ausbildung richtet sich an alle Menschen ab 18 Jahren. Nur die Motivation zum Lernen und ein grundsätzliches Interesse an dem Themenfeld Softwareentwicklung sind wichtig. Das Absolvieren des Kerncurriculums dauert 12 bis 18 Monate, je nach Geschwindigkeit, die für die Studierenden passend ist. Es gibt Kooperationen mit führenden Unternehmen wie Microsoft, SAP, T-Systems und Bayer.

Was Schülerinnen und Schüler jetzt tun müssen

Ich kann mich noch gut an meine Schulzeit erinnern, und es hat mich besonders geärgert, wie weit weg die vermittelten Inhalte von dem waren, was ich im echten Leben – sei es an der Universität oder im Arbeitsalltag – gebraucht habe. Was mich immer begleitet hat, ist mein persönlicher Antrieb, Dinge selbst in die Hand zu nehmen, statt über den Status quo zu meckern.

Während meiner Schulzeit habe ich gesehen, dass wir keine Schülerzeitung hatten, obwohl ich Artikel schreiben wollte. So beschloss ich, eine Schülerzeitung zu gründen, die heute zu den besten des Landes zählt.

Wenn du noch zur Schule gehst und Lust hast, mehr digitale Bildung zu sehen, empfehle ich dir, die externen Angebote aus meinen Handlungsempfehlungen für Eltern in Anspruch zu nehmen.

Du musst nicht per se Programmiererin werden, jedoch schadet es nicht, Code einmal selber geschrieben zu haben und ein grundlegendes Verständnis von der Materie zu haben. So kannst du perspektivisch in Schnittstellenfunktionen tätig sein oder neue Chancen für Innovationen und Geschäftsmodelle erkennen.

Auch kannst du deine Eltern oder Lehrkräfte auf dieses Buch und die darin erwähnten Angebote hinweisen. Falls sie es ignorieren, ist es ihr Verlust. Du kannst dich auch selbst für die tollen Kurse anmelden, die größtenteils kostenfrei sind.

Was Professorinnen und Professoren jetzt tun müssen

Die digitale Transformation hat das Bildungswesen erfasst, und die Hochschulen stehen vor der Herausforderung, ihre Lehrmethoden und Curricula an die Anforderungen des digitalen Zeitalters anzupassen.

Um eine zeitgemäße, interdisziplinäre und faire Gestaltung der Digitalisierung in der Hochschulbildung zu gewährleisten, sind Professoren gefordert, neue Wege zu gehen und ihre Lehrpraktiken kritisch zu hinterfragen.

Eigenes Curriculum in Frage stellen
Professoren sollten den Mut haben, ihr eigenes Curriculum in Frage zu stellen und den Bedarf an digitalen Kompetenzen in ihrem Fachbereich zu analysieren. Sie können neue Lehrinhalte ein-

führen, die den Umgang mit digitalen Werkzeugen, Datenanalyse oder Künstlicher Intelligenz umfassen. Durch die Aktualisierung des Curriculums können Studierende auf die Anforderungen des digitalen Arbeitsmarktes vorbereitet werden.

Expertise von außen einladen
Um die Interdisziplinarität in der Hochschulbildung zu fördern, sollten Professoren Experten aus anderen Fachbereichen einladen, um gemeinsam an Projekten oder Workshops teilzunehmen. Dadurch werden neue Perspektiven eröffnet, und Studierende erhalten Einblicke in verschiedene Disziplinen. Die Zusammenarbeit mit externen Experten kann auch helfen, die neuesten Entwicklungen in der Technologie zu verstehen und in den Unterricht einzubinden.

Freiheit bei der Thesis lassen
Professoren sollten den Studierenden mehr Freiheit bei der Wahl ihrer Abschlussarbeit geben. Anstatt nur traditionelle Forschungsarbeiten zu ermöglichen, könnten sie die Möglichkeit bieten, innovative Projekte durchzuführen, die digitale Technologien einbeziehen. Dies erlaubt den Studierenden, praktische Erfahrungen zu sammeln und ihre Kreativität zu entfalten. Zudem können sie durch die Zusammenarbeit mit Unternehmen oder anderen Institutionen praxisnahe Einblicke gewinnen.

Den digitalen Wandel in der Hochschulbildung gestalten
Die digitale Transformation in der Hochschulbildung verlangt von Professoren ein Umdenken und eine Anpassung ihrer Lehrpraktiken. Indem sie ihr eigenes Curriculum hinterfragen, Expertise von außen einladen und den Studierenden mehr Freiheit bei der Thesis geben, können sie eine zeitgemäße, interdisziplinäre und faire Gestaltung der Digitalisierung fördern. Dies ermöglicht den Studierenden, sich auf die Anforderungen der digitalen Ge-

sellschaft vorzubereiten und ihr volles Potenzial auszuschöpfen. Professoren haben die Macht, den Wandel zu gestalten und eine zukunftsorientierte Hochschulbildung zu schaffen.

Was Studentinnen und Studenten jetzt tun müssen

Mein Studium war so theoretisch, wie es nur sein kann. Umso mehr habe ich mich proaktiv bemüht, mich mit praxisnahen Inhalten auseinanderzusetzen, um fit für die Digitalisierung zu sein. Als Quereinsteigerin in der Tech-Industrie musste ich mich verstärkt darum bemühen, praktische Arbeitserfahrung vorzuweisen, damit ich direkt nach dem Studium den Einstieg als Datenanalystin schaffe. Die vorgeschlagenen Tipps basieren auf meiner eigenen Erfahrung, die ich in den vergangenen Jahren in der Privatwirtschaft – vom Start-up über den Mittelstand bis hin zum Konzern – gesammelt habe.

Sich bei der studentischen Unternehmensberatung bewerben und engagieren
Viele Hochschulen haben eine studentische Unternehmensberatung, wo Studierende die Möglichkeit haben, erste Projekterfahrungen zu sammeln und die unterschiedlichsten Unternehmen zu beraten.

Bevor ich mein erstes Praktikum antrat, bewarb ich mich für das Company Consulting Team, die studentische Unternehmensberatung der Technischen Universität Berlin, ein seit 1991 eingetragener Verein. Dort war ich Teil des Juniter-Teams, das sich auf IT spezialisiert hatte, und durfte sogar ein Projekt in Höhe von 100.000 Euro pitchen und akquirieren. Für große Beratungshäuser ist das ein kleiner Betrag, aber für uns war das damals viel Geld – und wäre es heute noch.

Auch hatte ich die Gelegenheit, pro bono ein Tech-Start-up in Bezug auf deren Online-Marketing-Kampagne zu beraten. Bei

272

dieser Gelegenheit befasste ich mich das erste Mal mit Google Ad-Words (heute nennt sich das Google Ads) und Google Tag Manager zum Thema Web-Tracking.

Es war eine steile Lernkurve, die mir aufgrund meines gesammelten Praxiswissens einen ordentlichen Vorsprung verschaffte, als ich mich in Folge für Praktika und Werkstudententätigkeiten bewarb.

Bei den meisten studentischen Unternehmensberatungen muss ein Assessment durchgeführt werden – wie bei den großen Beratungen. Hierfür gibt es Auswahltage, die in der Regel am Wochenende stattfinden. Es lohnt sich, sich mit Brainteasern und Interviewfragen vertraut zu machen. Die Website Squeaker.net ist eine tolle Anlaufstelle, um Beispiele für Fallstudien, Interviewfragen und Erfahrungsberichte zu erhalten.

So früh wie möglich Praxiserfahrung in der Digitalindustrie (in unterschiedlichen Unternehmensgrößen) sammeln

Während des Studiums absolvierte ich ein Praktikum und mehrere Werkstudententätigkeiten im Bereich von Data Analytics und Business Intelligence. Mein Ziel war es, so viel Hands-on-Erfahrung wie möglich zu sammeln, um es beim Berufseinstieg als Data Analyst möglichst leicht zu haben. Mir war nämlich bewusst, dass ich mit Wirtschaftsinformatikern und Informatikern um denselben Job konkurrierte.

Auch achtete ich bei der Auswahl darauf, dass ich in meinen Stationen unterschiedliche Unternehmensgrößen kennenlernte – vom Start-up über Mittelstand bis hin zum Konzern. So wusste ich bald, wo es welche Herausforderungen, Chancen und Technologien gibt.

Relevante Module an der Universität belegen und sich als Gasthörer für Informatikvorlesungen eintragen

In meinem Volkswirtschaftslehre-Studium habe ich schnell gemerkt, dass ich wenig Praxis für meine Karriere als Datenanalystin mitnehmen werde. Der Vorteil war, dass ich Machine-Learning-Modelle leichter nachvollziehen konnte, da vieles seinen Ursprung in der Mathematik hat, die wir in den quantitativen Modulen lernten.

So beschloss ich, mich als Gasthörerin für Informatik an der Technischen Universität Berlin einzuschreiben. Ich besuchte dort Vorlesungen und löste Programmieraufgaben, um ein besseres Verständnis zu entwickeln.

Zwar zog sich dadurch mein VWL-Studium etwas in die Länge, dennoch wollte ich diese Erfahrung nicht missen und bereue es nicht. In meinem VWL-Studium belegte ich eine Vielzahl quantitativer Module – von Statistik über Ökonometrie bis hin zur Datenanalyse war alles dabei. Dies bildete die methodische und theoretische Grundlage für die Datenanalyse. In meiner Thesis fokussierte ich mich auf Makroökonometrie, wofür ich das Statistikprogramm MatLab verwendete. Ich äußerte den Wunsch, Python als statistische Programmiersprache zu verwenden, jedoch wurde mir dies untersagt. Hier würde es mehr Flexibilität seitens der Universitäten brauchen, um eine praxisnahe Bildung zu vermitteln.

Bachelor- oder Master-Thesis mit Bezug zu Tech verfassen, im Idealfall in Kooperation mit Unternehmen

Mit der Thesis gibt es die Chance, einen Bezug zu Technologie, Digitalisierung oder Datenanalyse als Schwerpunktthema zu wählen. Auch kann dies in Kooperation mit Unternehmen geschehen, was sich definitiv empfiehlt. Häufig kann dies den Berufseinstieg in derselben Firma, wo man die Thesis schreibt, erleichtern.

Unternehmen: Was Managerinnen und Manager jetzt tun müssen

Insgesamt sind dies alles wichtige Faktoren, um als Unternehmen erfolgreich zu sein und die Bedürfnisse aller Mitarbeitenden angemessen zu berücksichtigen. Unternehmen sollten sich dabei immer bewusst sein, dass die Einbindung von AI Ethics und Governance sowie die Schaffung eines inklusiven Arbeitsumfelds nicht nur ein zeitlich begrenztes Ziel ist, sondern langfristige Maßnahmen erfordert.

Diversity in Tech langfristig in Prozesse, Produkte und People denken

Diversity nicht als Zusatzaufgabe betrachten und die entsprechenden Ressourcen einplanen

In Zeiten knapper Ressourcen müssen Unternehmen oft schwierige Entscheidungen treffen, um ihre Prioritäten zu setzen. Es ist daher verständlich, dass nicht jede Firma in der Lage ist, eine große Diversity, Equity and Inclusion (DEI)-Abteilung zu schaffen. Allerdings sollte dies keinesfalls als nebensächliche Aufgabe bei der Personalabteilung abgetan werden.

Stattdessen empfiehlt es sich, mindestens einer Person die komplette Verantwortung für DEI zu übertragen oder zumindest eine dreißig- bis fünfzigprozentige Kapazität dafür einzuplanen. Dadurch kann sichergestellt werden, dass das Thema angemessen behandelt wird und die Belange aller Mitarbeitenden berücksichtigt werden.

Keine Eintagsfliege: Diversity nicht als performativen Akt für bestimmte Tage im Jahr betrachten

Eine weitere wichtige Herausforderung ist die Schaffung eines inklusiven Arbeitsumfelds. Unternehmen sollten nicht nur bei

275

speziellen Aktionen wie dem Girls' Day oder dem International Women's Day performative Maßnahmen ergreifen, sondern langfristige Maßnahmen im Hiring und bei der Retention von Mitarbeitenden umsetzen.

Weg vom Bauchgefühl zum evidenzbasierten Handeln!
Die Messbarkeit von Diversity

Monitoring von DEI-Zielen entlang des Employee Lifecycles betreiben

Unternehmen sollten den Wandel von einer intuitiven Entscheidungsfindung hin zu evidenzbasiertem Handeln vollziehen, insbesondere im Kontext von Diversity, Equity und Inclusion (DEI). Um diesen Prozess effektiv zu überwachen, ist das Monitoring von DEI-Zielen entlang des gesamten Employee Lifecycles von entscheidender Bedeutung. Um diese Prozesse erfolgreich zu überwachen, sollten Unternehmen verstärkt auf People & Culture Analytics und People Tech setzen. Dabei ist es ratsam, entlang des gesamten Employee Lifecycles zu messen, wer sich mit welchen Merkmalen für Stellen bewirbt, um langfristige Trends und Muster zu erkennen. Regelmäßiges Monitoring ermöglicht die Schaffung eines erfolgreichen und inklusiven Arbeitsumfelds, das auf Diversität, Ethik und gute Unternehmensführung ausgerichtet ist.

Impact-Metriken in Geschäftsberichte einführen

Darüber hinaus ist es wichtig, Impact-Metriken in Geschäftsberichten einzuführen, die über herkömmliche Kennzahlen hinausgehen. Unternehmen sollten nicht nur die Nutzerzahlen betrachten, sondern auch berücksichtigen, wie viele Nutzer das Produkt barrierefrei im digitalen Raum nutzen können. Ebenso ist es entscheidend, zu wissen, wie viele Nutzer aus unterrepräsentierten Gruppen stammen, um die Vielfalt der Zielgruppe besser abzubilden.

276

Es ist von großer Bedeutung, zu ermitteln, wie vielen Nutzern die Technologie tatsächlich geholfen hat, und nicht nur, wie viel Umsatz damit erzielt wurde. Diese Fokussierung auf den positiven Einfluss der Technologie auf die Nutzer kann dazu beitragen, dass Unternehmen ihre Produkte und Dienstleistungen gezielt weiterentwickeln und sozial verantwortungsvoll gestalten.

Diversity-Strategie mit ERGs einführen und auf ein bis zwei Dimensionen fokussieren

Die Schaffung eines inklusiven Arbeitsumfelds erfordert auch besondere Aufmerksamkeit für Familienfreundlichkeit und Altersdiversität. Es ist entscheidend, Mitarbeiter in verschiedenen Lebensphasen angemessen zu unterstützen, damit sie sich auf ihre Arbeit konzentrieren können.

Ein weiterer wichtiger Aspekt ist die gezielte Förderung von Quereinsteigern. Unternehmen, die sich aktiv für diese Gruppe engagieren, können sich von der Konkurrenz abheben und talentierte Mitarbeitende gewinnen. Ein Beispiel dafür ist das schon erwähnte Unternehmen Delivery Hero, das erfolgreich Quereinsteiger rekrutiert und dadurch seine Belegschaft bereichert.

Darüber hinaus ist es von großer Bedeutung, dass alle Mitarbeiter im Bereich Data Literacy geschult werden. Insbesondere in technologieorientierten Start-ups spielt dies eine wichtige Rolle. Unternehmen wie Hello Fresh bieten ihren Mitarbeitern Schulungen im Umgang mit Daten an, um deren Kompetenzen in diesem Bereich zu stärken.

In der DEI-Strategie (Diversity, Equity, Inclusion) sollten Women in Tech als erste Dimension betrachtet werden. Es ist essenziell, Frauen in der Technologiebranche gezielt zu fördern und einzubinden, um eine ausgewogene Geschlechterrepräsentation zu erreichen.

Das Beratungsunternehmen McKinsey empfiehlt dabei, die

Maßnahmen entlang der folgenden Schwerpunkte auszurichten: Umdenken (Reframe), Mitarbeiterbindung (Retain), Umplatzierung (Redeploy) und Erweiterung (Ramp up). Durch diese Strategien können Unternehmen effektive und nachhaltige DEI-Initiativen etablieren und so eine vielfältige und inklusive Unternehmenskultur schaffen.

Diversen Kandidatenpool bereits im Bewerbungsprozess sicherstellen

Um den Bedarf an Vielfalt in der Belegschaft zu erfüllen und eine inklusive Unternehmenskultur zu fördern, ist es von entscheidender Bedeutung, einen vielfältigen Kandidatenpool bereitzustellen. Dieser Pool sollte unterschiedliche Hintergründe, Erfahrungen und Perspektiven umfassen, um die Chance zu erhöhen, diverse Talente einzustellen.

Der Zweck dieses Kandidatenpools besteht darin, Menschen mit vielfältigen Hintergründen und Merkmalen in das Unternehmen einzubringen, um ein dynamisches und breit gefächertes Team zu schaffen. Eine divers zusammengesetzte Belegschaft bietet zahlreiche Vorteile, darunter eine verbesserte Kreativität, eine bessere Problemlösungsfähigkeit und eine größere Kundennähe.

Um einen solchen diversen Kandidatenpool aufzubauen, sind gezielte Maßnahmen im Recruiting und Employer Branding notwendig. Hierbei sollten verschiedene Kanäle genutzt werden, um unterschiedliche Zielgruppen anzusprechen. Dazu gehören soziale Medien, Berufsnetzwerke, Diversity Events und die eigene Unternehmenswebsite. Zusätzlich ist es wichtig, die Arbeitgebermarke so zu gestalten, dass sie für potenzielle Kandidaten aus diversen Hintergründen attraktiv ist. Dies kann beispielsweise durch das Hervorheben der Unternehmenskultur, die Wertschätzung von Vielfalt und Inklusion sowie Erfolgsgeschichten von Mitarbeitern mit verschiedenen Hintergründen geschehen.

Im nächsten Schritt des Einstellungsprozesses sollte darauf geachtet werden, dass die Stellenausschreibungen frei von jeglichem Geschlechter-Bias sind. Das bedeutet, die Formulierungen sollten so gewählt werden, dass sie sowohl männliche als auch weibliche Bewerber gleichermaßen ansprechen. Außerdem sollten auch Quereinsteiger ausdrücklich willkommen geheißen werden, um auch Personen mit anderen beruflichen Hintergründen eine Chance zu geben.

Ein weiterer wichtiger Aspekt ist die Förderung von Teilzeitstellen als Experiment. Diese flexible Arbeitszeitgestaltung ermöglicht es Menschen, Familie und Beruf besser miteinander zu vereinbaren. Besonders Frauen, die oft noch immer überproportional häusliche Pflichten tragen, könnten dadurch vermehrt angesprochen werden.

Darüber hinaus kann die Unterstützung und Förderung von Mitarbeitenden bei der Kinderbetreuung ein starkes Signal für eine familienfreundliche Unternehmenskultur setzen. Die Bereitstellung von Kita-Zuschüssen oder die Einrichtung einer betriebseigenen Kindertagesstätte können hier sinnvolle Maßnahmen sein.

Zusammenfassend lässt sich sagen, dass die Schaffung eines diversen Kandidatenpools und die Einstellung vielfältiger Talente ein bewusstes und strategisches Vorgehen erfordern. Es ist wichtig, dass Unternehmen aktiv auf verschiedene Zielgruppen zugehen, eine offene und inklusive Arbeitgebermarke pflegen und den Einstellungsprozess so gestalten, dass er allen potenziellen Bewerbern gleiche Chancen bietet, unabhängig von ihrem Geschlecht, ihrer Herkunft oder ihrer familiären Situation. Indem Unternehmen auf Diversität setzen, können sie ihre Innovationskraft steigern und einen Beitrag zu einer vielfältigeren Gesellschaft leisten.

Diverses Team für inklusive Technologien einstellen

Zukunftslobbyist Wolfgang Gründinger betont, dass Algorithmen häufig dann diskriminieren, wenn die programmierten Regeln oder die trainierten Daten verzerrt sind. Beispielsweise kann ein Algorithmus, der die Vorstandsbesetzung im Dax analysiert, aufgrund einer ungleichen Vertretung von Männern und Frauen falsche Schlüsse ziehen und Frauen fälschlicherweise als ungeeignet für Führungsposten einstufen. Gründinger weist darauf hin, dass Maschinen lediglich Korrelationen erkennen können, jedoch keine kausalen Zusammenhänge, wodurch die Rolle des Menschen bei der Entscheidungsfindung besonders wichtig wird, um Vorurteile zu vermeiden.

Die KI-Expertin Kenza Ait Si Abbou stimmt dem zu und plädiert für diverse Teams. Sie betont, dass vielfältige Perspektiven in solchen Teams helfen, Themen anzusprechen, die sonst möglicherweise übersehen würden. Durch die persönliche Betroffenheit können Probleme schneller erkannt und angegangen werden. Als Beispiel nennt sie ein Gesichtserkennungssystem, das bei Personen mit dunkler Hautfarbe nicht richtig funktioniert. Diverse Teams könnten solche Mängel leichter identifizieren und beheben. Dabei stellt sie jedoch klar, dass Diversität allein nicht ausreicht, und betont, dass auch eine dunkelhäutige Entwicklerin nicht automatisch eine Expertin in Gender Studies oder Rassismus ist. Dennoch könne ihre Erfahrung und Sichtweise einen positiven Einfluss auf das Projekt haben.

Beide sind sich einig, dass Diskriminierung konsequent bekämpft werden muss, egal ob in digitalen oder analogen Bereichen. Algorithmen können dabei helfen, unbewusste Vorurteile aufzudecken und zu korrigieren. Diversität ist für die Funktionsfähigkeit und rechtliche Zulässigkeit von Algorithmen von zentraler Bedeutung, da die EU-Antidiskriminierungs-Richtlinie und die EU-Datenschutz-Grundverordnung Diskriminierung verbieten und automatisierten Entscheidungssystemen klare Grenzen setzen.

Abschließend wird betont, dass Diversität auch ökonomisch immer wichtiger wird und zu einer höheren Profitabilität von Unternehmen und Anziehungskraft für Fachleute führen kann. Trotzdem bleibt der Mensch die letzte Instanz und zentrale Figur bei ethischen Entscheidungen, sei es in der Entwicklung von Algorithmen oder in anderen Bereichen. Bei Bedarf können ethische Fragen von einem Ethikrat oder Juristen unterstützend geprüft werden, um die Gesetzeslage zu berücksichtigen.

Was Angestellte jetzt tun müssen

Nicht selten erreichen mich Anfragen von Personen, die bereits mitten im Berufsleben stehen und den Wunsch verspüren, sich beruflich umzuorientieren und sogar den Sprung in die Tech-Industrie wagen oder sich weiterbilden möchten, um Schritt mit der Digitalisierung zu halten und zukunftsfähig in ihren Berufen zu sein.

Mich hat sogar mitten in der Pandemie eine Nachricht auf Instagram von einer DJane erreicht, die nicht mehr ihrer Tätigkeit nachgehen konnte, weil die Clubs im Lockdown dichtgemacht wurden. Dies wurde für sie zum Antrieb, sich beruflich zur Software-Entwicklerin umschulen zu lassen.

Auf der ganzen Welt haben Unternehmen auf den Ausbruch von COVID-19 mit der schnellsten Umgestaltung des Arbeitsplatzes in der modernen Geschichte reagiert. Studien haben zwar gezeigt, dass der Übergang zur Telearbeit der Produktivität nicht geschadet hat,[185] aber eine Studie von Randstad hat ergeben, dass viele Arbeitnehmer Schwierigkeiten haben, die notwendigen Fähigkeiten zu erwerben, um auf diesem sich ständig weiterentwickelnden Arbeitsmarkt relevant zu bleiben.[186] Um zu verhindern, dass Arbeitnehmer abgehängt werden, ist es entscheidend, dass Unternehmen ihre Arbeitnehmer mit den Fähigkeiten ausstatten, die sie benötigen, um sich an die post-pandemische Arbeitswelt anzupassen.

Hier sind meine Ratschläge, um als Angestellter in der Digitalisierung relevant zu bleiben:

Recherchiere, welche Berufsfelder es in der Digitalbranche gibt, die deinen Interessen, Qualifikationen und Erfahrungen entsprechen
Wir erinnern uns an die Fußballanalogie, wo ich die unterschiedlichen Spielerinnen auf dem Feld beschrieben habe, die alle ein Ziel verfolgen, nämlich aus Daten Mehrwert zu generieren.

Zuallererst musst du herausfinden, in welcher Rolle du arbeiten möchtest, da die Tech-Branche unterschiedliche Berufsbilder bietet, die technisch (z. B. Software Engineer), semi-technisch (z. B. Data Analyst) oder nicht technisch (z. B. Vertrieb von technologischen Produkten) sind.

Entwickle einen Lernpfad, um dein Ziel zu erreichen – sei es Weiterbildung (Upskilling) für Lernzuwachs oder Umschulung (Reskilling) in einem neuen Berufsfeld
Es ist wichtig, eine Unterscheidung zwischen Upskilling (Weiterbildung) und Reskilling (Umschulung) vorzunehmen: Geht es dir darum, dich weiterzubilden, dann ist Upskilling für dich das Richtige, was weniger Zeit benötigt. Beim Reskilling hingegen ist das Ziel, sich umschulen zu lassen, sodass ein neuer Beruf ausgeübt werden kann. Hierfür gibt es Bootcamps, berufsbegleitende Studiengänge oder Zertifizierungen.

Für alle Rollen im Bereich von Big Data Analytics ist es empfehlenswert, die Datenbanksprache SQL und Programmiersprache Python zu lernen, da sie häufig verwendet werden.

282

Online-Kurse für Programmierung und Datenanalyse belegen
Während meines Studiums absolvierte ich mehrere Online-Kurse
von den E-Learning-Anbietern Udemy, DataCamp und Udacity.
Auch gibt es großartigen Content auf YouTube, der kostenfrei zur
Verfügung steht.

Ein häufiger Fehler, den ich beobachte, ist, dass Anfänger zu
viele Online-Kurse ohne Arbeit an praktischen Projekten belegen.
Man bleibt leicht in der Theorie stecken und scheitert dann bei
der Arbeit. Daher sollte man sich auf einen Online-Kurs und ein
Buch beschränken und direkt in die Praxis einsteigen. Eine großartige Ressource ist Kaggle, eine Community für Data Science, die
Datensätze und Anwendungsfälle bereitstellt.

Nicht schnell aufgeben und geduldig sein
Die Anfangsphase beim Quereinstieg in Tech ist alles andere als
leicht, und einige erliegen der Versuchung, allzu schnell aufzugeben. Nach mehreren gescheiterten Versuchen reden sie sich dann
ein, dass man es im technischen Bereich nicht schaffen kann. Der
Einstieg in die Technologiebranche ist definitiv nicht einfach.
Wenn du jedoch lange genug dranbleibst, wirst du Erfolg haben,
und die Mühe lohnt sich auf jeden Fall. Geduld und Durchhaltevermögen sind die Schlüssel zum Erfolg in dieser schnelllebigen
Branche.

Private Projekte umsetzen
Es gibt auch die Möglichkeit, ein eigenes Portfolio an Projekten
umzusetzen. Für den Datenbereich eignet sich Kaggle, weltweit
die größte Data Science Community, wo Datensätze und Use Ca-
ses zur Verfügung gestellt werden. Zudem können diese Projekte
auf Github hochgeladen werden, um sie mit der Open Source
Community zu teilen. Dies ersetzt zwar nicht die Praxiserfahrung
in Unternehmen, kann aber als Zusatzleistung betrachtet werden,
die zu Anfang bei fehlender Erfahrung helfen kann. Bei Fragen

und benötigter Hilfestellung kann StackOverflow als Forum oder Reddit zum Austausch verwendet werden.

Karriereveranstaltungen besuchen und Netzwerk in der Digitalszene aufbauen

Einen meiner ersten Jobs im Data-Analytics-Bereich habe ich erhalten, indem ich eine Karrieremesse für Studierende und Berufsanfänger besuchte. Ich wusste genau, mit welchen Unternehmen ich sprechen wollte, was sie genau machen und welche Stellenausschreibungen aktuell sind. So habe ich meinen CV mehrfach ausgedruckt, bin hingegangen, um mein Interesse an den ausgeschriebenen Stellen zu äußern, und habe die Personen am Messestand darum gebeten, meinen CV an den jeweiligen Entscheidungsträger für die Ausschreibung weiterzuleiten. Wenige Tage später hatte ich mehrere Einladungen für Vorstellungsgespräche, und nach einem davon habe ich mich entschieden, den Job zu nehmen.

Sich mit Personen aus der Praxis austauschen, die im Wunschberuf tätig sind, und den Interviewprozess nachvollziehen

Bevor man sich beruflich umorientiert oder gar auf Jobausschreibungen bewirbt, ist es vonnöten, sich mit Personen auszutauschen, die bereits jahrelang im Wunschberuf tätig sind. Außerdem sollte man wissen, dass die Interviewprozesse in der Tech-Branche sehr umfangreich sind. Sie umfassen mehrere Runden, in denen neben den analytischen und technischen Fähigkeiten auch die Sozialkompetenzen getestet werden. Bei den analytischen und technischen Fähigkeiten wird nicht selten eine Case Study bereitgestellt, die dem Arbeitsalltag ähnelt, und eine Coding Challenge, wo beispielsweise Fehler im Code gefunden werden sollen. Oder man bekommt einen Datensatz zur Verfügung gestellt und soll ein Datenmodell vorschlagen.

Für den Traumjob in der Tech-Industrie bewerben oder eine Schnittstellenrolle innerhalb der Organisation einnehmen Theorie ist eine Sache, praktische Erfahrung eine andere. Nachdem du die grundlegenden Fähigkeiten erlangt hast und einen klaren Überblick über deine Datenreise hast, kannst du dich als Praktikant und Auszubildender bei Unternehmen bewerben. Bringe deinen Wunsch zum Ausdruck, zu lernen und einen Beitrag zu leisten.

Auch wenn es nicht deine Traumrolle oder dein Traumunternehmen ist, wird jede Arbeitserfahrung im Technologiesektor langfristig helfen. Am Anfang könnte es viele Ablehnungen geben, da du ein Neuling bist. Gib jedoch nicht auf und bewirb dich weiter! Ablehnungen sind ein Teil des Prozesses, und Rom wurde auch nicht an einem Tag erbaut.

Was Tech-Mitarbeitende jetzt tun müssen

Die Tech-Industrie ist ein rasanter Motor der Innovation, der ständig neue Technologien hervorbringt. Doch trotz aller Fortschritte gibt es ein drängendes Problem, das nach wie vor besteht: Diversity in Tech. Um eine gerechte und inklusive Tech-Welt zu schaffen, müssen Entwickler sicherstellen, dass Technologien für alle Menschen gleichermaßen zugänglich und nutzbar sind – unabhängig von Geschlecht, Ethnie, sexueller Orientierung oder anderen Merkmalen.

Die KI-Expertin Kenza Ait Si Abbou erklärt die Komplexität der Prozesse in der Tech-Industrie. Anstatt mit dem Finger auf die Entwickler zu zeigen, legt sie den Fokus auf die Herausforderungen, die bei der Entwicklung fairer Tech-Produkte auftreten. Ihre Erkenntnisse helfen, ein besseres Verständnis für die Technologieentwicklung zu gewinnen.

Zusammenfassend gesagt: Entwickler in der Tech-Industrie können dazu beitragen, die Diversity in Tech zu fördern, indem

285

sie Bias- und User-Tests durchführen, einen interdisziplinären Ansatz bei der Produktentwicklung verfolgen und sicherstellen, dass ihre Produkte barrierefrei und digital zugänglich sind. Indem sie diese Maßnahmen ergreifen, können sie sicherstellen, dass ihre Produkte für alle Benutzergruppen gleichermaßen zugänglich und nützlich sind.

Bias Testing und User Testing in die Produktentwicklung einführen

Bias Testing und User Testing sind entscheidende Instrumente, um die Diversität in Tech zu fördern. Entwicklerinnen können durch Bias-Tests sicherstellen, dass ihre Produkte frei von Vorurteilen und Diskriminierung sind. Spannende Beispiele verdeutlichen, wie diese Tests dazu beitragen, Technologien gerechter und inklusiver zu gestalten. Die Tech-Community hat erkannt, dass Tools eine entscheidende Rolle bei der Identifizierung und Neutralisierung von Vorurteilen in der KI spielen. Große Unternehmen wie IBM stellen sogar Open Source Tools zur Verfügung, um Entwicklerinnen zu unterstützen. Diese Tools ermöglichen eine gerechtere Datenverteilung und tragen dazu bei, unverzerrte Technologien zu entwickeln.

Die Tech-Industrie steht vor einer bedeutenden Herausforderung, die alle Facetten des technologischen Fortschritts betrifft. Das Zusammenspiel von Bias und User Testing sowie der Einsatz von Tools ermöglichen es, die Tech-Welt fairer und zugänglicher zu gestalten.

Synthetische Daten verwenden

In einer idealen Welt sollten Chancengleichheit und Unvoreingenommenheit unabhängig von Ethnie, Geschlecht, Religion oder sexueller Ausrichtung herrschen. Leider ist die reale Welt geprägt von Vorurteilen, und Menschen, die von der Mehrheit abweichen, haben oft Schwierigkeiten, Arbeitsplätze zu finden und Ausbildungen zu absolvieren, was zu einer Unterrepräsentation in vielen Datensätzen führt. Dies kann dazu führen, dass KI-Systeme zu falschen Schlussfolgerungen kommen und diese Menschen als weniger kompetent oder geeignet betrachten.

Die Algorithmen des maschinellen Lernens wurden nicht darauf optimiert, Fairness zu erreichen, sondern bestimmte Aufgaben zu erfüllen. Um eine unvoreingenommene KI zu schaffen, können jedoch synthetische KI-Daten einen großen Beitrag leisten. Durch die Analyse realer Daten und die Beobachtung von Verzerrungen können wir Daten generieren, die auf realen Beobachtungen basieren und Verzerrungen ausgleichen. Es ist wichtig, eine Definition von Fairness bereitzustellen, die es ermöglicht, verzerrte Daten in etwas umzuwandeln, das als fair angesehen werden kann.

Selbst wenn ein Datensatz groß ist, können bestimmte Gruppen unterrepräsentiert oder ausgeschlossen sein. In solchen Fällen können KI-generierte Daten verwendet werden, um die Lücken zu füllen und einen unverzerrten Datensatz zu erstellen. Synthetische Daten ermöglichen es, dieses Problem anzugehen und sicherzustellen, dass die KI-Systeme auf der Basis von vielfältigen und repräsentativen Daten trainiert werden.

Die Generierung unvoreingenommener Daten kann oft einfacher und kostengünstiger sein. Die Sammlung realer Daten erfordert Messungen, Umfragen, eine große Stichprobengröße und viel Arbeit. Im Vergleich dazu bieten KI-generierte Daten eine kostengünstige Alternative, die auf Machine-Learning-Techniken basiert. Dies ermöglicht eine effiziente und zugängliche Erstellung von Daten, die zur Förderung einer unvoreingenommenen KI beitragen.

Ein Beispiel ist die Gesichtserkennung, welche mithilfe von synthetischen Daten unvoreingenommen gestaltet werden kann. Wenn der Trainingsdatensatz nicht ausreichend vielfältig ist, haben Gesichter, die stark von der Norm abweichen, Schwierigkeiten, von der Gesichtserkennungssoftware erkannt zu werden. Der Einfluss der Datenzusammensetzung auf die Leistung eines KI-Algorithmus ist offensichtlich. Wenn der Algorithmus hauptsächlich mit Gesichtern kaukasischer Menschen trainiert wird, wird er natürlicherweise besser mit diesen Gesichtern umgehen können. Doch durch die Erzeugung synthetischer KI-Daten, welche die Gesichter von ethnisch unterrepräsentierten Gruppen beinhalten, und durch die Integration dieser Daten in den Algorithmus können wir eine geringere Fehlerquote für alle Ethnien erreichen.

Neben der Förderung der Gleichberechtigung hat die Erzeugung synthetischer Bilder von Gesichtern für den Trainingsdatensatz einen weiteren Vorteil: Sie birgt keine Datenschutzprobleme. In einer Zeit, in der der Schutz der Privatsphäre von Internetnutzern große Bedenken hervorruft, bietet die Erzeugung eigener synthetischer Daten – in diesem Fall Gesichter – eine deutlich sicherere Option. Anstatt auf reale Daten zurückzugreifen, können wir die Möglichkeiten synthetischer KI-Daten nutzen, um die Leistung von Gesichtserkennungssystemen zu verbessern, ohne die Privatsphäre von Menschen zu gefährden.

Durch die Verwendung synthetischer KI-Daten können wir also einen Wendepunkt erreichen, an dem die KI-Technologie Fairness, Gleichberechtigung und Privatsphäre gewährleistet.

Die Schaffung einer unvoreingenommenen Künstlichen Intelligenz erfordert unsere Aufmerksamkeit und Handlungsbereitschaft. Durch die Nutzung synthetischer KI-Daten und den Fokus auf Fairness-Definitionen können wir sicherstellen, dass KI-Systeme gerecht und unvoreingenommen agieren.

Einen interdisziplinären Ansatz in der Produktentwicklung verfolgen

Ich habe in meinem Leben schon sehr viele Witze über Sozialwissenschaftler, Philosophinnen und andere Geisteswissenschaftler gehört. Als ich zwei Semester Sozialwissenschaften an der Humboldt-Universität zu Berlin studierte, sagten mir Leute, ich könne ja gleich einen Taxischein machen. Diese geringe Wertschätzung gegenüber den Geisteswissenschaften habe ich leider jahrelang beobachtet; häufig wurden sie als »brotlose Kunst« bezeichnet.

Mittlerweile beobachte ich ein Umdenken, auch und gerade aufgrund der öffentlichen Debatten rund um Künstliche Intelligenz und Digitalisierung. Die Perspektiven der Geisteswissenschaften haben eine neue Relevanz gewonnen, denn durch ihre Theorien, die es ermöglichen, gesellschaftliche, soziologische und psychologische Wechselwirkungen zu verstehen, sind sie auf einmal Gold wert. Genau diese Aspekte sind bei der technologischen Entwicklung zu berücksichtigen, um den Menschen und das Gemeinwohl in den Fokus zu stellen.

In den vergangenen Jahren waren die Herausforderungen bei der Umsetzung von Künstlicher Intelligenz oft technologischer Art. Diese Probleme sind inzwischen geringer geworden. Was uns heute beschäftigt, sind die Rolle der Gesellschaft in der Adaption von Technologie und die Sicherstellung der digitalen Teilhabe einzelner Menschen. Dazu zählt auch die Kommunikation komplexer Sachverhalte auf eine verständliche Art und Weise, da viele Bürger – zu Recht – Angst vor Technologie haben. Sie befürchten sogar, dass wir in einer Dystopie wie in einem Science-Fiction-Film leben könnten.

Deshalb reicht es heutzutage nicht mehr aus, nur die technologische Funktionsweise und die Anwendungsfälle von KI für Unternehmen zu verstehen. Wir müssen uns endlich mehr mit den sozialen und gesellschaftlichen Auswirkungen von Technologien auseinandersetzen, und bei dieser Betrachtung werden die Geisteswissenschaften immer bedeutender. Jedes Mal, wenn wir eine Technologie entwickeln, brauchen wir einen Wertekompass, der uns klar sagt, welchen ethischen Prinzipien diese unterliegen soll.

Die EU-KI-Verordnung ist lediglich ein Antrieb dafür, dass wir diese Diskussionen früher anfangen, um zukunftsfähige

Technologien mit gesellschaftlichem Mehrwert zum Wohle aller zu entwickeln.

Kenza Ait Si Abbou bestätigt diese Forderung: »Es müssen sich viel mehr Menschen Gedanken darüber machen, was diese Technologie für einen Einfluss auf die Gesellschaft hat. Und das sind teilweise Menschen, die heute nicht vorhanden sind.« Als Ingenieurin habe es nie zu ihrem Curriculum gehört, sich mit den sozialen Folgen von Technologie auseinanderzusetzen, Bedenken zu äußern und Fragen zum »Warum?« hinter der Technologie zu stellen. Deshalb plädiert sie dafür, dass Tech-Mitarbeitende eine Anlaufstelle innerhalb der Organisation haben, wo sie Expertinnen aus Anthropologie, Neurowissenschaften, Soziologie und anderen Disziplinen antreffen. Zudem müssen die personellen Ressourcen dafür seitens des Managements von Anfang an berücksichtigt werden. Das bedeutet auch, dass die soziale Einbindung von Technologie als Thema mit hoher Priorität beim höheren Management erkannt wird.

Digitale Barrierefreiheit sicherstellen

Digitale Angebote sind aus unserem Alltag nicht mehr wegzudenken, doch oft sind sie auch eine Herausforderung in ihrer Bedienung. Ob es darum geht, Geld zu überweisen, Online-Tickets für Events zu kaufen oder Fahrkarten für den öffentlichen Nahverkehr zu erwerben – wir sind auf Computer und Automaten angewiesen. Dadurch verschwinden immer mehr menschliche Hilfskräfte, die uns bei diesen Aufgaben unterstützen könnten. Selbst als junger Mensch habe ich manchmal Schwierigkeiten, mich mit einer Online-Ticketregistrierung zurechtzufinden.

Nun stellen wir uns vor, wie es älteren Menschen oder Menschen mit körperlichen, geistigen oder Sinnesbehinderungen geht. Für sie ist die digitale Technologie nicht befreiend, sondern oft ein Hindernis im Alltag, das sie nur schwer oder gar nicht überwinden können. Das führt dazu, dass sie von der Nutzung digitaler Angebote ausgeschlossen werden und auf die Hilfe anderer angewiesen sind. Das ist nicht nur lästig, sondern auch entwürdigend für die Betroffenen. Und laut Angaben der EU leben in Europa 87 Millionen Menschen mit irgendeiner Form von Behinderung.[187]

In Anbetracht dieser Tatsachen sind Richtlinien für den barrierefreien Zugang zu Websites und anderen digitalen Anwendungen von großer Bedeutung. Barrierefreiheit im digitalen Bereich bedeutet, dass alle Menschen, einschließlich solcher mit Behinderungen oder anderen Einschränkungen, digitale Angebote nutzen können. Entwicklerinnen sollten sicherstellen, dass ihre Produkte mit assistiven Technologien kompatibel sind und dass sie barrierefreie Design- und Entwicklungspraktiken anwenden.

Ein anschauliches Beispiel ist die Geschichte von Anna, einer blinden Frau, die dank einer barrierefreien Banking-App ihre finanziellen Angelegenheiten eigenständig verwalten kann. Die App verwendet Screenreader-Technologie, um den Text auf dem Bildschirm in Sprache umzuwandeln, was es Anna ermöglicht, alle Funktionen des Bankings zu nutzen und ihre Transaktionen sicher durchzuführen. Dieses Beispiel zeigt, wie Barrierefreiheit das Leben von Menschen verbessern und ihnen die Teilhabe am digitalen Fortschritt ermöglichen kann.

Magdalena Rogl, Diversity & Inclusive Lead bei Microsoft Deutschland, erklärt, dass Diversity und Inklusion nicht nur Werte sind, sondern auch eine Verantwortung, die Unternehmen tragen. Sie betont, dass es wichtig ist, Produkte und Technologien möglichst barrierefrei und zugänglich für alle zu gestalten, um eine inklusive Arbeitswelt der Zukunft zu ermöglichen. Unternehmen können dies erreichen, indem sie möglichst viele unterschiedliche Menschen in den Design- und Entwicklungsprozess einbeziehen, um ihre Perspektiven und Bedürfnisse kennenzulernen und in neuen Produkten zu berücksichtigen. Rogl betont außerdem die Notwendigkeit, Arbeitsmöglichkeiten innerhalb des Unternehmens so flexibel zu gestalten, dass sie keine Person ausschließen. Sie macht deutlich, dass dies eine Verantwortung ist, die Unternehmen tragen müssen.

Zusammenfassend gesagt: Ich appelliere an Unternehmen, Entwicklerinnen und die Gesellschaft insgesamt, sich für digitale Inklusion einzusetzen. Durch die Schaffung barrierefreier Zugänge können wir sicherstellen, dass niemand aufgrund von körperlichen, geistigen oder Sinnesbeschränkungen von digitalen Angeboten ausgeschlossen wird. Barrierefreiheit ist nicht nur eine ethische Verpflichtung, sondern auch eine Chance, die Talente und Fähigkeiten aller Menschen zu nutzen und eine vielfältige Zukunft zu gestalten. Lasst uns gemeinsam die digitale Inklusion vorantreiben und dafür sorgen, dass Technologie für alle zugänglich und nutzbar wird!

Was Nutzerinnen und Nutzer jetzt tun müssen

Dating-Apps sind aus unserem modernen Liebesleben kaum mehr wegzudenken. Doch sollten wir uns bewusst sein, dass hinter diesen Plattformen ein komplexes System steht. Es geht nicht nur darum, neue Menschen kennenzulernen, sondern auch darum, die Mechanismen der Datensammlung und Monetarisierung zu verstehen. Als Nutzer haben wir die Verantwortung, uns zu fragen, welche Daten wir preisgeben und wie sie verwendet werden. Indem wir diese Fragen stellen, können wir dazu beitragen, dass Dating-Apps transparenter und fairer werden.

Das Bewusstsein von uns Menschen als Produkt
Wenn eine Dienstleistung kostenlos angeboten wird, sollten wir uns bewusst machen, dass wir oft das eigentliche Produkt sind.

292

Unsere Daten und unser Verhalten werden analysiert und für Werbung, personalisierte Empfehlungen und andere Zwecke genutzt. Es ist wichtig, dass wir uns fragen, ob wir bereit sind, diese Daten preiszugeben, und ob wir selbst irgendeinen Mehrwert daraus ziehen. Indem wir unsere Daten bewusst kontrollieren und gezielt entscheiden, welche Informationen wir teilen wollen, können wir einen Beitrag zu einem faireren Umgang mit Technologie leisten.

Die Mechanismen der Datensammlung verstehen
Um fairere Technologie zu unterstützen, ist es essenziell, die Mechanismen der Datensammlung zu verstehen. Wir sollten uns darüber informieren, welche Daten von den verschiedenen Plattformen erfasst werden, wie sie gespeichert werden und wie sie monetarisiert werden. Indem wir dieses Wissen erlangen, können wir bewusste Entscheidungen treffen und Anbieter wählen, die verantwortungsbewusst mit unseren Daten umgehen. Transparenz und Aufklärung sind die Schlüssel, um eine faire Tech-Kultur zu schaffen, in der die Nutzer auch den Anbietern von digitalen Diensten vertrauen.

Die Vorteile von Cookies erkennen
Obwohl Cookies oft kritisiert werden, können sie auch Vorteile bieten. Z. B. ermöglichen sie personalisierte YouTube-Empfehlungen, die uns Videos präsentieren, die unseren Interessen entsprechen. Wir sollten uns bewusst sein, dass es nicht darum geht, Cookies pauschal abzulehnen, sondern ihre Verwendung kritisch zu hinterfragen. Indem wir uns darüber informieren, wie Cookies eingesetzt werden und wie wir sie kontrollieren können, ist es uns möglich, bewusste Entscheidungen zu treffen und die Vorteile zu nutzen, ohne unsere Privatsphäre zu gefährden.

Die Macht der Anwender für eine faire Technologie nutzen
Daher möchte ich Anwender dazu aufrufen, ihre Macht und ihr Bewusstsein zu nutzen, um eine fairere Technologie-Landschaft zu gestalten. Indem wir Produkte, die wir nutzen, hinterfragen und uns über die Mechanismen der Datensammlung und Monetarisierung informieren, können wir die Kontrolle über unsere Daten zurückgewinnen. Wir haben die Möglichkeit, bewusste Entscheidungen zu treffen und Anbieter zu wählen, die unsere Privatsphäre respektieren und transparent handeln. Daher glaube ich ganz fest an eine Kultur von FairTech, in der Technologie für uns arbeitet, ohne unsere Rechte und unsere Privatsphäre zu gefährden. Die Zukunft liegt in unseren Händen, wenn wir Kontrolle über unser Handeln und unsere Daten erlangen.

Was Journalistinnen und Medienmacher jetzt tun müssen

Journalisten und Medienmacherinnen tragen eine gesellschaftliche Verantwortung, wenn sie über Themen und Menschen berichten.

Herausforderungen der Tech-Welt verstehen und sorgfältig über Themen schreiben
Die Welt der Technologie und Künstlichen Intelligenz ist komplex und faszinierend zugleich. Doch sollten wir ihre Tücken nicht unterschätzen. Ich erinnere mich noch lebhaft an den *Spiegel*-Artikel »Vom Algorithmus vergessen«, der im August 2021 erschien, wo ich als Protagonistin in der Geschichte fungierte.[188] Bereits im ersten Satz wurde eine unglückliche Behauptung aufgestellt: »Sie programmierte ihren ersten Code in der Schule.« Hier wurde verwechselt, dass Code geschrieben, aber nicht Code programmiert werden kann. Ein solcher Fehler kann Missverständnisse und Verwirrung bei den Lesern hervorrufen. Ein weiteres Beispiel war die Bezeichnung von SQL (Structured Query Language) als

294

Programmiersprache, obwohl es sich eigentlich um eine Datenbanksprache handelt. Solche fehlerhaften Darstellungen führten zu Zweifeln an meiner Expertise, und es hagelte in den Kommentaren hämische Bemerkungen über mich.

Ich bin mir bewusst, wie stressig der Arbeitsalltag im Journalismus ist und wie sehr sich die Geschwindigkeit durch den Wechsel zum »Digital First«-Ansatz verändert hat. Dennoch dürfen sich Journalistinnen und Journalisten nicht der Verantwortung entziehen, fundiert und aufgeklärt über technologische Innovationen zu berichten. Es liegt in ihrer journalistischen Sorgfaltspflicht, die Fakten zu prüfen und korrekt darzustellen, um Verwirrung und Missinformation zu vermeiden. Themen wie Künstliche Intelligenz erfordern eine gründliche Recherche und das Verständnis komplexer Zusammenhänge. Es ist wichtig, dass Journalistinnen und Journalisten die nötige Expertise entwickeln oder Experten hinzuziehen, um eine fundierte Berichterstattung zu gewährleisten.

In Zeiten des schnellen Informationsflusses ist es unerlässlich, dass nicht nur die Redaktion den Inhalt überprüft, sondern auch eine dritte Person, die mit dem Thema vertraut ist. Ein frischer Blick von außen kann Fehler aufdecken und sicherstellen, dass die Informationen korrekt und verständlich präsentiert werden. Die Zusammenarbeit mit Experten oder das Hinzuziehen von Fachleuten bieten die Möglichkeit, Wissen und Erfahrung zu bündeln und ein breiteres Verständnis für komplexe Tech-Themen zu erlangen. Dies führt zu einer verbesserten Qualität der Berichterstattung und gibt den Lesern die Gewissheit, dass sie zuverlässige Informationen erhalten.

In einer Welt, in der Technologie einen immer größeren Stellenwert einnimmt, ist es verständlich, dass Ängste und Bedenken aufkommen. Doch sollten wir uns von diesen Ängsten nicht lähmen lassen. Vielmehr sollten wir die Chancen erkennen, die

Technologie und Künstliche Intelligenz bieten. Es liegt an uns allen, uns aktiv mit diesen Themen auseinanderzusetzen, uns fortzubilden und uns gegenseitig zu unterstützen. Hierfür eignen sich Seminare zu AI & Data Literacy, Generative AI und ChatGPT für Medienmacher und die Verifizierung von News.

Als die Instagram-Seite »galerie.arschgeweih« die News verbreitete, Prinz Harry habe in seinen Memoiren geschrieben, dass DJ Ötzis Musik ihn durch schwere Zeiten gebracht habe, wurde dies von etablierten österreichischen Medienmarken aufgegriffen. Allerdings war dies eine humoristische Textpassage, die sich als Fake News entpuppte. Umso relevanter ist es, dass Journalistinnen und Medienmacher in der Lage sind, Inhalte zu recherchieren, zu kontextualisieren und zu verifizieren, was ihnen keine Maschine komplett abnehmen kann. Hierzu braucht es gesunden Menschenverstand, Empathievermögen und ein Gespür für die Bedürfnisse des Zielpublikums.

Nur so können wir die Zukunft mitgestalten und sicherstellen, dass Technologie zu unserem Wohl und zum Wohl der Gesellschaft eingesetzt wird.

Dies ist ein Plädoyer für einen sorgfältigen und verantwortungsbewussten Umgang mit technologischen Themen. Es ist an der Zeit, dass Journalisten die Bedeutung dieser Themen erkennen und ihre Rolle als Informationsvermittler auch in diesem Bereich ernst nehmen. Nur durch genaue Recherche, korrekte Darstellung und die Zusammenarbeit mit Experten können wir den Lesern vertrauenswürdige und verständliche Inhalte bieten. Lasst uns gemeinsam die Chancen nutzen, die Technologie uns bietet, ohne dabei Ängste zu schüren! Die Zukunft liegt in unseren Händen – lasst sie uns mit Weitsicht und Verantwortung mithilfe von zukunftsweisendem Journalismus gestalten.

Weibliche Expertise in der Tech-Industrie sichtbar machen
Journalisten sollten sich bei ihrer Arbeit immer zwei wichtige Fragen stellen: Wen interviewen sie, und wie stellen sie die Interviewpartner im Artikel dar? Dabei spielen der Bildaufmacher und die Headline eine entscheidende Rolle.

Die Ringier EqualVoice Initiative[189] ist eine wegweisende Initiative, die Technologie nutzt, um den Anteil weiblicher Expertise in den Medien zu ermitteln und die Repräsentation von Frauen in den Medienmarken zu überprüfen, die sich an dieser bahnbrechenden Initiative beteiligen.

Besonders bei Experteninterviews, Artikeln mit Protagonisten oder in Fernseh-Talkshows ist es essenziell, auch auf weibliche Expertinnen zu achten und ihre Stimme gleichberechtigt in den Vordergrund zu stellen. Hier kann die Liste weiblicher Algorithmenexpertinnen der Bertelsmann-Stiftung eine wertvolle Quelle sein, um talentierte und kompetente Frauen in der Technologiebranche zu entdecken und einzubinden.

Darüber hinaus sollten Journalisten auch sensibel auf Hate Speech achten und Protagonisten unterstützen, indem sie die Kommentare unter ihren Artikeln moderieren. Diese Maßnahme hilft, eine respektvolle und unterstützende Diskussionskultur zu fördern und den Raum für konstruktiven Austausch zu bewahren.

Indem Journalisten diese Aspekte berücksichtigen und aktiv zu einer ausgewogenen und inklusiven Berichterstattung beitragen, können sie erreichen, dass verschiedene Stimmen und Perspektiven Gehör finden und unsere Gesellschaft vielfältiger und toleranter wird. Die Art und Weise, wie Informationen präsentiert werden, beeinflusst unsere Wahrnehmung und Meinungsbildung maßgeblich – und genau hier liegt die Verantwortung der Medien, die Vielfalt unserer Gesellschaft angemessen widerzuspiegeln.

Plädoyer | Wir brauchen FairTech – jetzt für alle!

In Afghanistan, der Heimat meiner Eltern, hat das Erzählen von Geschichten eine große Tradition. Mir wurde die Bedeutung von Worten und deren Einfluss auf die Gesellschaft frühzeitig bewusst. Geschichten haben die Kraft, Brücken zu bauen, Verständnis zu fördern und die Herzen der Menschen zu berühren.

Nun setze ich diese Tradition in Deutschland fort, um meiner neuen Heimat etwas zurückzugeben. Die Digitalisierung bietet uns die Möglichkeit, Geschichten auf ganz neue Art und Weise zu teilen und die Stimmen derjenigen zu Gehör zu bringen, die oft im Schatten stehen. Als Tochter politischer Aktivisten ist es meine Mission, durch meine Worte und Taten einen gesellschaftlichen Wandel hin zu mehr Gerechtigkeit zu bewirken.

Ich möchte nicht nur auf eine Sammlung von Datenpunkten schauen, sondern auf die Geschichten der Menschen, die inmitten der Veränderungen ihren Platz suchen. Ich möchte darauf aufmerksam machen, wie wichtig es ist, dass niemand auf der Strecke bleibt und dass Technologie für alle zugänglich ist.

Ich bin eine hoffnungsvolle Zukunftsoptimistin, auch wenn ich die gegenwärtigen Entwicklungen rund um Technologie und die Versäumnisse der Digitalisierung kritisch betrachte. Doch lasst uns nicht vergessen, dass es die Technologie ist, die uns hier vereint. Ohne sie wäre ich nicht in der Lage, diese Worte zu sprechen, und ohne sie hätte ich niemals meinen Weg zu gesellschaftlichem Aufstieg gefunden. Sie hat mir die Möglichkeit gegeben, Menschen zu erreichen und meine Mission für eine gerechtere Digitalisierung voranzutreiben.

Technologie schafft nicht nur Grenzen, sie überwindet sie auch. Sie eröffnet uns Zugang zu Wissen und bereichert unser Leben auf unvorstellbare Weise. Denn richtig eingesetzt kann Technologie viele Türen öffnen – seien es neue Perspektiven auf Themen oder ungeahnte Möglichkeiten für das eigene Leben.

Auch sollten wir nicht unterschätzen, welch mächtige Stimme das Internet und die sozialen Medien für unterrepräsentierte Gruppen sein können. Sie ermöglichen es ihnen, ihren Herzensanliegen Gehör zu verschaffen und auf gesellschaftliche Missstände aufmerksam zu machen, die in den traditionellen Medien oft zu schwach beleuchtet werden. Dank sozialer Medien kann auf Menschenrechtsverletzungen hingewiesen werden oder eine Berichterstattung ausgewogener ausfallen, da Berichte vor Ort eingeholt werden können. Digitale Plattformen bieten Raum für eine vielfältigere Berichterstattung und können so Desinformation entgegenwirken, während sie unsere Demokratie schützen.

Doch um wahre Unabhängigkeit zu gewährleisten, müssen wir eine dezidierte Infrastruktur für unsere Technologien schaffen. Digitale Souveränität ist der Weg, um unsere Sicherheit im digitalen Zeitalter zu bewahren. Die Wahrung unserer Privatsphäre, die Forderung nach gerechter Technologie und Transparenz von Daten sind keine utopischen Wünsche, sondern ernstzunehmende Forderungen. Nur durch Forderungen und Kompromisse können wir gemeinsam als Gesellschaft an einem Strang ziehen, wenn es um die Gestaltung eines zukunftsfähigen Deutschlands und Europas im digitalen Zeitalter geht.

Ich träume von einer Welt, in der Technologie nicht zur Kontrolle, Überwachung und Monetarisierung unserer Daten, sondern zur Verbesserung von Menschenleben, Zusammenarbeit und Meinungsaustausch verwendet wird. Wenn mich zukünftige Generationen fragen, was ich gemacht habe, als ich die Digitalisierung erlebte, möchte ich ihnen entgegnen können, dass ich meinen

Beitrag zu mehr FairTech geleistet habe. Zu einer zukunftsfähigen Welt, in der Technologie zu einer gerechteren Digitalisierung beiträgt, wo unterschiedliche Lebensrealitäten abgebildet sind und die Freiheit der Bürger verteidigt wird.

Lasst uns nicht nur von Zahlen, Statistiken und Code sprechen, sondern von den Geschichten und Schicksalen, die hinter ihnen stehen. Lasst uns die menschliche Seite der Technologie nicht aus den Augen verlieren und uns fragen, wie wir sie so gestalten können, dass sie wirklich allen Menschen zugutekommt. Wir müssen uns bewusst machen, dass Technologie nicht nur ein Mittel zum Zweck ist, sondern einen tiefgreifenden Einfluss auf das Leben jedes Einzelnen haben kann.

Die Digitalisierung bietet uns großartige Chancen, aber sie bringt auch Herausforderungen mit sich. Es liegt in unserer Verantwortung, sicherzustellen, dass niemand auf der Strecke bleibt und dass wir eine Technologie entwickeln, die gerecht, inklusiv und nachhaltig ist. Es ist an der Zeit, nicht nur nach Profit und Effizienz zu streben, sondern auch nach einem positiven Wandel in Wirtschaft, Politik und Gesellschaft.

Lasst uns gemeinsam den Blick weiten und uns fragen, wie wir Technologie nutzen können, um das Leben der Menschen zu bereichern, ihre Zukunft zu sichern und unsere Gesellschaft zu stärken. Ich glaube fest daran, dass wir gemeinsam eine digitale Zukunft gestalten können, die nicht nur von Technologie, sondern vor allem von Menschlichkeit geprägt ist.

Lasst uns gemeinsam für ein gerechteres Deutschland, eine gerechtere Gesellschaft und eine gerechtere Zukunft kämpfen. Eine Zukunft, in der FairTech nicht nur ein Schlagwort ist, sondern ein Wegweiser zu einer digitalen Welt, die dem Gemeinwohl dient.

Danksagung

Mein Name und mein Gesicht finden sich auf dem Cover dieses Buches. Allerdings stecken eine Vielzahl von Menschen hinter FairTech, die mein Herzensanliegen ebenfalls verfolgen. Jede dieser Personen hat mit ihrer Unterstützung zu einer gerechteren Gesellschaft beigetragen. Ihr wisst, wer ihr seid, und ich danke euch von Herzen. Meine Dankbarkeit lässt sich nicht in Worten ausdrücken.

KI ist nun dank ChatGPT in allen Köpfen verankert, aber damit gehen auch Fragen nach Verantwortung, Freiheit und Ethik einher. Ein einstiges Nischenthema hat es in das kollektive Bewusstsein der Bürger, Unternehmen, Medien und Politik geschafft. Wir können die Digitalisierung nicht mehr ignorieren und brauchen Antworten auf unsere Fragen, die ich euch mit FairTech liefere.

Dass ich mein erstes Buch trotz eines straffen Zeitplans realisieren konnte, verdanke ich:

Meiner Agentin Michaela Röll, die von Anfang an an mich geglaubt hat. In diesem Zusammenhang möchte ich mich bei Kenza Ait Si Abbou herzlichst bedanken, die uns zusammengebracht hat.

Meinen Lektorinnen Susanne Haffner, Angela Küpper und Cindy Witt, die dafür gesorgt haben, dass aus dem Rohmaterial ein Feinschliff wurde, da euch klar war, wie wichtig es ist, nicht nur den Verstand, sondern auch das Herz zu berühren.

Meinen Interviewpartnerinnen und -partnern für ihre spannenden Impulse: Kenza Ait Si Abbou, Annahita Esmailzadeh, Magdalena Rogl, Philipp Westermeyer, Sebastian Dettmers, Wolfgang Gründinger, Tina Müller und Sandra Zemke.

Den Mitarbeitenden von Bastei Lübbe, die mich tatkräftig hinter den Kulissen unterstützt haben, insbesondere Ragna Sieckmann, Sonja Stockder, Barbara Fischer, Sabine Niemeier und Dominique Pleimling.

Julia Steinigeweg für das grandiose Foto und Massimo Peter-Bille für die tolle Gestaltung des Covers.

Für mich ist es immer noch unglaublich, als Tochter von Geflüchteten im Land der Literatur, Poesie und Philosophie ein Buch zu schreiben. Ich bin einen sehr weiten Weg gegangen, und dieses Privileg habe ich auch dem Mut meiner Eltern zu verdanken, die vor dem Bürgerkrieg aus Afghanistan flohen und wirklich alles aufgaben, um mir ein Leben in Frieden zu ermöglichen. Dank ihnen konnte ich meinen deutschen Traum verfolgen: Selbstverwirklichung, Freiheit und Gerechtigkeit.

Auch danke ich …

… der Liebe meines Lebens Imran, der mich ständig mit selbst gekochtem Essen und emotionalem Support versorgt, damit ich früh morgens, nachts und an meinen Wochenenden die Zeit zum Schreiben finden konnte. Du bist mein Janu.

… meiner Familie, insbesondere Laila, Yama und Diva. Ich liebe euch so sehr und danke euch für alles, was ihr für mich getan habt und tut.

… the rest of my family spread all over the world who I did not forget and hopefully I can provide you with an English translation at some point of time.

… meinen Unterstützern und Freunden, insbesondere Kristina Faßler, Anastasia Barner und Martha Dudzinski.

Ohne all diese Menschen in meinem Leben hätte es FairTech nicht gegeben.

Berlin, im Juli 2023
Mina Saidze

Anmerkungen

1 Kranzberg, Melvin: »Technology and history: Kranzberg's laws.« Technology and culture 27.3 (1986): 544–560.
2 Post, Robert C.: Urban mass transit: the life story of a technology. Greenwood Publishing Group, 2007.
3 Tim Cook's MIT Commencement Address 2017, Massachusetts Institute of Technology, Link: https://news.mit.edu/2017/commencement-day-0609 [zuletzt abgerufen am 25.07.2023]
4 David Hamilton, The »godfather of AI« says he's scared tech will get smarter than humans: »How do we survive that?«, Fortune, 04.05.2023, Link: https://fortune.com/2023/05/04/geoffrey-hinton-godfather-ai-tech-will-get-smarter-than-humans-chatgpt/#:~:text=The%20roughly%2086%20billion%20neurons,Hinton%20said%20in%20the%20interview. [zuletzt abgerufen am 25.06.2023]
5 Britney Nguyen, AI »prompt engineer« jobs can pay up to $375,000 a year and don't always require a background in tech, Business Insider, 01.05.2023, Link: https://www.businessinsider.com/ai-prompt-engineer-jobs-pay-salary-requirements-no-tech-background-2023-3 [zuletzt abgerufen am 25.06.2023]
6 Ethan Mollick, Twitter, 20.02.2023, Link: https://twitter.com/emollick/status/1627804798224580608?s=20 [zuletzt abgerufen am 25.06.2023]
7 Stefan Sauer und Harald Schultz: ifo Institut, Fachkräftemangel steigt auf Allzeithoch, 02.08.2022, Link: https://www.ifo.de/pressemitteilung/2022-08-02/fachkraeftemangel-steigt-auf-allzeithoch [zuletzt abgerufen am 25.06.2023]
8 Rainer Strack, Miguel Carrasco, Philipp Kolo: Boston Consulting Group, The Future of Jobs in the Era of AI, 18.03.2021, Link: https://www.bcg.com/publications/2021/impact-of-new-technologies-on-jobs [zuletzt abgerufen am 25.06.2023]
9 Markus Reiners: E-Voting in Estland: Vorbild für Deutschland?, Bundeszentrale für politische Bildung – APuZ, 13.09.2017, Link: https://www.bpb.de/shop/zeitschriften/apuz/255967/e-voting-in-estland-vorbild-fuer-deutschland/ [zuletzt abgerufen am 02.07.2023]
10 Brian Fung: How the CEO behind ChatGPT won over Congress, CNN, 17.05.2023, Link: https://edition.cnn.com/2023/05/17/tech/sam-altman-congress/index.html [zuletzt abgerufen am 25.06.2023]
11 UNESCO supports G7 leaders calling for »AI guardrails«, UNESCO, 22.05.2023, Link: https://www.unesco.org/en/articles/unesco-supports-g7-leaders-calling-ai-guardrails? [zuletzt abgerufen am 25.07.2023]
12 Kantor Komaya: G7 officials to hold first meeting on AI regulation next week, Reuters, 26.05.2023, Link: https://www.reuters.com/world/g7-officials-hold-first-meeting-ai-regulation-next-week-2023-05-26/ [zuletzt abgerufen am 25.06.2023]
13 Institute for Economics & Peace: The Ukraine Russia Crisis: Terrorism Briefing, Sydney, März 2022. Link: https://www.visionofhumanity.org/wp-content/

uploads/2022/03/Ukraine-Russia-Crisis-Terrorism-Briefing-1.pdf [zuletzt abgerufen am 25.06.2023]

14 Viktoria Grzymek und Michael Puntschuh: Was Europa über Algorithmen weiß und denkt, Bertelsmann Stiftung, September 2018, Link: https://www. bertelsmann-stiftung.de/fileadmin/files/BSt/Publikationen/GrauePublikationen/ WasEuropaUEberAlgorithmenWeissUndDenkt.pdf [zuletzt abgerufen am 25.06.2023]

15 Lisa Mayerhofer: ChatGPT: KI könnte Millionen Jobs vernichten, Merkur, 23.06.2023, Link: https://www.merkur.de/wirtschaft/chatgpt-ki-jobs-vernichten-betroffene-berufe-automatisierung-kuenstliche-intelligenz-zr-92216673.html [zuletzt abgerufen am 02.07.2023]

16 Christoph Dernbach: ChatGPT & Co.: Welche Jobs durch KI bedroht sind, 04.04.2023, Link: https://www.zdf.de/nachrichten/wirtschaft/kuenstliche-intelli-genz-ki-arbeitsplaetze-chatgbt-100.html [zuletzt abgerufen am 02.07.2023]

17 Jochen Steiner und Leila Boucheligua: Nimmt Künstliche Intelligenz uns die Arbeitsplätze weg?, 24.04.2023, Link: https://www.swr.de/wissen/weniger-jobs-durch-ki-100.html [zuletzt abgerufen am 02.07.2023]

18 Forrester Consulting: Building Data Literacy: The Key To Better Decisions, Productivity And Data-Driven Organizations, März 2023, Link: https://www. tableau.com/sites/default/files/2022-03/Forrester_Building_Data_Literacy_ Tableau_Mar2022.pdf [zuletzt abgerufen am 02.07.2023]

19 Bundesministerium für Wirtschaft und Klimaschutz: Automobilindustrie, Link: https://www.bmwk.de/Redaktion/DE/Textsammlungen/Branchenfokus/Indus-trie/branchenfokus-automobilindustrie.html#:~:text=Die%20Automobilindus-trie%20ist%20die%20größte,beschäftigten%20direkt%20knapp%20786.000%20 Personen. [zuletzt abgerufen am 07.06.2023]

20 Anne Sophie Feil: Erobert China den europäischen E-Auto-Markt?, ZDF, 19.05.2023, Link: https://www.zdf.de/nachrichten/wirtschaft/china-elektro-auto-markt-europa-100.html. [zuletzt abgerufen am 07.06.2023]

21 Christopher Robinson: The Economics of Robotaxis, Lux Research, 31.08.2021, Link: https://www.luxresearchinc.com/resources/chemicals/the-economics-of-robotaxis/ [zuletzt abgerufen am 07.07.2023]

22 Michelle Bertoncello und Dominik Wee: Ten ways autonomous driving could re-define the automotive world, McKinsey, 01.06.2015, Link: https://www.mckinsey. com/industries/automotive-and-assembly/our-insights/ten-ways-autonomous-driving-could-redefine-the-automotive-world [zuletzt abgerufen am 07.07.2023]

23 Kathrin Werner: Frau stirbt bei Unfall mit autonomem Auto von Uber, Süddeut-sche Zeitung, 19.03.2018, Link: https://www.sueddeutsche.de/wirtschaft/kuenst-liche-intelligenz-frau-stirbt-bei-unfall-mit-autonomen-auto-von-uber-1.3913385 [zuletzt abgerufen am 07.07.2023]

24 Lena Jesberg, Sönke Iwersen und Michael Verfürden: Das sind die Handels-blatt-Recherchen zu den Tesla-Files, Handelsblatt, 25.05.2023, Link: https:// www.handelsblatt.com/unternehmen/industrie/digitales-dossier-das-sind-die-

handelsblatt-recherchen-zu-den-tesla-files/29170110.html [zuletzt abgerufen am 07.07.2023]

25 Tommy Christopher: »Wow!› CNN This Morning Crew Guffaws At Apple Co-Founder's Dragging of Elon Musk During Interview, Mediaite, 02.05.2023, Link: https://www.mediaite.com/news/wow-cnn-this-morning-crew-guffaws-at-apple-co-founders-dragging-of-elon-musk-during-interview/ [zuletzt abgerufen am 07.07.2023]

26 Das deutsche Taxigewerbe heute, Taxi Deutschland Servicegesellschaft, Link: http://blog.taxi-deutschland.net/wissenswertes/das-deutsche-taxigewerbe-heute/#:~:text=Zahlen%2520und%2520Fakten%2520zum%2520Taxigewer-be,%252DBenz%252C%2520Toyota%2520und%2520Volkswagen [zuletzt abgerufen am 07.07.2023]

27 Will Robots Take My Job?, 2021, Link: https://willrobotstakemyjob.com/taxi-drivers#google_vignette [zuletzt abgerufen am 07.07.2023]

28 Katharina Dengler und Britta Matthes: Folgen des technologischen Wandels für den Arbeitsmarkt: Auch komplexere Tätigkeiten könnten zunehmend automatisiert werden, Institut für Arbeitsmarkt- und Berufsforschung, 13.07.2021, Link: https://doku.iab.de/kurzber/2021/kb2021-13.pdf [zuletzt abgerufen am 07.07.2023]

29 Juliana Pfeiffer: Digitaler Zwilling: Was kann der digitale Zwilling?, Konstruktionspraxis, 18.01.2019, Link: https://www.konstruktionspraxis.vogel.de/was-kann-der-digitale-zwilling-a-702256/ [zuletzt abgerufen am 07.07.2023]

30 Olivia Snow: »Magic Avatar« App Lensa Generated Nudes From My Childhood Photos, Wired, 07.12.2022, Link: https://www.wired.com/story/lensa-artificial-intelligence-csem/ [zuletzt abgerufen am 07.07.2023]

31 Kyle Wiggers: AI content platform Jasper raises $125M at a $1.5B valuation, TechCrunch, 18.10.2022, Link: https://techcrunch.com/2022/10/18/ai-content-platform-jasper-raises-125m-at-a-1-7b-valuation/ [zuletzt abgerufen am 08.07.2023]

32 Retresco, Link: https://www.retresco.com [zuletzt abgerufen am 08.07.2023]

33 June Javelosa: An AI Written Novel Has Passed Literary Prize Screening, Futurism, 24.03.2016, Link: https://futurism.com/this-ai-wrote-a-novel-and-the-work-passed-the-first-round-of-a-national-literary-award [zuletzt abgerufen am 08.07.2023]

34 Peony Hirwani: Chinese Nobel laureate Mo Yan shocks audience after revealing he used ChatGPT to write speech, Independent, 19.05.2023, Link: https://www.independent.co.uk/arts-entertainment/books/news/mo-yan-china-chatgpt-writing-b2341899.html [zuletzt abgerufen am 08.07.2023]

35 Volker Wittpohl, Regina Buhr, Peggy Kelterborn: Rahmen- und Arbeitsbedingungen für Frauen in der Internetwirtschaft, Institut für Innovation und Technik, März 2020, Link: https://www.iit-berlin.de/publikation/rahmen-und-arbeitsbedingungen-fuer-frauen-in-der-internetwirtschaft/ [zuletzt abgerufen am 25.07.2023]

36 Sven Blumberg, Melanie Krawina, Elina Mäkelä, Henning Soller: Women in tech: The best bet to solve Europe's talent shortage, McKinsey, 24.01.2023, Link: https://www.mckinsey.com/capabilities/mckinsey-digital/our-insights/women-in-tech-the-best-bet-to-solve-europes-talent-shortage [zuletzt abgerufen am 09.07.2023]

37 Era Dabla-Norris, Kalpana Kochhar: Women, Technology, and the Future of Work, International Monetary Fund, 16.11.2018, Link: https://www.imf.org/en/Blogs/Articles/2018/11/16/blog-Women-Technology-the-Future-of-Work [zuletzt abgerufen am 09.07.2023]

38 Sylvain Duranton, Jörg Erlebach, Camille Brégé, Jane Danziger, Andrea Gallego, Marc Pauly: What's Keeping Women Out of Data Science?, Boston Consulting Group, 06.03.2020, Link: https://www.bcg.com/publications/2020/what-keeps-women-out-data-science [zuletzt abgerufen am 09.07.2023]

39 Bonnie Gardiner, 1984 was the year everything changed for women in IT: Lynwen Connick, CIO, 18.03.2016, Link: https://www.cio.com/article/201879/1984-was-the-year-everything-changed-for-women-in-it-lynwen-connick.html [zuletzt abgerufen am 09.07.2023]

40 Fisher, Allan, Jane Margolis, Faye Miller: »Undergraduate women in computer science: experience, motivation and culture.« ACM SIGCSE Bulletin 29.1 (1997): 106–110.

41 Weibliche Tech-Talentlücke: Nur 22 % aller europäischen Tech-Jobs von Frauen besetzt, McKinsey, 24.01.2023, Link: https://www.mckinsey.de/news/presse/europa-mit-grosser-talentluecke-bei-frauen-in-tech-jobs-technologieberufe-mint [zuletzt abgerufen am 09.07.2023]

42 Delaney Burns, Tara Grabowsky, Emma Kemble, Lucy Pérez: Closing the data gaps in women's health, McKinsey, 03.04.2023, Link: https://www.mckinsey.com/industries/life-sciences/our-insights/closing-the-data-gaps-in-womens-health [zuletzt abgerufen am 09.07.2023]

43 Corona-Pandemie treibt Schulden in Rekordhöhe, ZDF, 28.07.2022, Link: https://www.zdf.de/nachrichten/politik/corona-schulden-rekord-100.html [zuletzt abgerufen am 09.07.2023]

44 Brittany Barreto, Jessica Karr: Femtech, Officially Not Niche By $1T, Crunchbase, 01.09.2021, Link: https://about.crunchbase.com/blog/femtech-officially-not-niche-by-1t/ [zuletzt abgerufen am 09.07.2023]

45 Stoet, Gijsbert, David C. Geary: »The gender-equality paradox in science, technology, engineering, and mathematics education.« Psychological science 29.4 (2018): 581–593.

46 Mirijam Trunk: Dinge, die ich am Anfang meiner Karriere gerne gewusst hätte: Warum im Berufsleben nicht alle die gleichen Chancen haben – und wie wir uns trotzdem durchsetzen, Penguin 2023.

47 Issie Lapowsky, Google Autocomplete Still Makes Vile Suggestions, Wired, 12.02.2018, Link: https://www.wired.com/story/google-autocomplete-vile-suggestions/ [zuletzt abgerufen am 09.07.2022]

48 Matthias Sander: Ein Chinese klagt erfolgreich gegen Gesichtserkennung, Neue Züricher Zeitung, 16.06.2022, Link: https://www.nzz.ch/technologie/ein-chinese-klagt-erfolgreich-gegen-gesichtserkennung-ld.1688715 [zuletzt abgerufen am 09.07.2023]

49 Martin Beraja, Andrew Kao, David Y. Yang, Noam Yuchtman: Exporting the Surveillance State via Trade in AI, 24.12.2022, Link: https://www.brookings.edu/wp-content/uploads/2023/01/Exporting-the-surveillance-state-via-trade-in-AI_FINAL-1.pdf [zuletzt abgerufen am 09.07.2023]

50 Veronika Völliger, Rita Lauter: Racial Profiling: Die üblichen Methoden der Gefahrenabwehr, Zeit Online, 02.01.2017, Link: https://www.zeit.de/gesellschaft/zeitgeschehen/2017-01/racial-profiling-koeln-silvester-polizei-polizeieinsatz/seite-2 [zuletzt abgerufen am 09.07.2023]

51 Sacha Baron Cohen's Keynote Address at ADL's 2019, Never Is Now Summit on Anti-Semitism and Hate, Anti-Defamation League, 21.11.2019, Link: https://www.adl.org/resources/news/sacha-baron-cohens-keynote-address-adls-2019-never-now-summit-anti-semitism-and-hate [zuletzt abgerufen am 09.07.2023]

52 Billy Perrigo: OpenAI Used Kenyan Workers on Less Than $2 Per Hour to Make ChatGPT Less Toxic, Time, 18.01.2023, Link: https://time.com/6247678/openai-chatgpt-kenya-workers/ [zuletzt abgerufen am 09.07.2023]

53 Roberta Barone: AI Ethics at StepStone, Medium, 05.09.2022, Link: https://medium.com/stepstone-tech/ai-ethics-at-stepstone-2bc6b64b7bb3?source=collection_category---4------2----------------------- [zuletzt abgerufen am 09.07.2023]

54 Meta Transparent Reports, Link: https://transparency.fb.com/data/ [zuletzt abgerufen am 09.07.2023]

55 Antidiskriminierungsstelle des Bundes, Umfrageergebnisse zu rassistischer Diskriminierung auf dem Wohnungsmarkt, Februar 2020, Link: https://www.antidiskriminierungsstelle.de/DE/ueber-diskriminierung/lebensbereiche/alltags-geschaefte/wohnungsmarkt/wohnungsmarkt-node.html [zuletzt abgerufen am 09.07.2023]

56 EqualVoice, Link: https://www.equalvoice.ch/en/ [zuletzt abgerufen am 09.07.2023]

57 Clare McGrane, Is AI evil? No, and that question distracts us from the real concerns, says AI2's Oren Etzioni, GeekWire, 21.11.2016, Link: https://www.geekwire.com/2016/ai-evil-no-question-distracts-us-real-concerns-says-ai2s-oren-etzioni/ [zuletzt abgerufen am 09.07.2023]

58 Weichselbaumer, Doris: »Discrimination against female migrants wearing headscarves.« (2016).

59 Kerri Anne Renzulli: 75 % of resumes never get read by a human—here's how to make sure yours does, CNBC, 28.02.2019, Link: https://finance.yahoo.com/news/75-resumes-never-read-human-174855340.html [zuletzt abgerufen am 10.07.2023]

60 David Windley: Is AI The Answer To Recruiting Effectiveness?, Forbes, 16.06.2021, Link: https://www.forbes.com/sites/forbeshumanresourcescouncil/2021/06/16/is-ai-the-answer-to-recruiting-effectiveness/?sh=6154d54a2d7c [zuletzt abgerufen am 10.07.2023]

61 Jeffrey Dastin: Amazon scraps secret AI recruiting tool that showed bias against women, Reuters, 11.10.2018, Link: https://www.reuters.com/article/us-amazon-com-jobs-automation-insight-idUSKCN1MK08G [zuletzt abgerufen am 10.07.2023]

62 Jason Del Rey: A leaked Amazon memo may help explain why the tech giant is pushing out so many recruiters, Vox, 23.11.2022, Link: https://www.vox.com/recode/2022/11/23/23475697/amazon-layoffs-buyouts-recruiters-ai-hiring-software [zuletzt abgerufen am 10.07.2023]

63 Kaplan, Levi, et al.: »Measurement and analysis of implied identity in ad delivery optimization.« Proceedings of the 22nd ACM Internet Measurement Conference. 2022.

64 ZipRecruiter Now Tells Job Seekers How Strong a Match They Are for Every Job, 19.03.2021, Link: https://www.ziprecruiter.com/blog/ziprecruiter-tells-you-how-strong-a-match-you-are-for-every-job/ [zuletzt abgerufen am 10.07.2023]

65 Thomas Hutter, 29.10.2021, Facebook: Neue Einschränkungen für Immobilien-, Job- und Kredit-Anzeigen zur Verhinderung von Diskriminierung, Link: https://www.thomashutter.com/facebook-neue-einschraenkungen-fuer-immobilien-job-und-kredit-anzeigen-zur-verhinderung-von-diskriminierung/ [zuletzt abgerufen am 10.07.2023]

66 Eleanor Drage, Kerry Mackereth: »Does AI Debias Recruitment? Race, Gender, and AI's »Eradication of Difference«.« Philosophy & technology 35.4 (2022): 89.

67 Steve Lohr, A Hiring Law Blazes a Path for A.I. Regulation, The New York Times, 25.05.2023, Link: https://www.nytimes.com/2023/05/25/technology/ai-hiring-law-new-york.html#:~:text=The%20city%27s%20law%20requires%20companies,is%20being%20collected%20and%20analyzed [zuletzt abgerufen am 10.07.2023]

68 Caspar Busse: Bundeskartellamt rügt Lufthansa, Süddeutsche Zeitung, 28.12.2017, Link: https://www.sueddeutsche.de/wirtschaft/nach-air-berlin-pleite-bundeskartellamt-ruegt-lufthansa-1.3806188 [zuletzt abgerufen am 10.07.2023]

69 Genderbias in Stellenanzeigen aufdecken, StepStone, 29.10.2021, Link: https://www.stepstone.de/e-recruiting/genderbias/ [zuletzt abgerufen am 10.07.2023]

70 Grace, Katja, et al.: »When will AI exceed human performance? Evidence from AI experts.« Journal of Artificial Intelligence Research 62 (2018): 729–754.

71 AI Act: a step closer to the first rules on Artificial Intelligence, European Parliament, 11.05.2023, Link: https://www.europarl.europa.eu/news/en/press-room/20230505IPR84904/ai-act-a-step-closer-to-the-first-rules-on-artificial-intelligence [zuletzt abgerufen am 15.07.2023]

72 Vorschlag für eine Verordnung des Europäischen Parlaments und des Rates zur Festlegung harmonisierter Vorschriften für Künstliche Intelligenz (Gesetz

über Künstliche Intelligenz) und zur Änderung bestimmter Rechtsakte der Union, EUR-Lex, 21.04.2021, Link: https://eur-lex.europa.eu/legal-content/DE/TXT/?uri=CELEX%3A52021PC0206 [zuletzt abgerufen am 15.07.2023]

73 »Social Scoring« bezeichnet ein System, das das Verhalten von Menschen bewertet und ihnen Punkte zuweist, basierend auf Kriterien wie sozialen Interaktionen, finanzieller Stabilität oder politischer Ausrichtung, um soziale Ranglisten zu erstellen oder Vergünstigungen zu gewähren. In einigen Ländern wie China wird es eingesetzt, um die Aktivitäten der Bürger zu überwachen und zu bewerten.

74 Predictive Maintenance ist eine Technologie, die mithilfe von Künstlicher Intelligenz und Datenanalyse den Zustand von Maschinen überwacht, um potenzielle Probleme frühzeitig vorherzusagen und Wartungsmaßnahmen rechtzeitig einzuleiten, um Ausfallzeiten zu minimieren.

75 Ein General Purpose AI-System ist eine vielseitige Künstliche Intelligenz, die in der Lage ist, eine breite Palette von Aufgaben und Problemen zu bewältigen, ohne auf einen spezifischen Anwendungsbereich beschränkt zu sein. GPT-4, ein Sprachmodell von OpenAI, ist ein aktuelles Beispiel für eine General Purpose AI, die fähig ist, vielfältige Aufgaben wie Textgenerierung, Übersetzungen, Fragebeantwortung und Programmierung zu bewältigen.

76 European Parliament Adopts Its Negotiating Position on the EU AI Act, Gibson Dunn, 21.06.2023, Link: https://www.gibsondunn.com/european-parliament-adopts-its-negotiating-position-on-the-eu-ai-act/ [zuletzt abgerufen am 15.07.2023]

77 Studie zu KI-Regulierung: EU-Regeln stellen Unternehmen vor große Hürden / Digitalministerin Gerlach: Innovation nicht durch Überregulierung ausbremsen, Bayerisches Staatsministerium für Digitales, 28.03.2023, Link: https://www.stmd.bayern.de/studie-zu-ki-regulierung-eu-regeln-stellen-unternehmen-vor-grosse-huerden-digitalministerin-gerlach-innovation-nicht-durch-ueberregulierung-ausbremsen/ [zuletzt abgerufen am 15.07.2023]

78 Andreas Liebl, Till Klein: AI Act: Risk Classification of AI Systems from a Practical Perspective, applied AI Initiative, März 2023, Link: https://www.appliedai.de/en/hub-en/ai-act-risk-classification-of-ai-systems-from-a-practical-perspective [zuletzt abgerufen am 14.07.2023]

79 Studie zu KI-Regulierung: EU-Regeln stellen Unternehmen vor große Hürden / Digitalministerin Gerlach: Innovation nicht durch Überregulierung ausbremsen, Bayerisches Staatsministerium für Digitales, 28.03.2023, Link: https://www.stmd.bayern.de/studie-zu-ki-regulierung-eu-regeln-stellen-unternehmen-vor-grosse-huerden-digitalministerin-gerlach-innovation-nicht-durch-ueberregulierung-ausbremsen/ [zuletzt abgerufen am 15.07.2023]

80 Bank, M., et al.: »Die Lobbymacht Von Big Tech: Wie Google & Co die EU beeinflussen.« Köln und Brüssel: Corporate Europe Observatory und LobbyControl e. V (2021).

81 Clothilde Goujard, Big Tech accused of shady lobbying in EU Parliament, Politico, 14.10.2022, Link: https://www.politico.eu/article/big-tech-companies-face-potential-eu-lobbying-ban/ [zuletzt abgerufen am 14.07.2023]

82 Natasha Lomas, EU lawmakers launch tips hotline to catch Big Tech's »shady« lobbying, TechCrunch, 02.02.2023, Link: https://techcrunch.com/2023/02/02/lobbyleaks/ [zuletzt abgerufen am 14.07.2023]

83 Natasha Lomas, Report details how Big Tech is leaning on EU not to regulate general purpose AIs, TechCrunch, 23.02.2023, Link: https://techcrunch.com/2023/02/23/eu-ai-act-lobbying-report/ [zuletzt abgerufen am 14.07.2023]

84 AlgorithmWatch fordert Regulierung von »General Purpose AI« in der KI-Verordnung der EU, 13.04.2023, Link: https://algorithmwatch.org/de/regulierung-general-purpose-ai-ki-verordnung/ [zuletzt abgerufen am 14.07.2023]

85 Matthias Sander: Chinas neue Ethikprinzipien für künstliche Intelligenz klingen oft zu schön, um wahr zu sein, Neue Züricher Zeitung, 12.10.2021, Link: https://www.nzz.ch/pro-global/asien/chinas-neue-ethik-prinzipien-fuer-kuenstliche-intelligenz-klingen-oft-zu-schoen-um-wahr-zu-sein-ld.1649953?reduced=true [zuletzt abgerufen am 14.07.2023]

86 Katrina Manson: US has already lost AI fight to China, says ex-Pentagon software chief, Financial Times, 10.10.2021, Link: https://www.ft.com/content/f939db9a-40af-4bd1-b67d-10492535f8e0 [zuletzt abgerufen am 14.07.2023]

87 Telefónica hinkt Vodafone und Telekom hinterher, Der Spiegel, 05.06.2022, Link: https://www.spiegel.de/netzwelt/netzpolitik/mobilfunk-telefonica-hinkt-beim-netzausbau-hinterher-a-41817a58-6b6c-4a66-a07b-4bf0d4e6daa2 [zuletzt abgerufen am 14.07.2023]

88 Funkloch Deutschland: Betreiber hinken beim Netzausbau hinterher, Chip, 24.11.2022, Link: https://www.chip.de/news/Betreiber-hinken-hinterher-Weiterhin-viele-Funkloecher-in-Deutschland_184539966.html [zuletzt abgerufen am 14.07.2023]

89 Mobilfunk-Firmen erfüllen zentrale Handynetz-Ausbaupflicht, Frankfurter Rundschau, 19.12.2022, Link: https://www.fr.de/panorama/mobilfunk-firmen-erfuellen-zentrale-handynetz-ausbaupflicht-zr-91983838.html [zuletzt abgerufen am 14.07.2023]

90 Gigabitstrategie der Bundesregierung, Bundesministerium für Digitales und Verkehr, 13.07.2022, Link: https://bmdv.bund.de/SharedDocs/DE/Anlage/K/gigabitstrategie.pdf?__blob=publicationFile [zuletzt abgerufen am 14.07.2023]

91 David Abecassis, Michael Kende, Shahan Osman, Ryan Spence, Natalie Choi: The Impact of Tech Companies' Network Investment on the Economics of Broadband ISPs, Analysys Mason, Oktober 2022, Link: https://www.analysys-mason.com/contentassets/b891ca583e084468baa0b829ced38799/main-report---infra-investment-2022.pdf [zuletzt abgerufen am 14.07.2023]

92 Lionel Sujay Vailshery: Vendor market share in cloud infrastructure services market worldwide 2017-2022, Feb 27, 2023, Link: https://www.statista.com/statistics/967365/worldwide-cloud-infrastructure-services-market-share-vendor/ [zuletzt abgerufen am 14.07.2023]

93 Stefan Krempl, Bundeswirtschaftsminister: Gaia-X als weltweiter Goldstandard für Cloud-Dienste, Heise, 04.06.2023, Link: https://www.heise.de/news/Bundeswirtschaftsminister-Gaia-X-als-weltweiter-Goldstandard-fuer-Cloud-Dienste-4774826.html [zuletzt abgerufen am 14.07.2023]

94 Ein »Hyperscaler« ist ein Unternehmen, das eine immense und hochskalierbare Infrastruktur besitzt, um riesige Mengen an Daten und Benutzeranfragen zu bewältigen. Oft sind mit dem Begriff »Hyperscaler« Cloud-Anbieter wie Amazon Web Services (AWS), Microsoft Azure und Google Cloud gemeint, die über immense Rechenkapazitäten verfügen, um eine breite Palette von Diensten und Ressourcen in großem Umfang bereitzustellen und zu skalieren.

95 Mario Brandenburg, Altmaiers Super-Cloud Gaia X: Am Anfang war das Chaos, Focus, 17.01.2020, Link: https://www.focus.de/digital/dldaily/gastbeitrag-von-fdp-politiker-brandenburg-altmaiers-super-cloud-gaia-x-am-anfang-war-das-chaos_id_11289372.html [zuletzt abgerufen am 14.07.2023]

96 Julien Simon: Large Language Models: A New Moore's Law?, Hugging Face, 26.10.2021, Link: https://huggingface.co/blog/large-language-models [zuletzt abgerufen am 14.07.2023]

97 Steven Gonzalez Monserrate: The Cloud Is Material: On the Environmental Impacts of Computation and Data Storage, MIT Schwarzman College of Computing, 27.01.2022, Link: https://mit-serc.pubpub.org/pub/the-cloud-is-material/release/1 [zuletzt abgerufen am 14.07.2023]

98 Steven Gonzalez Monserrate: The Staggering Ecological Impacts of Computation and the Cloud, The MIT Press Reader, 14.02.2022, Link: https://thereader.mitpress.mit.edu/the-staggering-ecological-impacts-of-computation-and-the-cloud/ [zuletzt abgerufen am 14.07.2023]

99 LEAM – Large European AI Models, Link: https://leam.ai [zuletzt abgerufen am 14.07.2023]

100 UK to invest £900m in supercomputer in bid to build own »BritGPT«, The Guardian, Link: https://www.theguardian.com/technology/2023/mar/15/uk-to-invest-900m-in-supercomputer-in-bid-to-build-own-britgpt [zuletzt abgerufen am 14.07.2023]

101 Stark-Watzinger/Busse: Der Digitalpakt erreicht immer mehr Schulen, Bundesministerium für Bildung und Forschung, 17.03.2023, Link: https://www.bmbf.de/bmbf/shareddocs/pressemitteilungen/de/2023/03/15032023-Digitalpakt.html [zuletzt abgerufen am 14.07.2023]

102 Jede zweite Schule stellt kein WLAN für Schüler bereit, FAZ, 01.06.2021, Link: https://www.faz.net/aktuell/karriere-hochschule/klassenzimmer/studie-jede-zweite-schule-stellt-kein-wlan-fuer-schueler-bereit-17368726.html [zuletzt abgerufen am 14.07.2023]

103 Sarah Perez, Google exec suggests Instagram and TikTok are eating into Google's core products, Search and Maps, TechCrunch, 12.07.2022, Link: https://techcrunch.com/2022/07/12/google-exec-suggests-instagram-and-tiktok-are-eating-into-googles-core-products-search-and-maps/ [zuletzt abgerufen am 14.07.2023]

104 Eickelmann, Birgit, et al., eds. ICILS 2018# Deutschland: Computer- und informationsbezogene Kompetenzen von Schülerinnen und Schülern im zweiten internationalen Vergleich und Kompetenzen im Bereich Computational Thinking. Waxmann Verlag, 2019.

105 Kommission veröffentlicht Leitlinien, um die ethische Nutzung von Künstlicher Intelligenz zu fördern und Fehleinschätzungen entgegenzuwirken, Europäische Kommission, 25.10.2022, Link: https://ec.europa.eu/commission/presscorner/detail/de/ip_22_6338 [zuletzt abgerufen am 14.07.2023]

106 15 Jahre »Arm, aber sexy«-Spruch: Und heute? Reich, aber öde!, die tageszeitung, 10.11.2018, Link: https://taz.de/15-Jahre-Arm-aber-sexy-Spruch/!5546816/ [zuletzt abgerufen am 16.07.2023]

107 Lisa Ksienrzyk: »Wie in einer Kommune« – So überwintert die deutsche Start-up-Szene in Kapstadt, Gründerszene, 19.02.2023, Link: https://www.businessinsider.de/gruenderszene/perspektive/kapstast-kommune-deutsche-start-up-szene-a/ [zuletzt abgerufen am 16.07.2023]

108 The Global Start-up Ecosystem Report, 2022, Link: https://start-upgenome.com/report/gser2022 [zuletzt abgerufen am 16.07.2023]

109 Rainer Strack et al.: Decoding the Digital Talent Challenge, Boston Consulting Group, November 2021, Link: https://web-assets.bcg.com/d2/18/0a32c-603453db57ec3c890387b0c/bcg-decoding-the-digital-talent-challenge-nov-2021-rev.pdf [zuletzt abgerufen am 16.07.2023]

110 Next Generation: Start-up-Neugründungen in Deutschland, Link: https://start-upverband.de/fileadmin/start-upverband/mediaarchiv/research/Next_Generation_Report/Next_Generation_Start-up-Neugruendungen_in_Deutschland_2022.pdf [zuletzt abgerufen am 16.07.2023]

111 Start-up-Neugründungen gehen 2022 gegenüber dem Vorjahr um 18 Prozent zurück, Bundesverband Deutsche Start-ups, 12.01.2023, Link: https://start-upverband.de/presse/pressemitteilungen/2-start-up-neugruendungen-gehen-2022-gegenueber-dem-vorjahr-um-18-prozent-zurueck-%7C-muenchen-ueberholt-berlin-12-01-2023/ [zuletzt abgerufen am 16.07.2023]

112 Anzahl der Neuzulassungen von Personenkraftwagen in ausgewählten Ländern in den Jahren 2020 bis 1. Quartal 2023, Statista, 27.04.2023, Link: https://de.statista.com/statistik/daten/studie/164769/umfrage/groesste-automaerkte-weltweit-nach-pkw-neuzulassungen/ [zuletzt abgerufen am 16.07.2023]

113 PwC, DEKRA und der Innovationsfonds der Stadt Hamburg beabsichtigen die Gründung von »CertifAI« für die Prüfung von KI-Produkten, Link: https://www.pwc.de/de/pressemitteilungen/2022/pwc-dekra-und-der-innovationsfonds-der-stadt-hamburg-beabsichtigen-die-gruendung-von-certifai-fuer-die-pruefung-von-ki-produkten.html [zuletzt abgerufen am 16.07.2023]

114 Andreas Liebl, Till Klein: AI Act Impact Survey: Pan-European survey of AI Start-ups and VCs about the impact of the AI Act, appliedAI Initiative, 12.12.2022, Link: https://www.appliedai.de/assets/files/AI-Act-Impact-Survey_Slides_Dec12.2022.pdf [zuletzt abgerufen am 18.07.2023]

115 Michaela Wiegel, Niklas Záboji: Macron kündigt Investitionsplan über 30 Milliarden Euro an, FAZ, 12.10.2021, Link: https://www.faz.net/aktuell/politik/ausland/
macron-kuendigt-investitionsplan-ueber-30-milliarden-euro-an-17581326.html
[zuletzt abgerufen am 14.07.2023]

116 Thomas Rodriguez: In Frankreich kommt die notarielle Urkunde (langsam) im
Digitalen Zeitalter an, 27.01.2022, Qivive, Link: https://www.qivive.com/de/
wissen/publikationen/frankreich-kommt-die-notarielle-urkunde-langsam-im-
digitalen-zeitalter [zuletzt abgerufen am 14.07.2023]

117 Cecil Witt: DiRUG: Was kann das Online-Notariat?, TaylorWessing, 01.08.2022,
Link: https://www.taylorwessing.com/de/insights-and-events/insights/2022/07/
dirug-was-kann-das-online-notariat [zuletzt abgerufen am 14.07.2023]

118 Das Metaverse ist eine erweiterte digitale Realität, in der Menschen miteinander
interagieren, Inhalte erstellen und in virtuellen Welten gemeinsam agieren können.

119 Virtual Reality (VR) ist eine computergenerierte Umgebung, die es dem Nutzer
ermöglicht, in eine vollständig künstliche, immersive Welt einzutauchen, die
mit speziellen VR-Brillen erlebt wird. Ein Beispiel ist die Verwendung einer VR-
Brille, um in eine virtuelle 3D-Welt einzutauchen, in der der Benutzer das Gefühl
hat, sich physisch an einem anderen Ort zu befinden, wie z. B. in einer virtuellen
Kunstgalerie.

120 Augmented Reality (AR) ist eine Technologie, bei der computergenerierte Inhalte
in die reale Umgebung des Benutzers eingefügt werden, die über ein AR-fähiges
Gerät, wie z. B. ein Smartphone oder eine AR-Brille, betrachtet werden können.
Ein Beispiel ist die Nutzung einer AR-App auf dem Smartphone, um digitale
Informationen wie Restaurantbewertungen über das Live-Kamerabild der realen
Umgebung des Benutzers einzublenden.

121 Territory Konsumentenumfrage: »Made in Germany verblasst«, 06.03.2019,
Link: https://territory.de/made-in-germany-verblasst-verbraucher-vermissen-
innovationskraft-im-deutschen-mittelstand/ [zuletzt abgerufen am 16.07.2023]

122 SME Performance Review, Link: https://single-market-economy.ec.europa.
eu/smes/sme-strategy/sme-performance-review_en [zuletzt abgerufen am
16.07.2023]

123 comdirect FinTech-Studie 2020, Januar 2021, Link: https://www.comdirect.de/
cms/ueberuns/media/comdirect_Fintech_Studie_2020_Praesentation.pdf [zuletzt
abgerufen am 16.07.2023]

124 Hans-Böckler-Stiftung: Geschichte der Gewerkschaften: Die ersten Arbeiteraus-
schüsse, Link: https://www.gewerkschaftsgeschichte.de/die-ersten-arbeiteraus-
schuesse.html [zuletzt abgerufen am 22.07.2023]

125 Volker Hermsdorf: Nicht erkämpft. Vor 70 Jahren trat in der BRD das Betriebsverfassungsgesetz in Kraft, junge welt, 12.11.2022, Link: https://www.jungewelt.
de/artikel/438631.arbeiterrechte-nicht-erkämpft.html [zuletzt abgerufen am
28.01.2023]

126 PwC (2019) Künstliche Intelligenz in Unternehmen. Eine Befragung von 500
Entscheidern deutscher Unternehmen zum Status quo – mit Bewertungen und

Handlungsoptionen von PwC. PricewaterhouseCoopers GmbH Wirtschaftsprüfungsgesellschaft, Frankfurt am Main.

127 Helge Emmler, Fokko Misterek: Zahlen und Fakten zur Mitbestimmung, Hans-Böckler-Stiftung, 01.05.2020, Link: https://www.mitbestimmung.de/html/mitbestimmung-in-zahlen-14186.html [zuletzt abgerufen am 22.07.2023]

128 Zacharias Zacharakis, Betriebsrat: »Gegen fast alle Werte, an die wir bei N26 glauben«, Zeit Online, 13.08.2020, Link: https://www.zeit.de/wirtschaft/unternehmen/2020-08/betriebsrat-n26-arbeitsbedingungen-einstweilige-verfuegung-management? [zuletzt abgerufen am 22.07.2023]

129 Lindner in Ghana, 3.2.2023, »Wer will in Deutschland arbeiten«?, Link: https://www.youtube.com/watch?v=SabzfswWQTM [zuletzt abgerufen am 18.07.2023]

130 Thomas Liebig, Helen Ewald: Deutschland im internationalen Wettbewerb um Talente: Eine durchwachsene Bilanz, Bertelsmann Stiftung, 09.03.2023, Link: https://www.bertelsmann-stiftung.de/de/publikationen/publikation/did/deutschland-im-internationalen-wettbewerb-um-talente-eine-durchwachsene-bilanz [zuletzt abgerufen am 18.07.2023]

131 Uta Steinwehr: How to bring back German emigrants, Deutsche Welle, 12.07.2019, Link: https://www.dw.com/en/germanys-emigration-trend-brings-gain-as-well-as-loss/a-51571299 [zuletzt abgerufen am 22.07.2023]

132 Décieux, Jean Philippe, Alexandra Mergener: »German labor emigration in times of technological change: Occupational characteristics and geographical patterns.« Sustainability 13.3 (2021): 1219.

133 Corona treibt Digitalisierung voran – aber nicht alle Unternehmen können mithalten, Bitkom, 16.11.2020, Link: https://www.bitkom.org/Presse/Presseinformation/Corona-treibt-Digitalisierung-voran-aber-nicht-alle-Unternehmen-koennen-mithalten [zuletzt abgerufen am 16.07.2023]

134 Digitalisierungsstrategien in kleinen, regional agierenden und nicht-innovativen Unternehmen selten, KfW Research, 09.05.2022, Link: https://www.kfw.de/PDF/Download-Center/Konzernthemen/Research/PDF-Dokumente-Fokus-Volkswirtschaft/Fokus-2022/Fokus-Nr.-382-Mai-2022-Digi-Strategie.pdf [zuletzt abgerufen am 16.07.2023]

135 Jan Gänger: Inflation sinkt, Stimmung steigt: Die Apokalypse fällt aus, ntv, 17.01.2023, Link: https://www.n-tv.de/wirtschaft/Die-Apokalypse-faellt-aus-article23850082.html [zuletzt abgerufen am 16.07.2023]

136 Dämpfer für die Digitalisierung: Weltlage bremst digitale Transformation der Wirtschaft, Bitkom, 20.06.2022, Link: https://www.bitkom.org/Presse/Presseinformation/Daempfer-Digitalisierung-Weltlage-bremst-digitale-Transformation-Wirtschaft [zuletzt abgerufen am 16.07.2023]

137 Digitalisierung in Unternehmen im weltweiten Vergleich: Deutschlands »digitaler Reifegrad« nur Mittelmaß, Bayerisches Forschungsinstitut für Digitale Transformation, Juli 2020, Link: https://www.bidt.digital/themenmonitor/digitalisierung-in-unternehmen-im-weltweiten-vergleich-deutschlands-digitaler-reifegrad-nur-mittelmass/ [zuletzt abgerufen am 16.07.2023]

138 Digital Riser Report 2021, European Centre of Digital Competitiveness by ESCP Business School, Link: https://digital-competitiveness.eu/wp-content/uploads/Digital_Riser_Report-2021.pdf [zuletzt abgerufen am 16.07.2023]

139 Garatti et al.: Digital-Enabling Countries Proved More Resilient to the COVID-19 Economic Shock, Allianz Research, 17.02.2021, Link: https://www.allianz-trade.com/content/dam/onemarketing/aztrade/allianz-trade_com/en_gl/erd/publications/the-watch/2021_02_17_Digitalresilience.pdf [zuletzt abgerufen am 16.07.2023]

140 Simon Kemp: Digital 2020: Global Digital Overview, 30.01.2020, Link: https://datareportal.com/reports/digital-2020-global-digital-overview [zuletzt abgerufen am 17.07.2023]

141 Taylor Hatmaker: What's going on with the TikTok ban?, TechCrunch, 31.03.2023, Link: https://techcrunch.com/2023/03/31/whats-going-on-with-the-tiktok-ban/ [zuletzt abgerufen am 17.07.2023]

142 Syzgy Digital Insights Report 2018: Der Preis der Daten, Link: https://media.szg.io/uploads/media/5b053ac75a1da/der-preis-der-daten-syzygy-digital-insight-umfrage-2018.pdf [zuletzt abgerufen am 17.07.2023]

143 Mehr als 50 Millionen Deutsche nutzen soziale Medien, Bitkom, 07.02.2023, Link: https://www.bitkom.org/Presse/Presseinformation/Mehr-als-50-Millionen-Deutsche-nutzen-soziale-Medien [zuletzt abgerufen am 17.07.2023]

144 Die fünf wichtigsten Trends im Online-Shopping, Bitkom, Link: https://www.bitkom.org/Themen/Digitale-Transformation-Branchen/Handel/5-Trends-im-E-Commerce.html [zuletzt abgerufen am 17.07.2023]

145 LaMDA steht für »Language Model for Dialogue Applications« und ist eine fortschrittliche KI-Technologie von Google, um natürliche Sprachverarbeitungsaufgaben und -anwendungen zu verbessern.

146 Natasha Tiku: The Google engineer who thinks the company's AI has come to life, 11.06.2022, The Washington Post, Link: https://www.washingtonpost.com/technology/2022/06/11/google-ai-lamda-blake-lemoine/ [zuletzt abgerufen am 17.07.2023]

147 Charlie Osborne: Ukraine destroys five bot farms that were spreading »panic« among citizens, ZDNET, 29.03.2022, Link: https://www.zdnet.com/article/ukraine-takes-out-five-bot-farms-spreading-panic-among-citizens/ [zuletzt abgerufen am 17.07.2023]

148 Iansiti, Marco, Karim R. Lakhani: Competing in the age of AI: Strategy and leadership when algorithms and networks run the world. Harvard Business Press, 2020.

149 Rogl, Magdalena: MitGefühl: warum Emotionen im Job unverzichtbar sind. Edition Michael Fischer GmbH, 2022.

150 5G-Netzausbau: So geht der Mobilfunkausbau in Deutschland voran, Deutschland spricht über 5G, Link: https://www.deutschland-spricht-ueber-5g.de/informieren/netzausbau/so-geht-der-5g-mobilfunkausbau-in-deutschland-voran/ [zuletzt abgerufen am 13.07.2023]

151 Mobilfunkinfrastrukturgesellschaft, Mobile digitale Zukunft für alle, Link: https://netzda-mig.de/unternehmen [zuletzt abgerufen am 13.07.2023]

152 Mobilfunk-Masten erst bauen, dann genehmigen?, 22.01.2022, Link: https://www.sueddeutsche.de/service/internet-mobilfunk-masten-erst-bauen-dann-genehmigen-dpa.urn-newsml-dpa-com-20090101-220122-99-806641 [zuletzt abgerufen am 14.07.2023]

153 Bitkom zu den SPD-Plänen für den Infrastruktur-Ausbau, 12.01.2023, Link: https://www.bitkom.org/Presse/Presseinformation/Bitkom-zu-SPD-Plaenen-fuer-Infrastruktur-Ausbau [zuletzt abgerufen am 15.07.2023]

154 AI taskforce given £100 million to develop BritGPT, The Times, 24.04.2023, Link: https://www.thetimes.co.uk/article/uk-britgpt-ai-chatbot-2023-3wlhdqprk [zuletzt abgerufen am 13.07.2023]

155 LEAM – Large European AI Models, Link: https://leam.ai

156 Große KI-Modelle für Deutschland, KI-Bundesverband, 24.01.2023, Link: https://leam.ai/wp-content/uploads/2023/01/LEAM-MBS_KIBV_webversion_mitAnhang_V2_2023.pdf [zuletzt abgerufen am 13.07.2023]

157 Georg Räth: Deutsche sind KI-Spitzenforscher – aber warum versagen wir dabei, die besten Produkte zu bauen?, Gründerszene, 14.03.2023, Link: https://www.businessinsider.de/gruenderszene/technologie/chatgpt-deutschland-spitzenforschung-vanessa-cann-we/ [zuletzt abgerufen am 13.07.2023]

158 Viele Uni-Absolventen fühlen sich nicht fit fürs Digitale, CIO Magazin, 14.06.2019, Link: https://www.cio.de/a/viele-uni-absolventen-fuehlen-sich-nicht-fit-fuers-digitale,3602228 [zuletzt abgerufen am 16.07.2023]

159 Viele Uni-Absolventen fühlen sich nicht fit fürs Digitale, FAZ, 13.06.2023, Link: https://www.faz.net/aktuell/wirtschaft/digitec/viele-uni-absolventen-fuehlen-sich-nicht-fit-fuers-digitale-16234371.html [zuletzt abgerufen am 15.07.2023]

160 Pippo Crerar: Rishi Sunak to propose maths for all pupils up to age 18, The Guardian, 03.01.2023, Link: https://www.theguardian.com/education/2023/jan/03/rishi-sunak-to-propose-maths-for-all-pupils-up-to-age-18 [zuletzt abgerufen am 15.07.2023]

161 Lernzeit hat sich durch Corona halbiert, Die Zeit, 05.08.2020, Link: https://www.zeit.de/gesellschaft/schule/2020-08/homeschooling-schule-lernzeit-halbiert-corona-pandemie [zuletzt abgerufen am 15.07.2023]

162 Eike Schröder, Felix Suessenbach, Mathias Winde: Informatikunterricht: Lückenhaft und unbesetzt, Stifterverband, 07.09.2022, Link: https://www.stifterverband.org/sites/default/files/informatikunterricht_lueckenhaft_und_unterbesetzt.pdf [zuletzt abgerufen am 15.07.2023]

163 KI-Bundesverband – Unsere Positionen, Link: https://ki-verband.de/unsere-positionen/ [zuletzt abgerufen am 15.07.2023]

164 Kathrin Glösel: Mitgefühl lernen? In Dänemark ist Empathie ein eigenes Fach in der Schule, Kontrast, 04.12.2019, Link: https://kontrast.at/schulfach-empathie-daenemark-schule/ [zuletzt abgerufen am 15.07.2023]

165 Allgemeine Fortbildungsangebote zur digitalen Bildung, Link: https://fs-ob.de/allgemeine-fortbildungsangebote-zur-digitalen-bildung/ [zuletzt abgerufen am 15.07.2023]

166 SocialBee, Link: https://www.socialbee.org [zuletzt abgerufen am 15.07.2023]

167 Bayerisches Forschungsinstitut für Digitale Transformation, KI-Publikationen, Link: https://www.bidt.digital/zahlenmonitor/ki-publikationen/ [zuletzt abgerufen am 15.07.2023]

168 Unipreneurs, Link: https://www.unipreneurs.de [zuletzt abgerufen am 15.07.2023]

169 Y Combinator Co-Founder Matching Platform, 06.07.2021, Link: https://www.ycombinator.com/cofounder-matching [zuletzt abgerufen am 15.07.2023]

170 RWTH-Aachen-Studenten verzeichnen meiste Exits, Startbase, 21.09.2022, Link: https://www.startbase.de/news/rwth-aachen-studenten-verzeichnen-meiste-exits/ [zuletzt abgerufen am 15.07.2023]

171 Ökosystem – AHK Israel, Link: https://israel.ahk.de/start-up-nation/oekosystem [zuletzt abgerufen am 15.07.2023]

172 Kapital für Innovation und Wachstum mobilisieren, Start-up Verband, Link: https://start-upverband.de/politik/kapital/ [zuletzt abgerufen am 15.07.2023]

173 Business Angel Report 2023, AddedVal.io, Link: https://www.addedval.io/business-angel-report-2023/ [zuletzt abgerufen am 15.07.2023]

174 Female Investors Network, Link: https://female-investors-network.com/academy/ [zuletzt abgerufen am 15.07.2023]

175 Narayanan, Arvind: »Translation tutorial: 21 fairness definitions and their politics.« Proc. conf. fairness accountability transp., new york, usa. Vol. 1170. 2018.

176 AI Governance bezieht sich auf die Entwicklung von Richtlinien, Gesetzen und ethischen Standards, um den verantwortungsvollen Einsatz von Künstlicher Intelligenz sicherzustellen und potenzielle Risiken zu minimieren. Meist fällt AI Ethics in den Bereich von AI Governance in Organisationen.

177 KIDD – Künstliche Intelligenz im Dienste der Diversität, Link: https://kidd-prozess.de [zuletzt abgerufen am 15.07.2023]

178 Ein Talent Marketplace ist eine Plattform oder ein System, das es Unternehmen ermöglicht, interne Mitarbeitende mit geeigneten Fähigkeiten und Talenten für spezifische Projekte oder Aufgaben zu identifizieren und einzusetzen.

179 Die »Bro-Kultur« bezieht sich auf eine informelle und oft männlich dominierte Arbeitskultur, die Stereotype, Sexismus und unprofessionelles Verhalten fördert und Frauen sowie andere unterrepräsentierte Gruppen ausschließt oder benachteiligt.

180 Zwischen Vision und Realität: Digitalität und Zukunftskompetenzen an Schulen im europäischen Vergleich, Vodafone Stiftung Deutschland, 17.11.2022, Link: https://www.vodafone-stiftung.de/wp-content/uploads/2022/11/Digitale-Bildung-zwischen-Vision-und-Realitaet_IPSOS-Studie_2022_der-Vodafone-Stiftung-Deutschland.pdf [zuletzt abgerufen am 15.07.2023]

181 HackerSchool, Link: https://hacker-school.de/ueber-uns/ [zuletzt abgerufen am 15.07.2023]

182 Hasso-Plattner-Institut – Schülerakademie, Link: https://hpi.de/studium/vor-dem-studium/schuelerakademie.html [zuletzt abgerufen am 15.07.2023]

183 Digitale Bildung für alle, Link: https://digitalebildungfueralle.org [zuletzt abgerufen am 15.07.2023]

184 42 Wolfsburg/Heilbronn/Berlin, Link: https://42wolfsburg.de/who-are-we/ [zuletzt abgerufen am 15.07.2023]

185 Adriana Dahin et al.: What 12,000 Employees Have to Say About the Future of Remote Work, Boston Consulting Group, 11.08.2020, Link: https://www.bcg.com/publications/2020/valuable-productivity-gains-covid-19 [zuletzt abgerufen am 15.07.2023]

186 Randstad Workmonitor, Dezember 2020, Link: https://workforceinsights.rand-stad.com/hr-research-reports/workmonitor-december2020 [zuletzt abgerufen am 15.07.2023]

187 Link: https://www.consilium.europa.eu/de/infographics/disability-eu-facts-figures/ [zuletzt abgerufen am 15.07.2023]

188 Gabriel Rinaldi: Vom Algorithmus vergessen, Der Spiegel, 30.09.2019, Link: https://www.spiegel.de/netzwelt/netzpolitik/diversitaet-in-der-tech-branche-vom-algorithmus-vergessen-a-b5bcf22f-5e3a-4c28-aa70-7c4f8924e2b4 [zuletzt abgerufen am 15.07.2023]

189 EqualVoice by Ringier, Link: https://www.equalvoice.ch/de/ [zuletzt abgerufen am 15.07.2023]